"十四五"高等学校创新性数智化应用型经济管理规划教材(会计实验系列)

总主编 / 李雪　　主审 / 徐国君

刘艳◎主编

王庆　张玲◎副主编

税法实验

立信会计出版社

LIXIN ACCOUNTING PUBLISHING HOUSE

图书在版编目(CIP)数据

税法实验 / 刘艳主编. —上海：立信会计出版社，2023.6

"十四五"高等学校创新性数智化应用型经济管理规划教材. 会计实验系列

ISBN 978-7-5429-7214-9

Ⅰ. ①税… Ⅱ. ①刘… Ⅲ. ①税法－中国－高等学校－教材 Ⅳ. ①D922.22

中国国家版本馆 CIP 数据核字(2023)第 073183 号

策划编辑　　方士华
责任编辑　　郭　光
助理编辑　　窦乔伊
美术编辑　　吴博闻

税法实验
SHUIFA SHIYAN

出版发行	立信会计出版社		
地　　址	上海市中山西路 2230 号	邮政编码	200235
电　　话	(021)64411389	传　真	(021)64411325
网　　址	www.lixinaph.com	电子邮箱	lixinaph2019@126.com
网上书店	http://lixin.jd.com		http://lxkjcbs.tmall.com
经　　销	各地新华书店		
印　　刷	上海华业装潢印刷有限公司		
开　　本	787 毫米×1092 毫米　　1/16		
印　　张	15.25		
字　　数	372 千字		
版　　次	2023 年 6 月第 1 版		
印　　次	2023 年 6 月第 1 次		
书　　号	ISBN 978-7-5429-7214-9/D		
定　　价	45.00 元		

如有印订差错，请与本社联系调换

总 序

教材是高校实现人才培养目标的重要载体,教材及教材建设对高校发展具有举足轻重的作用。与培养模式相对应的教材是培养合格人才的基本保证,是实现培养目标的重要工具。由于历史的原因,在财经类教材的出版方面,相关出版社出版研究型本科或者高职高专、中等职业等层次的教材较多,应用型本科教材较少。虽然近年来一些应用型本科教材也陆续出版,但总体而言,这些教材还是缺乏权威性、普适性、实用性、创新性。造成这种状况的原因主要在于:出版社对财经类应用型本科教材的出版还不够重视,没有进行有效的组织;财经类应用型本科院校多为新建院校,教材建设相对滞后,主观上也较愿意使用研究型本科教材;在教材使用中存在比较严重的混用现象,教材目标读者群不明确,如不少教材既适用于研究型本科院校又适用于应用型本科院校,或者既适用于本科院校又适用于高职高专院校。

由于目前财经类应用型本科教材种类和数量匮乏或质量欠佳,财经类应用型本科院校不得不沿用传统研究型教材。这些教材本身的质量很好、级别很高,但是并不适用于应用型本科院校的教学,教师和学生普遍反映不好用。即使在全国范围看,也还没有相对成套、成熟的适合财经类应用型本科院校的教材。现有教材存在的主要问题包括:①教材的定位和要求过高;②教材的内容偏多、难度偏大;③教材着重于理论解释,相关案例、实训等内容较少,缺乏普适性、实用性。

与此同时,信息技术的快速发展使学生的学习习惯和阅读习惯发生了改变,不断朝个性化、自主学习的方向发展,传统的单一纸质教材已经无法适应这种变化。翻转课堂、慕课、微课等网络课程的兴起,混合式教学的不断推进,也对立体化教材建设提出了新的要求。教材作为一种课堂上的教学工具、一种传播媒介,理应顺势而为,随课堂形式、学生学习方式的改变而改变,朝着数字化、立体化、可视化的方向发展。因此,需要编写适应学生水平、便于学生接受的立体化财经类应用型本科教材。

我们组织具有多年应用型人才培养经验的优秀教师和实务界专家编写了这套教材。本系列教材有《会计基本技能》《出纳实务》《基础会计》《中级财务会计》《成本会计》《管理会计》《会计信息系统》《财务管理》《审计学》《高级财务会计》《商业分析》《税法》《经济法》《金融学》等品种。为了保证教材的质量,本系列教材聘请了知名高校的专家教授进行专门指导和审核。每本教材至少有一名本学科的知名专家或学科带头人提出审核指导意见,至少有一名高等院校教学一线的高级职称教师组织编写,至少有一名行业协会、实务界专家或教学研究机构人员提出编写建议。

本系列教材的特色如下。

1. 应用性

应用型本科的教材建设应坚持培养应用型本科人才的定位,充分吸收和借鉴传统的普通本科教材与高职高专类教材建设的优点和经验,以就业为导向,做到理论上高于高职高专类教材、动手能力的培养上高于传统的本科院校教材。本系列教材体现了应用型本科的定位,体现了素质教育和"以学生发展为本"的教育理念,遵循了高等教育教学基本规律,重视知识、能力和素质的协调发展,根据应用型人才培养模式对学生的创新精神、实践能力和适应能力的要求,在内容选材、教学方法、学习方法、实验和实训配套等方面突出了应用性特征。

2. 针对性

本系列教材的编写符合会计学、财务管理和审计学等专业的培养目标、培养需求、业务规格和教学大纲的基本要求,与各专业的课程结构和课程设置相对应,与课程平台和课程模块相对应。教材在结构纵横的布局、内容重点的选取、示例习题的设计等方面符合教改目标和教学大纲的要求,把教师的备课、试讲、授课、辅导答疑等教学环节有机地结合起来。

3. 立体化

本系列教材为立体化教材,实现了由传统纸质教材向"纸质教材+数字资源"的转变,通过技术手段将晦涩难懂的理论知识转变为直观的具体知识,以立体化、数字化的方式呈现,包括图文、动画、音频、视频等多种形式,生动、有趣且易懂,不仅可以激发学生的学习兴趣,还有利于教学效果的提升。

4. 趣味性

本系列教材注重趣味性,使用了大量的例题和案例,每章都加入了"思政育人""相关思考""延伸阅读"等内容,使读者能够加深理解,便于掌握相关内容。在案例、例题等的设计选用上重点突出趣味性,易于引发读者的共鸣。

5. 先进性

本系列教材反映了应用型会计人才教育教学改革的内容,能够反映学科领域的新发展。教材的整体规划、每一种教材的内容构建等均体现了创新性。教材还强调了系列配套,包括了教材、学习参考书、教学课件等。立体化教材在内容修订上更具有明显优势,线上资源可以随时根据政策法规、理论知识或工作实务等的变化进行调整,更有利于保持教材内容的先进性。

6. 基础性

本系列教材将打破传统教材自身知识框架的封闭性,尝试多方面知识的融会贯通,注重知识层次的递进,体现每一门科目的基本内容,同时在具体内容上突出实际运用能力,做到"教师易教,学生乐学,技能实用"。

7. 易于自学

自学能力是大学生的一项基本能力。学生只有具备了自主学习的能力,才能最终建立起终身学习的保障体系,这也是应用型本科人才培养的客观要求。应用技术型高校的生源素质与普通高校相比存在一定的差距,除了一部分是高考发挥失误的学生,还有一部分学生在学习习惯、基础知识等方面存在一定的欠缺,这就要求教材能够调动这部分学生的学习积极性,在理论方面尽量通俗易懂,在实践方面尽量采用案例式教学。为了有利于学生课后自主学习,本系列教材配套了学习指导书和教学课件。

因此,本系列教材的定位准确,特色明显,适用于应用型本科院校教学,容易得到学生和市场的认可,便于学生的自学和教师的教学。

"十四五"高等学校创新性数智化应用型经济管理规划教材凝聚了众多领导、教授和专家多年来的经验和心血。当然,由于我们的经验和人力有限,教材中难免存在不足,我们期待着各位同行、专家和读者的批评指正。我们将伴随着经济发展和会计环境的变迁不断修订教材,以便及时反映学科的最新发展和人才培养的最新变化。

本系列教材自2014年出版后,得到市场的认可,深受广大高校师生的欢迎。为了更好地回馈读者,本系列教材从2017年起启动第二版的修订工作,2019年启动第三版的修订工作,2021年启动第四版的修订工作。各种教材的修订版将陆续出版。我们会一如既往地做好教材修订和相关服务工作,希望广大读者对本套系列教材继续给予支持。

李　雪

2023 年 4 月

前　言

《税法实验》为"十四五"高等学校创新性数智化应用型经济管理规划教材(会计实验系列)之一,具有应用性、针对性、先进性、基础性、自学性的特点,既可作为应用型高等学校财税、会计、金融等专业教材,又可作为经济管理培训的参考用书。

一、编写意义

高等学校对在校学生进行理论与实践相结合的税法实验,对实现其培养应用型人才的目标,具有重大意义。通过税法实验对企业各税种的涉税业务进行模拟训练,培养学生对各税种的准确计算能力、核算能力,以及纳税申报、填制附表资料的能力,让学生能够全面理解和掌握税务会计知识,将会计理论与实际应用相结合,提高学生涉税业务的处理能力,从实际应用的角度出发,培养满足社会需求的应用型人才。

二、编写思路

本书立足于应用型人才培养,以社会需求为导向,深入浅出地介绍了税法实验的基本理论和实践操作,旨在帮助学生快速掌握专业知识、提升业务操作能力,从而提高岗位适应能力及胜任能力。

本书体现了应用型高等学校的定位,根据学生水平对企业不同税种的涉税业务进行调整和模拟训练,便于学生接受。本书将理论与实践紧密结合,体现了素质教育和以学生为中心的教育理念,遵循了高等教育教学的基本规律。本书充分考虑学生已有的知识、技能、经验和兴趣,在内容安排上融"教、学、做"于一体,以实现易教、易懂、易学的目标。

三、内容安排

本书共分为六章,具体内容安排如下:第一章纳税工作概述;第二章增值税的纳税申报;第三章消费税的纳税申报;第四章企业所得税的纳税申报;第五章个人所得税的纳税申报;第六章其他税种的纳税申报。

四、本书特点

(1) 编写团队实务经验丰富。本书主编刘艳为会计师、副教授,具有16年企业核算及管理与教学工作经验,副主编及其他编者有的是具有丰富经验的会计师、注册会计师,有的是具有多年教学经验的副教授、讲师。团队成员扎实的理论基础与丰富的实务经验为本书的编写奠定了坚实的基础。

(2) 框架清晰,内容丰富,操作性强。本书围绕纳税会计实际工作内容设置了税务登记管理,增值税一般纳税人登记,发票管理,纳税人的权利、义务与法律责任;增值税、消费税、企业所得税、个人所得税、资源税、房产税等税种的纳税申报内容。在此基础上,本书对每个知识点进行了细分,注重内容的实用性和针对性,并以实际案例对各税种纳税申报表填写进行全面讲解,实践操作性强。

（3）资源多维立体化、趣味性强。本书针对相关内容设置了二维码,涵盖微课视频、特别提示、延伸阅读、相关思考等教学资源,实现理论与实践一体化教学,既便于学生利用碎片化的时间学习,又便于学生在做中学、学中做,学做合一,从而提高学生的学习热情和实操能力。本书同时也体现教育信息化环境下以纸质教材与移动终端互动的多维立体可视化特点。

（4）以就业为导向。本书以具体企业案例为实验任务,以任务引领知识、技能和方法,突出理论联系实际。本书不仅有针对性地分税种进行涉税业务操作并训练技能,使得学生更容易掌握知识点,还重视学生知识、能力、素养的协调发展,为学生的就业打下坚实的基础。

本书由刘艳任主编,由王庆和张玲任副主编,多位优秀教师和实务界专家共同参与编写。各章撰写分工如下：第一章由刘艳、闫婷婷编写；第二章由王庆编写；第三章由刘艳编写；第四章由姜林编写；第五章由韩真真编写；第六章由张玲编写。

本书在编写过程中参考了大量相关教材和论著,在此向有关作者致以深深的谢意！同时本书中的仿真单据、软件操作界面、实训案例任务试题等,得到了厦门网中网软件有限公司的大力支持,在此深表感谢！

本书在编写过程中,编者进行了多次讨论研究,力求立意新颖、理念先进、内容充实、结构合理。然而,编者的理论水平和实践经验有一定的局限性,书中如有不足之处,敬请读者提出宝贵意见,以便日后不断改进和完善。

编者

2023 年 4 月

目 录

第一章　纳税工作概述 ··· 1
- 第一节　税务登记管理 ··· 1
- 第二节　发票管理 ··· 3
- 第三节　纳税人的权利、义务与法律责任 ··· 7

第二章　增值税的纳税申报 ··· 12
- 第一节　增值税概述 ··· 12
- 第二节　一般纳税人增值税的纳税申报 ·· 32
- 第三节　小规模纳税人增值税的纳税申报 ······································· 62

第三章　消费税的纳税申报 ··· 84
- 第一节　消费税概述 ··· 84
- 第二节　消费税会计核算与申报 ··· 89
- 第三节　消费税的征收管理 ··· 118

第四章　企业所得税的纳税申报 ··· 122
- 第一节　企业所得税概述 ·· 122
- 第二节　企业所得税的预缴纳税申报 ·· 127
- 第三节　企业所得税的年度汇算清缴纳税申报 ································ 134

第五章　个人所得税的纳税申报 ··· 163
- 第一节　个人所得税概述 ·· 163
- 第二节　个人所得税代扣代缴的纳税申报 ······································ 173
- 第三节　个人所得税经营所得的纳税申报 ······································ 178

第六章　其他税种的纳税申报 ··· 184
- 第一节　资源税的纳税申报 ··· 185
- 第二节　土地增值税的纳税申报 ··· 194
- 第三节　印花税的纳税申报 ··· 201

第四节　城镇土地使用税的会计核算与纳税申报 …………………………… 206
第五节　房产税的纳税申报 …………………………………………………… 212
第六节　车船税的纳税申报 …………………………………………………… 224
第七节　车辆购置税的纳税申报 ……………………………………………… 228

参考文献 ……………………………………………………………………………… 232

第一章 纳税工作概述

 知识框架

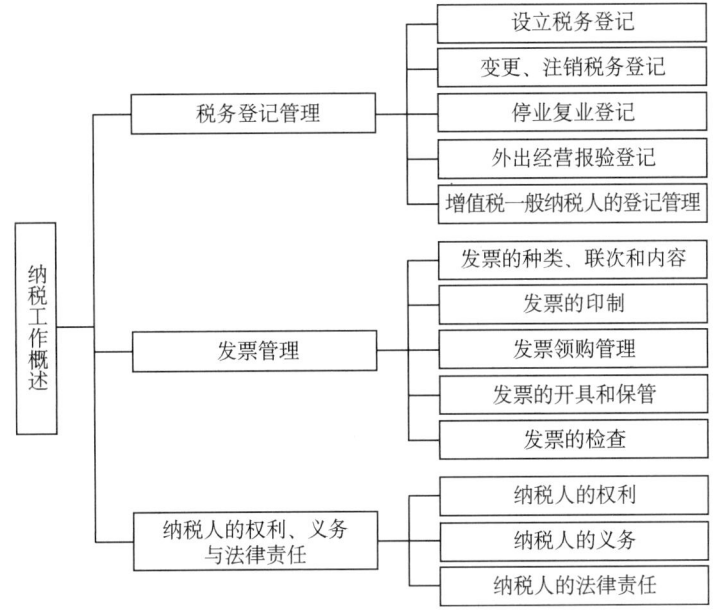

第一节 税务登记管理

税务登记又称纳税登记,是税务机关对纳税人的生产、经营活动进行登记并据此对纳税人实施税务管理的一种法定制度。它是税务机关对纳税人实施税收管理的首要环节和基础工作,是征纳双方法律关系成立的依据和证明,也是纳税人必须依法履行的义务。

根据《中华人民共和国税收征收管理法》(以下简称《税收征收管理法》)和国家税务总局印发的《税务登记管理办法》,我国税务登记制度大体包括以下内容。

一、设立税务登记

企业,企业在外地设立的分支机构和从事生产、经营的场所,个体工商户和从事生产、经营的事业单位,向生产、经营所在地税务机关申报办理税务登记。

二、变更、注销税务登记

变更税务登记是指纳税人税务登记内容发生变化时向税务机关申报办理的税务登记手

续。注销税务登记是指纳税人税务登记内容发生了根本性变化,依法需终止履行纳税义务时向税务机关申报办理的税务登记手续。

三、停业复业登记

知识拓展1-1

(1) 实行定期定额征收方式的个体工商户需要停业的,应当在停业前向税务机关申报办理停业登记。纳税人的停业期限不得超过1年。

(2) 纳税人在申报办理停业登记时,应如实填写《停业复业报告书》,说明停业理由、停业期限、停业前的纳税情况和发票的领、用、存情况,并结清应纳税款、滞纳金、罚款。税务机关应收存其税务登记证正(副)本、发票领购簿、未使用完的发票和其他税务证件。

(3) 纳税人在停业期间发生纳税义务的,应当按照税收法律、行政法规的规定申报缴纳税款。

(4) 纳税人应当于恢复生产经营之前,向税务机关申报办理复业登记,如实填写《停业复业报告书》,领回并启用税务登记证、发票领购簿及其停业前领购的发票。

(5) 纳税人停业期满不能及时恢复生产经营的,应当在停业期满前到税务机关办理延长停业登记,并如实填写《停业复业报告书》。

四、外出经营报验登记

纳税人跨省税务机关管辖区域经营的,应当在外出生产经营以前,持税务登记证向主管税务机关申请开具《外出经营活动税收管理证明》(以下简称《外管证》)。

纳税人在省税务机关管辖区域内跨县(市)经营的,是否开具《外管证》由省税务机关自行确定。

五、增值税一般纳税人的登记管理

视频1-1
一照一码户登记信息确认

增值税实行凭专用发票抵扣税款的制度,客观上要求纳税人具备健全的会计核算制度和能力。然而在实际经济生活中,我国增值税纳税人众多,会计核算水平参差不齐,大量的小企业和个人还不具备自行开具增值税专用发票抵扣税款的能力。为了既简化增值税的计算和征收,又有利于减少税收征管漏洞,《中华人民共和国增值税法》将增值税纳税人按会计核算水平和经营规模分为一般纳税人和小规模纳税人两类纳税人,并对它们分别采取不同的登记管理办法。2017年11月30日,国家税务总局2017年度第2次局务会议审议通过了自2018年2月1日起施行的《增值税一般纳税人登记管理办法》,其主要内容如下。

知识拓展1-2

1. 一般纳税人的登记条件

根据《增值税一般纳税人登记管理办法》的规定,增值税纳税人(以下简称纳税人),年应税销售额超过财政部、国家税务总局规定的小规模纳税人标准(以下简称规定标准)的,除了下述"不得办理一般纳税人登记的情况"中第(1)条规定,应当向主管税务机关办理一般纳税人登记。

年应税销售额是指纳税人在连续不超过12个月或4个季度的经营期内累计应征增值税销售额,包括纳税申报销售额、稽查查补销售额、纳税评估调整销售额。

销售服务、无形资产或者不动产(以下简称应税行为)有扣除项目的纳税人,其应税行为年应税销售额按未扣除之前的销售额计算。纳税人偶然发生的销售无形资产、转让不动产的销售额,不计入应税行为年应税销售额。

年应税销售额未超过规定标准的纳税人,会计核算健全,能够提供准确税务资料的,可以向主管税务机关办理一般纳税人登记。

会计核算健全是指能够按照国家统一的会计制度规定设置账簿,根据合法、有效的凭证进行核算。

纳税人应当向其机构所在地主管税务机关办理一般纳税人登记手续。

纳税人登记为一般纳税人后,不得转为小规模纳税人,国家税务总局另有规定的除外。

2．不得办理一般纳税人登记的情况

(1) 按照政策规定,选择按照小规模纳税人纳税的(应当向主管税务机关提交书面说明)。

(2) 年应税销售额超过规定标准的其他个人。

3．纳税人办理一般纳税人登记的程序

(1) 纳税人向主管税务机关填报《增值税一般纳税人登记表》,如实填写固定生产、经营场所等信息,并提供税务登记证件。

(2) 纳税人填报内容与税务登记信息一致的,主管税务机关当场登记。

(3) 纳税人填报内容与税务登记信息不一致,或者不符合填列要求的,主管税务机关应当场告知纳税人需要补正的内容。

4．纳税人办理一般纳税人登记的时限

纳税人在年应税销售额超过规定标准的月份(或季度)的所属申报期结束后15日内按照规定办理相关手续;未按规定时限办理的,主管税务机关应当在规定时限结束后5日内制作《税务事项通知书》,告知纳税人应当在5日内向主管税务机关办理相关手续;逾期仍不办理的,次月起按销售额依照增值税税率计算应纳税额,不得抵扣进项税额,直至纳税人办理相关手续为止。

纳税人自一般纳税人生效之日起,按照增值税一般计税方法计算应纳税额,并可以按照规定领用增值税专用发票,财政部、国家税务总局另有规定的除外。

生效之日是指纳税人办理登记的当月1日或者次月1日,由纳税人在办理登记手续时自行选择。

第二节 发票管理

发票是指在购销商品、提供或者接受服务以及从事其他经营活动中,开具、收取的收付款的书面证明。它是确定经济业务收支行为发生的法定凭证,是会计核算的原始依据。

税务机关是发票的主管机关,负责发票的印制、领购、开具、取得、保管、缴销的管理和监督。在全国范围内统一式样的发票,由国家税务总局确定。在省、自治区、直辖市范围内统一式样的发票,由省、自治区、直辖市税务局确定。

一、发票的种类、联次和内容

1. 发票的种类

常见的发票种类有三种,即增值税专用发票、增值税普通发票和专业发票。

(1) 增值税专用发票是指专门用于结算销售货物和提供加工、修理修配劳务使用的一种发票。增值税专用发票只限于增值税一般纳税人领购使用,增值税小规模纳税人不得领购使用。一般纳税人如有法定情形的,不得领购使用增值税专用发票。

(2) 增值税普通发票主要由增值税小规模纳税人使用,增值税一般纳税人在不能开具增值税专用发票的情况下也可使用增值税普通发票。

(3) 专业发票是指国有金融、保险企业的存贷、汇兑、转账凭证、保险凭证;国有邮政、电信企业的邮票、邮单、话务、电报收据;国有铁路、国有航空企业和交通部门、国有公路、水上运输企业的客票、货票等。专业发票是一种特殊种类的发票,不套印发票监制章。

2. 发票的联次和内容

发票的基本联次包括存根联、发票联、记账联。存根联由收款方或开票方留存备查;发票联由付款方或受票方作为付款原始凭证;记账联由收款方或开票方作为记账原始凭证。

发票的基本内容包括:发票的名称、发票代码和号码、联次及用途、客户名称、开户银行及账号、商品名称或经营项目、计量单位、数量、单价、大小写金额、开票人、开票日期、开票单位(个人)名称(章)等。

视频 1-2 发票基础知识

二、发票的印制

增值税专用发票由国务院税务主管部门指定的企业印制;其他发票,按照国务院税务主管部门的规定,分别由省、自治区、直辖市税务局、地方税务局指定企业印制。未经规定的税务机关指定,不得印制发票。

三、发票领购管理

(1) 需要领购发票的单位和个人,应当持税务登记证件、经办人身份证明、按照国务院税务主管部门规定式样制作的发票专用章的印模,向主管税务机关办理发票领购手续。主管税务机关根据领购单位和个人的经营范围和规模,确认领购发票的种类、数量以及领购方式,在5个工作日内发给发票领购簿。

单位和个人领购发票时,应当按照税务机关的规定报告发票使用情况,税务机关应当按照规定进行查验。

(2) 需要临时使用发票的单位和个人,可以凭购销商品、提供或者接受服务以及从事其他经营活动的书面证明、经办人身份证明,直接向经营地税务机关申请代开发票。依照税收法律、行政法规规定应当缴纳税款的,税务机关应当先征收税款,再开具发票。税务机关根据发票管理的需要,可以按照国务院税务主管部门的规定委托其他单位代开发票。禁止非法代开发票。

临时到本省、自治区、直辖市以外从事经营活动的单位或者个人,应当凭所在地税务机关的证明,向经营地税务机关领购经营地的发票。临时在本省、自治区、直辖市以内跨市、县从事经营活动领购发票的办法,由省、自治区、直辖市税务机关规定。

税务机关对外省、自治区、直辖市来本辖区从事临时经营活动的单位和个人领购发票的,可以要求其提供保证人或者根据所领购发票的票面限额以及数量缴纳不超过1万元的保证金,并限期缴销发票。按期缴销发票的,解除保证人的担保义务或者退还保证金;未按期缴销发票的,由保证人或者以保证金承担法律责任。税务机关收取保证金应当开具资金往来结算票据。

四、发票的开具和保管

(1) 销售商品、提供服务以及从事其他经营活动的单位和个人,对外发生经营业务收取款项,收款方应当向付款方开具发票;特殊情况下,由付款方向收款方开具发票。

(2) 所有单位和从事生产、经营活动的个人在购买商品、接受服务以及从事其他经营活动支付款项时,应当向收款方取得发票。取得发票时,不得要求变更品名和金额。

(3) 不符合规定的发票,不得作为财务报销凭证,任何单位和个人有权拒收。

(4) 开具发票应当按照规定的时限、顺序、栏目,全部联次一次性如实开具,并加盖发票专用章。

任何单位和个人不得有下列虚开发票行为:①为他人、为自己开具与实际经营业务情况不符的发票;②让他人为自己开具与实际经营业务情况不符的发票;③介绍他人开具与实际经营业务情况不符的发票。

(5) 安装税控装置的单位和个人,应当按照规定使用税控装置开具发票,并按期向主管税务机关报送开具发票的数据。使用非税控电子器具开具发票的,应当将非税控电子器具使用的软件程序说明资料报主管税务机关备案,并按照规定保存、报送开具发票的数据。

(6) 任何单位和个人应当按照发票管理规定使用发票,不得有下列行为:①转借、转让、介绍他人转让发票、发票监制章和发票防伪专用品;②知道或者应当知道是私自印制、伪造、变造、非法取得或者废止的发票而受让、开具、存放、携带、邮寄、运输;③拆本使用发票;④扩大发票使用范围;⑤以其他凭证代替发票使用。

(7) 除了国务院税务主管部门规定的特殊情形,发票限于领购单位和个人在本省、自治区、直辖市内开具。省、自治区、直辖市税务机关可以规定跨市、县开具发票的办法。

(8) 除了国务院税务主管部门规定的特殊情形,任何单位和个人不得跨规定使用区域携带、邮寄、运输空白发票。禁止携带、邮寄或者运输空白发票出入境。

(9) 开具发票的单位和个人应当建立发票使用登记制度,设置发票登记簿,并定期向主管税务机关报告发票使用情况。

(10) 开具发票的单位和个人应当在办理变更或者注销税务登记的同时,办理发票和发票领购簿的变更、缴销手续。

(11) 开具发票的单位和个人应当按照税务机关的规定存放和保管发票,不得擅自损毁。已经开具的发票存根联和发票登记簿,应当保存5年。保存期满,报经税务机关查验后销毁。

五、发票的检查

税务机关在发票管理中有权进行下列检查:

(1) 检查印制、领购、开具、取得、保管和缴销发票的情况。
(2) 调出发票查验。
(3) 查阅、复制与发票有关的凭证、资料。
(4) 向当事各方询问与发票有关的问题和情况。
(5) 在查处发票案件时,对与案件有关的情况和资料,可以记录、录音、录像、照相和复制。

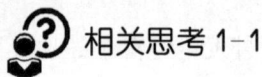

知识拓展1-3

电子发票推行的意义

电子发票是指在购销商品、提供或者接受服务以及从事其他经营活动中,开具、收取的以电子方式存储的收付款凭证。增值税电子普通发票的开票方和受票方需要纸质发票的,可以自行打印增值税电子普通发票的版式文件,其法律效力、基本用途、基本使用规定等与税务机关监制的增值税普通发票相同。也就是说,增值税电子发票无论是在报销、维修、作为凭证进行记账方面都等同于纸质发票。

推行电子发票的意义主要表现在以下几个方面:

(1) 实时性:开票速度快,配合支付宝的发票抬头管理能力,可以解决传统开票中开票慢、易出错等开票难题。

(2) 交互性:电子发票与企业内部的ERP等系统相结合,发票资料全面电子化并集中处理,有助于企业本身的账务处理。

(3) 低成本:节约企业打印设备、配送、人工成本,同时减少纸张油墨,有利于环保。

(4) 易存储:配合支付宝的发票管家功能,可以将所有电子发票进行归集、保管、整理,便于受票方进行查询,以及对接后续发票使用需求。

资料来源:曾金华.增值税电子专用发票来了! 开票、报销入账应该这么操作[EB/OL].(2020-12-22)[2021-12-18]. http://bgimg.ce.cn/xwzx/gnsz/gdxw/202012/22/t20201222_36143578.shtml?ivk_sa=1024320u.

思政育人1-1

路漫漫其修远兮,吾将上下而求索

随着数字化在制造领域的席卷之势,不少企业早已迈入数字化之路,也让企业费控逐步走向前台。特别是在我国金税四期、数字化电子发票的大背景之下,实现业财一体的费控融合成为必然趋势,费控作为财务管理最为灵活的一环,也迎来了全新的4.0时代。

进入费控4.0时代,作为数智化时代的产物——费控报销平台已经升级为企业消费和费用一站式管理平台,覆盖企业消费全场景和费用管控全流程,同时打造开放式的供应链体系、一品多供的聚合比价模式,为企业提供更高效、全面的费控报销服务。

智能时代的到来使会计领域中核算、数据整理等程序化、机械化的工作被财务机器人等人工智能替代。会计人员应该积极应对这一发展趋势,改变传统的思想理念,通过不断学习、积极创新来提高自己的思考能力与分析能力,使自己成为复合型会计人才。我们只有持续提高自己创造价值的能力,才能不被时代所淘汰。路漫漫其修远兮,吾将上下而求索。

资料来源:鼎捷智造.财务共享中心怎么提升智能化?共享中心工作人员怎么发展?[EB/OL].(2022-07-04)[2022-11-23].https://www.zhihu.com/question/523066393/answer/2558328350.

第三节 纳税人的权利、义务与法律责任

一、纳税人的权利

(1) 知情权。纳税人有权向税务机关了解国家税收法律、行政法规的规定以及与纳税程序有关的情况。

(2) 保密权。纳税人有权要求税务机关对其商业秘密及个人隐私保密。

(3) 税收监督权。纳税人有权控告和检举税务机关、税务人员的违法违纪行为。同时,纳税人也有权检举其他纳税人的税收违法行为。

(4) 纳税申报方式选择权。纳税人可以直接到办税服务厅办理纳税申报或者报送代扣代缴、代收代缴税款报告表,也可以按照规定采取邮寄、数据电文或者其他方式办理上述申报、报送事项。但是,采取邮寄或者数据电文方式办理上述申报、报送事项的,须经主管税务机关批准。

(5) 申请延期申报权。纳税人不能按期办理纳税申报或者报送代扣代缴、代收代缴税款报告表的,应当在规定的期限内向税务机关提出书面延期申请,经核准,可在核准的期限内办理。

(6) 申请延期缴纳税款权。纳税人因有特殊困难,不能按期缴纳税款的,经过批准,可以延期缴纳税款,但最长不得超过3个月。

(7) 申请退还多缴税款权。纳税人超过应纳税额缴纳的税款,税务机关发现后应当立即退还;纳税人自结算缴纳税款之日起3年内发现的,可以向税务机关要求退还多缴的税款并加算银行同期存款利息,税务机关及时查实后应当立即退还。

(8) 依法享受税收优惠权。纳税人依法享有申请减税、免税、退税的权利,即纳税人有权根据法律、行政法规的规定向税务机关申请享受税收优惠的权利,但必须按照法定程序进行申请、审批。

(9) 委托税务代理权。纳税人可以根据国家税务总局规定的有关业务委托税务代理人代为办理,如办理、变更或者注销税务登记,除了增值税专用发票的发票领购手续,纳税人申报或扣缴税款报告等。

(10) 陈述与申辩权。纳税人对税务机关作出的行政处罚决定,享有陈述权、申辩权。

(11) 对未出示税务检查证和税务检查通知书的拒绝检查权。纳税人在接受税务检查时,有权要求检查人员出示税务检查证和税务检查通知书,未出示税务检查证和税务检查通知书的,纳税人有权拒绝检查。

(12) 税收法律救济权。纳税人对税务机关作出的决定,依法享有申请行政复议、提起行政诉讼、请求国家赔偿等权利。

(13) 依法要求听证权。在对纳税人作出规定金额以上罚款的行政处罚之前,税务机关会向纳税人送达《税务行政处罚事项告知书》,告知纳税人已经查明的违法事实、证据、行政

处罚的法律依据和拟将给予的行政处罚。对此,纳税人有权要求举行听证。

(14) 索取税收凭证权。税务机关征收税款时,必须给纳税人开具完税凭证。扣缴义务人代扣、代收税款时,如果纳税人要求扣缴义务人开具代扣、代收税款凭证,则扣缴义务人应当开具。

二、纳税人的义务

(1) 依法进行税务登记的义务。纳税人应当依照税法规定申请办理设立登记、变更登记、停业和复业登记或注销税务登记,并按规定使用税务登记证件,不得转借、涂改、损毁、买卖或者伪造税务登记证件。

(2) 依法设置账簿、保管账簿和有关资料以及依法开具、使用、取得和保管发票的义务。纳税人必须按规定设置账簿,进行核算。从事生产、经营的纳税人,必须按照国务院财政、税务主管部门规定的保管期限保管账簿、记账凭证、完税凭证及其他有关资料。账簿、记账凭证、完税凭证及其他有关资料不得伪造、变造或者擅自损毁。纳税人在从事经营活动的过程中,应当依法开具、使用、取得和保管发票。

(3) 财务会计制度和会计核算软件备案的义务。纳税人应将其财务会计制度或者财务会计处理办法和会计核算软件,报送税务机关备案。

(4) 按照规定安装、使用税控装置的义务。如果纳税人未按规定安装、使用税控装置,或者损毁或擅自改动税控装置的,税务机关将责令其限期改正,并可根据情节轻重处以规定数额内的罚款。

(5) 按时、如实申报的义务。纳税人必须依照法律、行政法规规定的申报期限、申报内容如实办理纳税申报,报送纳税申报表、财务会计报表以及税务机关根据实际需要要求报送的其他纳税资料。

(6) 按时缴纳税款的义务。纳税人必须按税法规定的纳税期限缴纳税款。未按照规定期限缴纳税款的,税务机关除责令限期缴纳,从滞纳税款之日起,按日加收滞纳税款万分之五的滞纳金。

(7) 代扣代缴税款的义务。代扣代缴税款义务人必须依照法律、行政法规的规定履行代扣代缴税款义务且纳税人不得拒绝。如果纳税人拒绝,代扣代缴税款义务人应当及时报告税务机关处理。

(8) 接受依法检查的义务。纳税人有接受税务机关依法进行税务检查的义务,应主动配合税务机关按法定程序进行的税务检查,如实地反映自己的生产经营情况和执行财务制度的情况,并按有关规定提供报表和资料,不得隐瞒和弄虚作假,不能阻挠、刁难税务机关的检查和监督。

(9) 及时提供信息的义务。纳税人除通过税务登记和纳税申报向税务机关提供与纳税有关的信息,还应及时提供其他信息。如果纳税人有歇业、经营情况变化、遭受各种灾害等特殊情况的,应及时向税务机关说明,以便税务机关依法妥善处理。

(10) 报告其他涉税信息的义务。为了保障国家税收能够及时、足额征收入库,税收法律还规定了纳税人有义务报告其他相关的涉税信息,如与关联企业之间的业务往来、企业合并和分立情况、全部账号及处分大额财产等。

视频1-3 开具发票——每个纳税人的义务

三、纳税人的法律责任

1. 违反税务管理基本规定行为的处罚

(1) 纳税人不得有下列行为:①未按照规定的期限申报办理税务登记、变更或者注销登记的;②未按照规定设置、保管账簿或者保管记账凭证和有关资料的;③未按照规定将会计制度或者会计处理办法和会计核算软件报送税务机关备查的;④未按照规定将其全部银行账号向税务机关报告的;⑤未按照规定安装、使用税控装置,或者损毁、擅自改动税控装置的;⑥未按照规定办理税务登记证件验证或者换证手续的。

纳税人有上述行为之一的,由税务机关责令限期改正,可处以2 000元以下的罚款;情节严重的,可处以2 000元以上10 000元以下的罚款。

(2) 纳税人不办理税务登记的,由税务机关责令限期改正;逾期不改正的,由工商行政管理机关吊销其营业执照。

(3) 纳税人通过提供虚假的证明资料等手段,骗取税务登记证的,可处以2 000元以下的罚款;情节严重的,可处以2 000元以上10 000元以下的罚款。纳税人涉嫌其他违法行为的,按有关法律、行政法规的规定处理。

(4) 扣缴义务人未按照规定办理扣缴税款登记的,税务机关应当自发现之日起3日内责令其限期改正,并可处以1 000元以下的罚款。

(5) 纳税人未按照规定使用税务登记证件,或者转借、涂改、损毁、买卖、伪造税务登记证件的,可处以2 000元以上10 000元以下的罚款;情节严重的,可处以10 000元以上50 000元以下的罚款。

2. 扣缴义务人违反账簿、凭证管理的处罚

扣缴义务人未按照规定设置、保管代扣代缴、代收代缴税款账簿或者保管代扣代缴、代收代缴税款记账凭证及有关资料的,由税务机关责令限期改正,可处以2 000元以下的罚款;情节严重的,可处以2 000元以上5 000元以下的罚款。

3. 纳税人、扣缴义务人未按规定进行纳税申报的法律责任

纳税人未按照规定的期限办理纳税申报和报送纳税资料的,或者扣缴义务人未按照规定的期限向税务机关报送代扣代缴、代收代缴税款报告表和有关资料的,由税务机关责令限期改正,可处以2 000元以下的罚款;情节严重的,可处以2 000元以上10 000元以下的罚款。

4. 对偷税的认定及其法律责任

偷税是指纳税人采取伪造、变造、隐匿、擅自销毁账簿、记账凭证、在账簿上多列支出或者不列、少列收入,以及经税务机关通知申报而拒不申报或者进行虚假的纳税申报的手段,不缴或者少缴应纳税款的行为。

对纳税人偷税的,由税务机关追缴其不缴或者少缴的税款、滞纳金,并处不缴或者少缴的税款50%以上5倍以下的罚款;构成犯罪的,依法追究刑事责任。

扣缴义务人采取上述所列手段,不缴或者少缴已扣、已收税款,由税务机关追缴其不缴或者少缴的税款、滞纳金,并处不缴或者少缴的税款50%以上5倍以下的罚款;构成犯罪的,依法追究刑事责任。

纳税人采取欺骗、隐瞒手段进行虚假纳税申报或者不申报,逃避缴纳税款数额较大并且占应纳税额10%以上的,处3年以下有期徒刑或者拘役,并处罚金;数额巨大并且占应纳税

额30%以上的,处3年以上7年以下有期徒刑,并处罚金。

扣缴义务人采取上述所列手段,不缴或者少缴已扣、已收税款,数额较大的,依照上述的规定处罚。

对多次实施上述行为,未经处理的,按照累计数额计算。

有上述第一种行为,经税务机关依法下达追缴通知后,补缴应纳税款,缴纳滞纳金,已受行政处罚的,不予追究刑事责任;但是,5年内因逃避缴纳税款受过刑事处罚或者被税务机关给予两次以上行政处罚的除外。

特别提示 1-1

2009年2月第十一届全国人民代表大会常务委员会第七次会议表决通过了《中华人民共和国刑法修正案(七)》。修订后的《中华人民共和国刑法》(以下简称《刑法》)对第二百零一条关于不履行纳税义务的定罪量刑标准规定中的相关表述方式进行了修改,用"逃避缴纳税款"取代了"偷税"。但目前我国《中华人民共和国税收征收管理法》中还没有作出相应修改。

5. 进行虚假申报或不进行申报行为的法律责任

纳税人、扣缴义务人编造虚假计税依据的,由税务机关责令其限期改正,并处50 000元以下的罚款。

纳税人不进行纳税申报,不缴或者少缴的税款的,由税务机关追缴其不缴或者少缴的税款、滞纳金,并处不缴或者少缴的税款50%以上5倍以下的罚款。

6. 逃避追缴欠税及其法律责任

(1) 欠税。欠税是指纳税人、扣缴义务人超过征收法律、法规规定或税务机关依照税收法律、法规规定的纳税期限,未缴或少缴税款的行为。

纳税人欠缴应纳税款,采取转移或者隐匿财产的手段,妨碍税务机关追缴欠缴的税款的,由税务机关追缴欠缴的税款、滞纳金,并处欠缴税款50%以上5倍以下的罚款;构成犯罪的,依法追究刑事责任。

(2) 逃避追缴欠税罪。《刑法》第二百零三条规定:纳税人欠缴应纳税款,采取转移或者隐匿财产的手段,致使税务机关无法追缴欠缴的税款,数额在1万元以上不满10万元的,处3年以下有期徒刑或者拘役,并处或者单处欠缴税款1倍以上5倍以下罚金;数额在10万元以上的,处3年以上7年以下有期徒刑,并处欠缴税款1倍以上5倍以下罚金。

7. 骗取出口退税的法律责任

(1) 骗税。骗税是指纳税人以假报出口或者其他欺骗手段,骗取国家出口退税款的行为。

纳税人以假报出口或者其他欺骗手段骗取国家出口退税款的,由税务机关追缴其骗取的退税款,并处骗取税款1倍以上5倍以下的罚款;构成犯罪的,依法追究刑事责任。

对骗取国家出口退税款的,税务机关可以在规定期间内停止为其办理出口退税。

(2) 骗取出口退税罪。《刑法》第二百零四条规定:以假报出口或者其他欺骗手段,骗取国家出口退税款,数额较大的,处5年以下有期徒刑或者拘役,并处骗取税款1倍以上5倍以下罚金;数额巨大或者有其他严重情节的,处 5 年以上 10 年以下有期徒刑,并处骗取税款 1 倍以上 5 倍以下罚金;数额特别巨大或者有其他特别严重情节的,处 10 年以上有期徒刑或者无期徒刑,并处骗取税款 1 倍以上 5 倍以下罚金或者没收财产。

8. 抗税的法律责任

(1) 抗税。抗税是指纳税人、扣缴义务人以暴力、威胁方法拒绝缴纳税款的行为。情节轻微,未构成犯罪的,由税务机关追缴其拒缴的税款、滞纳金,并处拒缴税款 1 倍以上 5 倍以下的罚款。构成犯罪的,除由税务机关追缴其拒缴的税款、滞纳金,依法追究刑事责任。

(2) 抗税罪。《刑法》第二百零二条规定:以暴力、威胁方法拒不缴纳税款的,处 3 年以下有期徒刑或者拘役,并处拒缴税款 1 倍以上 5 倍以下罚金;情节严重的,处 3 年以上 7 年以下有期徒刑,并处拒缴税款 1 倍以上 5 倍以下罚金。

9. 在规定期限内不缴或者少缴税款的法律责任

纳税人、扣缴义务人在规定期限内不缴或者少缴应纳或者应解缴的税款,经税务机关责令限期缴纳,逾期仍未缴纳的,税务机关除依照《税收征收管理法》规定采取强制执行措施追缴其不缴或者少缴的税款,可处以不缴或者少缴税款 50% 以上 5 倍以下的罚款。

10. 扣缴义务人不履行扣缴义务的法律责任

扣缴义务人应扣未扣、应收未收税款的,由税务机关向纳税人追缴税款,对扣缴义务人处应扣未扣、应收未收税款 50% 以上 3 倍以下的罚款。

11. 不配合税务机关依法检查的法律责任

纳税人、扣缴义务人逃避、拒绝或者以其他方式阻挠税务机关检查的,由税务机关责令改正,可处以 1 万元以下的罚款;情节严重的,可处以 1 万元以上 5 万元以下的罚款。

税务机关依法到车站、码头、机场、邮政企业及其分支机构检查纳税人有关情况时,有关单位拒绝的,由税务机关责令改正,可处以 1 万元以下的罚款;情节严重的,可处以 1 万元以上 5 万元以下的罚款。

延伸阅读 1-1

"码"上享服务、防风险:"纳税健康码"为企业健康发展护航

知识拓展 1-4

2021 年 11 月 25 日,国家税务总局广西壮族自治区税务局举行"纳税健康码"全区推广启动仪式。据了解,"纳税健康码"是广西税务部门打造的旨在帮助企业防范涉税风险的平台。广西税务部门以企业的涉税信息为基础,通过提取多个业务系统中的数据进行聚合呈现,集成了专属于特定企业的"纳税健康码",使企业可以随时随地查询并改正自身涉税风险,促进企业提高纳税信用水平和税法遵从度。

此外,企业还可通过扫码方式进入该"码"的办税日程和减税降费模块分别查看其需要办理但未办结的涉税事项以及减税降费红利账单,乐享税务部门量身推送符合个性化需求的政策"礼包"和办税提醒。

资料来源:王功孝. 广西税务局"纳税健康码"正式全区推广[EB/OL]. (2021-11-26)[2021-12-21]. http://unn.people.com.cn/n1/2021/1126/c14717-32293004.html.

第二章　增值税的纳税申报

 知识框架

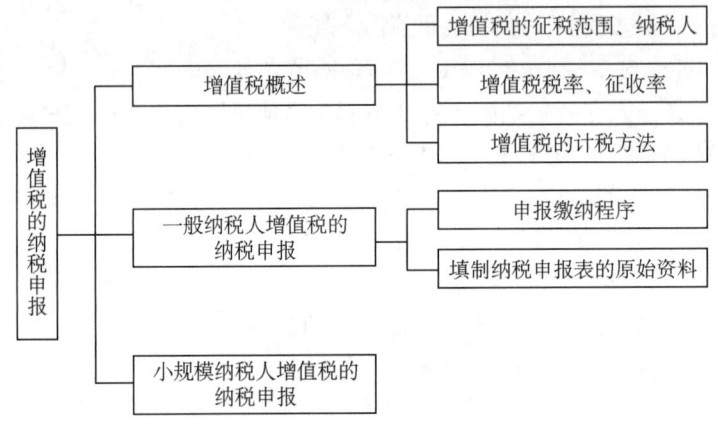

第一节　增值税概述

一、实验目的

通过本节的学习,学生能够比较系统、全面地掌握增值税的计税方法和增值税会计的核算依据;理解增值税征税范围、纳税人、税率等基本理论知识,以达到理论知识与实务操作相结合的目的,为其从事纳税会计工作打下坚实基础。

二、理论知识点

1. 增值税的征税范围、纳税人

根据我国现行税收法律制度的规定,增值税是对在我国境内销售货物或者提供加工、修理修配劳务,销售服务、无形资产、不动产以及出口货物的单位和个人,就其取得货物、劳务、服务、无形资产、不动产的销售额和进口货物的金额为计税依据计算税款,并实行税款抵扣制度的一种流转税。

(1)增值税的征税范围:增值税的征税涉及货物的生产、批发、零售和进口四个环节。在我国境内销售货物及提供加工、修理修配劳务,销售服务、无形资产、不动产以及进口货物,均属于增值税的征税范围。

(2)增值税的纳税人:在我国境内销售货物、应税劳务、服务、转让无形资产、不动产以及进口货物的单位和个人为增值税的纳税人。为了便于增值税的征收管理并简化计税,我

国将增值税纳税人划分为小规模纳税人和一般纳税人。

 特别提示 2-1

增值税扣缴义务人的规定

中华人民共和国境外的单位或者个人在境内提供应税劳务,在境内未设有经营机构的,以其境内代理人为增值税扣缴义务人;在境内没有代理人的,以购买方为增值税扣缴义务人。

境外的单位或者个人在境内发生应税行为(销售服务、无形资产或不动产),在境内未设有经营机构的,以购买方为增值税扣缴义务人,财政部和国家税务总局另有规定的除外。

2. 增值税税率、征收率

1) 增值税税率

(1) 基本税率:增值税一般纳税人销售、进口货物,提供加工、修理修配劳务、有形动产租赁服务,除低税率适用范围和销售个别旧货适用低税率,税率一律为13%。

(2) 低税率:一般纳税人销售、进口农产品(含粮食)、食用植物油、食用盐、自来水、石油液化气、天然气、煤气、农机、化肥农药、饲料、书报杂志、音像制品、电子出版物等,提供交通运输服务、邮政服务、基础电信服务和建筑服务,转让土地使用权,销售不动产和提供不动产租赁服务,税率为9%。

销售(转让)土地使用权之外的其他无形资产,提供增值电信服务、金融服务、生活服务以及除租赁服务之外的各项现代服务,适用6%的低税率。

(3) 零税率:纳税人出口货物,税率为零,但是国务院另有规定的除外。境内单位和个人跨境销售国务院规定范围内的服务、无形资产,税率为零。

2) 增值税征收率

小规模纳税人计算缴纳增值税,采用简易计税方法,适用征收率。一般纳税人在特殊情况下采用简易计税方法,适用征收率。

我国增值税的法定征收率为3%。一些特殊项目(如纳税人销售旧货)适用3%减按2%的征收率;一些特殊项目(如销售非自建不动产、不动产租赁)适用5%的征收率;还有一些特殊项目(如个人出租住房)适用1.5%的征收率。

 特别提示 2-2

增值税预征率的规定

纳税人提供建筑服务取得预收款,适用一般计税方法计税的项目,增值税预征率为2%;适用简易计税方法计税的项目,增值税预征率为3%。一般纳税人销售不动产时,选择一般计税方法计税的,增值税预征率为5%。

房地产开发企业销售、出租房地产项目的,也有增值税预征率的相关规定。

3. 增值税的计税方法

增值税应纳税额的计算方法有一般计税方法和简易计税方法两种基本方法。

13

1) 一般纳税人应纳税额的计税方法

增值税一般纳税人销售货物、劳务、服务、无形资产、不动产(以下统称应税销售行为)采用一般计税方法计算缴纳增值税,特殊情况下采用简易计税方法。在持续经营情况下,应纳税额合计的计算公式,具体体现为《增值税及附加税费申报表(一般纳税人适用)》"11 至 24 栏",见图 2-1。应抵扣税额合计和应纳税额的计算公式分别如下:

$$应抵扣税额合计 = 进项税额 + 上期留抵税额 - 进项税额转出 - 免、抵、退应退税额 + 按适用税率计算的纳税检查应补缴税款$$

$$应纳税额 = 销项税额 - 实际抵扣税额$$

如果销项税额大于应抵扣税额,实际抵扣税额就是应抵扣税额;如果销项税额小于应抵扣税额,实际抵扣税额就是销项税额,当期销项税额与同期应抵扣税额的差额为本期留抵税额,留抵税额可以结转下期继续抵扣。应纳税额合计的计算公式如下:

$$应纳税额合计 = 应纳税额 + 简易计税办法计算的应纳税额 - 应纳税额减征额$$

	项目	栏次
税款计算	销项税额	11
	进项税额	12
	上期留抵税额	13
	进项税额转出	14
	免、抵、退应退税额	15
	按适用税率计算的纳税检查应补缴税额	16
	应抵扣税额合计	17=12+13-14-15+16
	实际抵扣税额	18(如17<11,则为17,否则为11)
	应纳税额	19=11-18
	期末留抵税额	20=17-18
	简易计税办法计算的应纳税额	21
	按简易计税办法计算的纳税检查应补缴税额	22
	应纳税额减征额	23
	应纳税额合计	24=19+21-23

图 2-1 《增值税及附加税费申报表(一般纳税人适用)》"11 至 24 栏"

> 延伸阅读 2-1

增值税发票的类型

增值税发票是增值税纳税人销售货物、提供应税劳务和销售应税服务等而给购买方开具的发票。按领购使用范围不同,发票主要分为增值税专用发票和增值税普通发票。

一、增值税专用发票

增值税专用发票包括增值税专用发票和机动车销售统一发票。

(1) 增值税专用发票由基本联次或基本联次附加其他联次构成,基本联次有记账联、抵扣联和发票联三联。记账联作为销售方核算销售收入和增值税销项税额的凭证;抵扣联作为购买方报送主管税务机关认证和留存备查的凭证;发票联作为购买方核算采购成本和增值税进项税额的凭证。

(2) 一般纳税人和小规模纳税人从事机动车(旧机动车除外)零售业务的,开具机动车销售统一发票。

二、增值税普通发票

增值税普通发票包括增值税普通发票(折叠票)、增值税普通发票(卷票)和增值税电子普通发票。

(1) 增值税普通发票(折叠票)一般由二联或五联(没有抵扣联)构成。

(2) 增值税普通发票(卷票)主要适用于生活服务业纳税人,为单联票。

(3) 增值税电子普通发票(简称电子发票)是以电子方式存储的收付款凭证,需要纸质发票的,可以自行打印电子发票的版式文件。

除增值税专用发票和增值税普通发票,增值税发票还有特定范围使用的农产品收购发票、门票、定额发票、客运发票等其他发票。

2020年9月,宁波市税务局开出了我国第一张增值税电子专用发票,开启了我国发票电子化改革的新篇章。2021年12月,全国统一的电子发票服务平台建成,全电发票试点工作开始。

资料来源:高杉.纳税会计[M].上海:立信会计出版社,2020.

2) 小规模纳税人应纳税额的计税方法

小规模纳税人发生应税销售行为,实行按照销售额乘以征收率计算应纳税额的简易计税方法,并不得抵扣进项税额。应纳税额的计算公式,具体体现为《增值税及附加税费申报表(小规模纳税人适用)》"1至22栏",见图2-2。

应纳税额＝销售额×征收率

简易计税方法的销售额不包括其应纳增值税税额,纳税人采用销售额和应纳增值税税额合并定价方法的,应将其换算为不含税销售额,按照下列公式计算销售额:

销售额＝含税销售额÷(1＋征收率)

	项目	栏次	本期数	
			货物及劳务	服务、不动产和无形资产
一、计税依据	（一）应征增值税不含税销售额(3%征收率)	1		
	增值税专用发票不含税销售额	2		
	其他增值税发票不含税销售额	3		
	（二）应征增值税不含税销售额(5%征收率)	4	—	
	增值税专用发票不含税销售额	5		
	其他增值税发票不含税销售额	6		
	（三）销售使用过的固定资产不含税销售额	7(7≥8)		—
	其中：其他增值税发票不含税销售额	8		—
	（四）免税销售额	9＝10＋11＋12		
	其中：小微企业免税销售额	10		
	未达起征点销售额	11		
	其他免税销售额	12		
	（五）出口免税销售额	13(13≥14)		
	其中：其他增值税发票不含税销售额	14		
二、税款计算	本期应纳税额	15		
	本期应纳税额减征额	16		
	本期免税额	17		
	其中：小微企业免税额	18		
	未达起征点免税额	19		
	应纳税额合计	20＝15－16		
	本期预缴税额	21		
	本期应补(退)税额	22＝20－21		

图2-2 《增值税及附加税费申报表(小规模纳税人适用)》"1至22栏"

三、实验资料

1. 纳税核算的原始凭证

财务会计上，销售经济业务发生时应逐笔确认"销项税额"，采购经济业务发生时应逐笔确认"进项税额"。

涉税经济业务的会计核算所依据的常见原始凭证有以下几点。

1) 确认"销项税额"的原始凭证

(1) 若已开具发票,原始凭证为增值税专用发票(图2-3)或增值税普通发票等。

(2) 若未开具发票(如自产货物用于职工福利、分配给股东),原始凭证为"领用单"(图2-4)、"董事会决议"(图2-5)(或"出库单""商品价目表")等。

2) 确认"进项税额"的原始凭证

(1) 若取得增值税专用发票(并确认相符),原始凭证为增值税专用发票(图2-6和图2-7)。

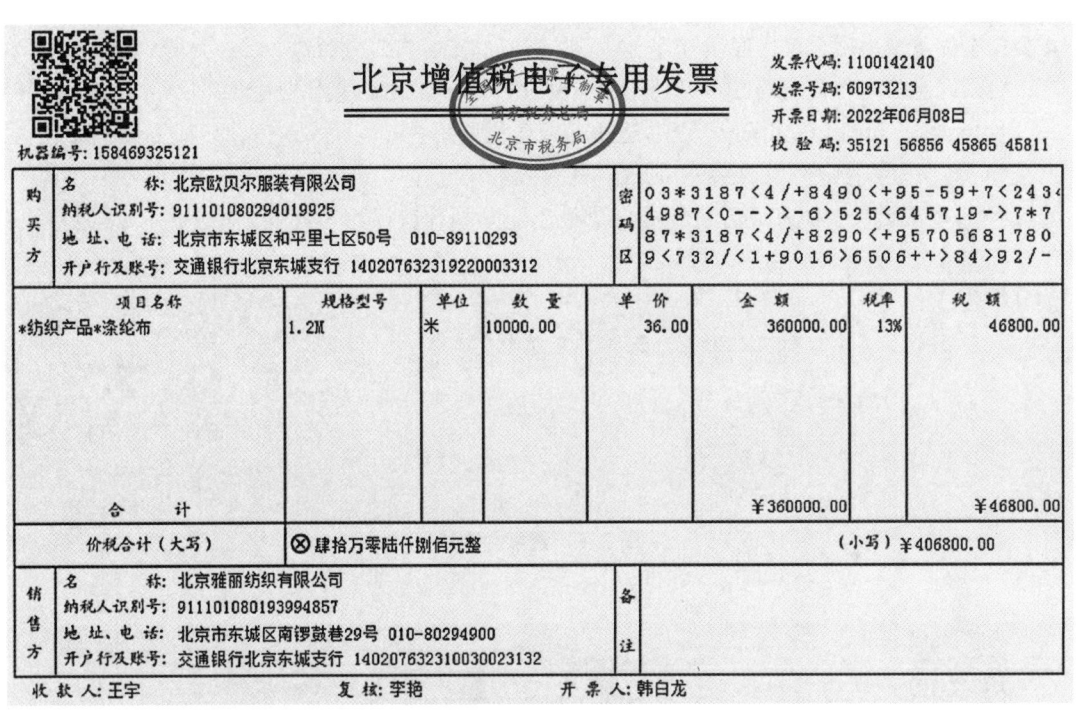

图 2-3　增值税电子专用发票——60973213 号

图 2-4　红木家具领用单

董事会决议

会议时间:2022 年 05 月 08 日
会议地点:本公司三楼会议室
现任董事会成员:万安石　洪玉珍　王彬森　王彬林　黄崔仁
出席会议的人员:万安石　洪玉珍　王彬森　王彬林　黄崔仁
决议事项:发放实物股利

北京新世纪家具有限公司董事会第五次会议于 2022 年 05 月 08 日在本公司三楼会议室召开。本公司全体董事出席会议。经研究,全体董事一致同意通过以下决议:

　　会议同意公司将自产的红木家具作为应付股利分配给股东,具体分配如下:
一、将不含税售价每套壹拾陆万元整,适用的增值税税率为 13%,成本为壹拾贰万元整的红木家具(5 套)作为实物股利发放给公司股东(共 5 人)。
二、声明:本次会议参加人员已达公司章程规定人数,所作决议均为有效决议。

董事签名:
　　万安石　洪玉珍　王彬森　王彬林　黄崔仁

北京新世纪家具有限公司
2022 年 05 月 08 日

图 2-5　董事会决议

图 2-6　增值税电子专用发票——60952123 号

图 2-7　增值税电子专用发票——60972001 号

（2）若取得海关进口增值税专用缴款书（并稽核相符），原始凭证为海关进口增值税专用缴款书（国库收款签章后交缴款单位或缴纳人联，图 2-8）。

（3）若购进免税农产品，原始凭证为农产品收购发票或者销售发票。

（4）若代扣代缴增值税，原始凭证为电子缴税付款凭证（图 2-9）。

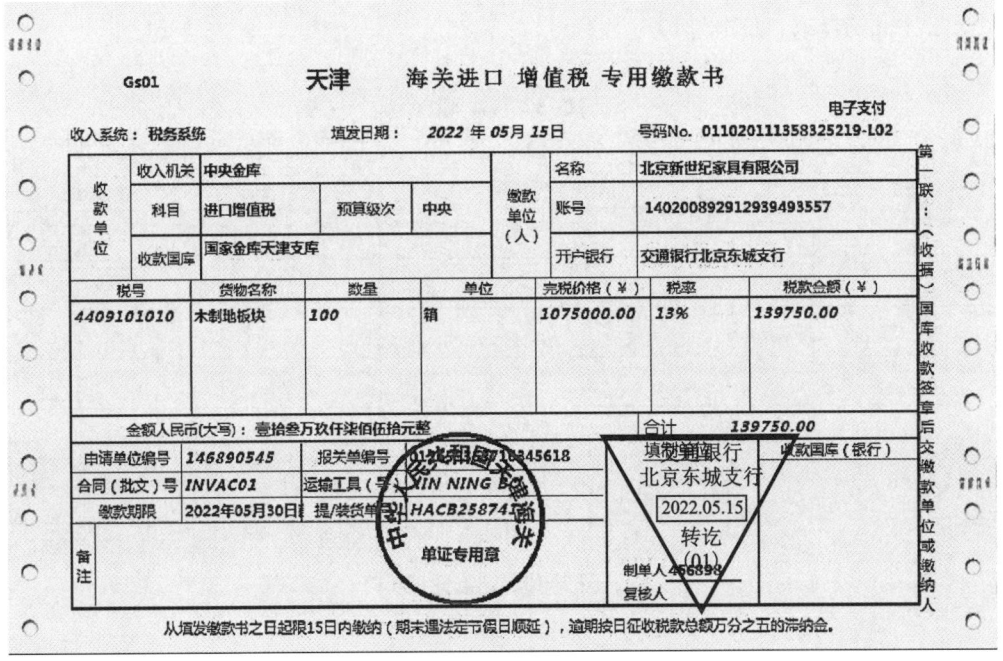

图 2-8　海关进口增值税专用缴款书

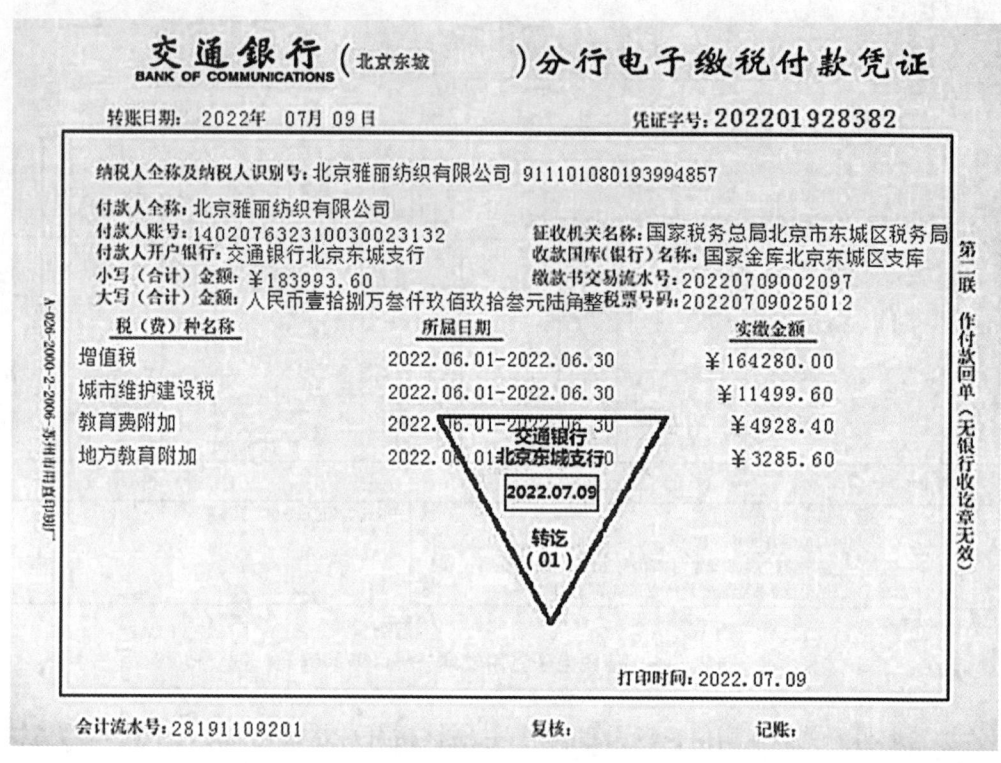

图 2-9 电子缴税付款凭证

2. 纳税核算的记账凭证

涉税经济业务发生后，纳税人需逐笔确认"销项税额""进项税额"等，并填制记账凭证。通用记账凭证的样式，见图 2-10。

图 2-10 记账凭证

四、实验内容及操作步骤

1. 销售

2022年6月10日,北京雅丽纺织有限公司向北京欧贝尔服装有限公司销售一批涤纶布,已收到购货单位的银行承兑汇票,请编制确认销售收入的记账凭证。

原始单据包括:银行承兑汇票(复印件)、销售单、增值税专用发票,分别见图2-11、图2-12、图2-13。

【操作步骤】

(1)填制记账凭证(图2-14)。依次填写"日期""字号""摘要""科目名称""借方金额""贷方金额""合计金额""附单据张数"等。

(2)经办人员签章(制单签章)。

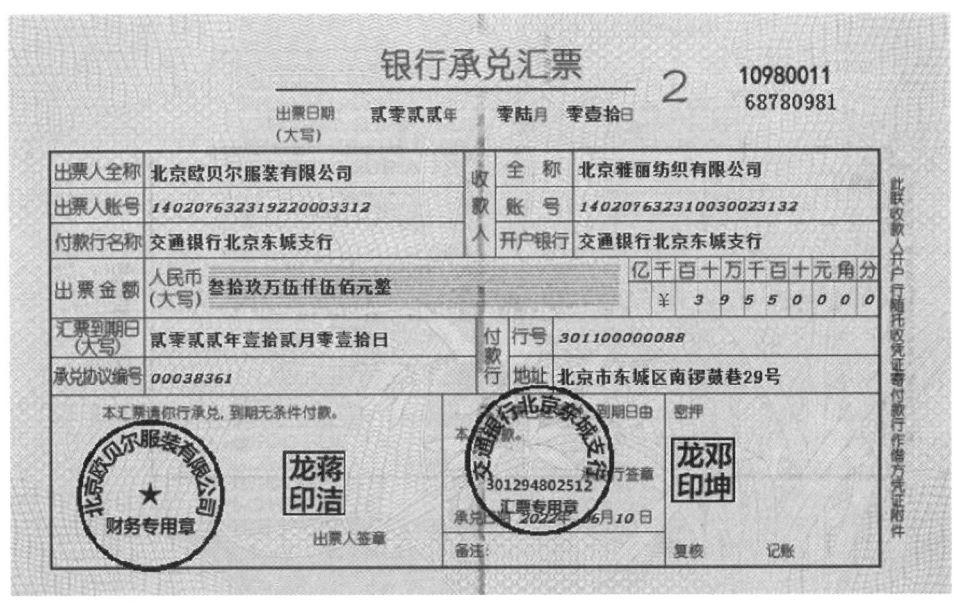

图2-11 银行承兑汇票(复印件)

图2-12 销售单

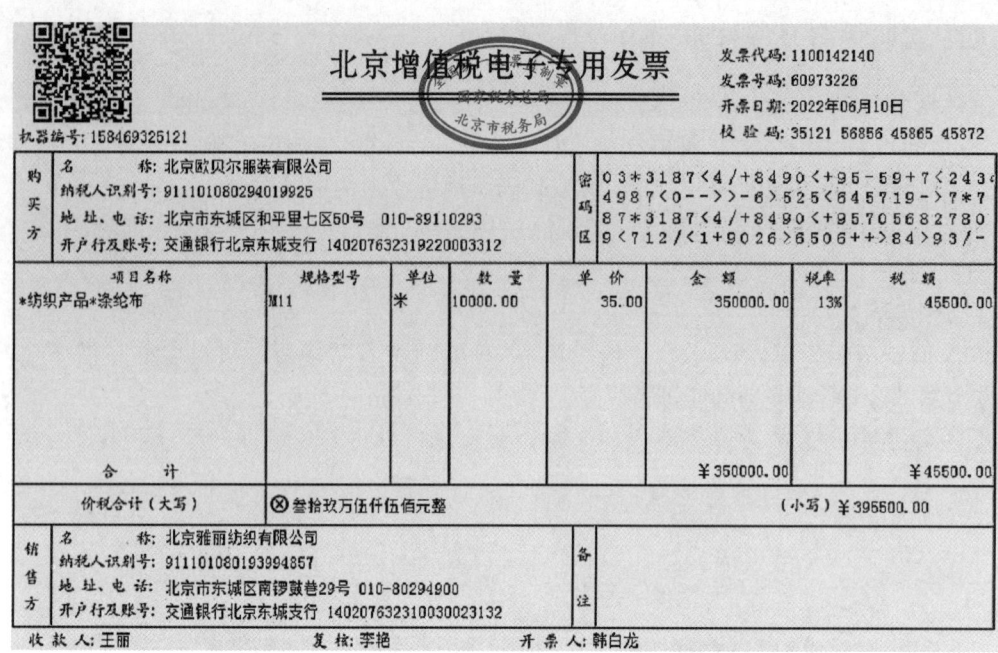

图 2-13　增值税电子专用发票——60973226 号

摘要	科目名称	借方金额	贷方金额
确认销售收入	112101 应收票据——北京欧贝尔服装有限公司	395500.00	
确认销售收入	600102 主营业务收入——涤纶布		350000.00
确认销售收入	22210106 应交税费——应交增值税(销项税额)		45500.00
合计		395500.00	395500.00

记字 087 号　　日期 2022-06-10　　附单据 3 张

记账　　审核　　出纳　　制单 孙宇晓

图 2-14　记账凭证——087 号

延伸阅读 2-2

记账凭证摘要的写法

记账凭证摘要的总体填写要求是简明扼要、突出中心、详略得当、说明问题。从语法上讲,记账凭证摘要应为"主语＋谓语＋宾语"句型或者"谓语＋宾语"句型。

(1)"主语＋谓语＋宾语"句型的记账凭证摘要,适用于由个人或其代表单位完成的经济业务。常见的记账凭证摘要形式包括：某某报销＊＊费用,如李斌报销展览费；某某借款做什么,如李斌借款出差。

（2）"谓语＋宾语"句型的记账凭证摘要,适用于由会计人员办理的业务或本单位完成的经济业务,这种业务用语言表述时可以或应省略主语。常见的记账凭证摘要形式包括：支付（预付）××款项、购入原材料；缴纳某月增值税、企业所得税、附加税费；收××公司××款、收到××公司商业汇票；计提折旧；结转某月未交增值税、计提某月附加税费等。

资料来源：高杉.会计基本技能（第二版）[M].上海：立信会计出版社,2019.

2．采购材料,收料与付款同时进行

2022年5月10日,北京新世纪家具有限公司购入一批枫木板,供货方代垫了运费,采用实际成本法核算。请代为填写增值税进项税额计算表,并编制记账凭证。

原始单据包括：银行电子回单凭证、入库单、增值税电子专用发票1、增值税电子专用发票2,分别见图2-15、图2-16、图2-17、图2-18。

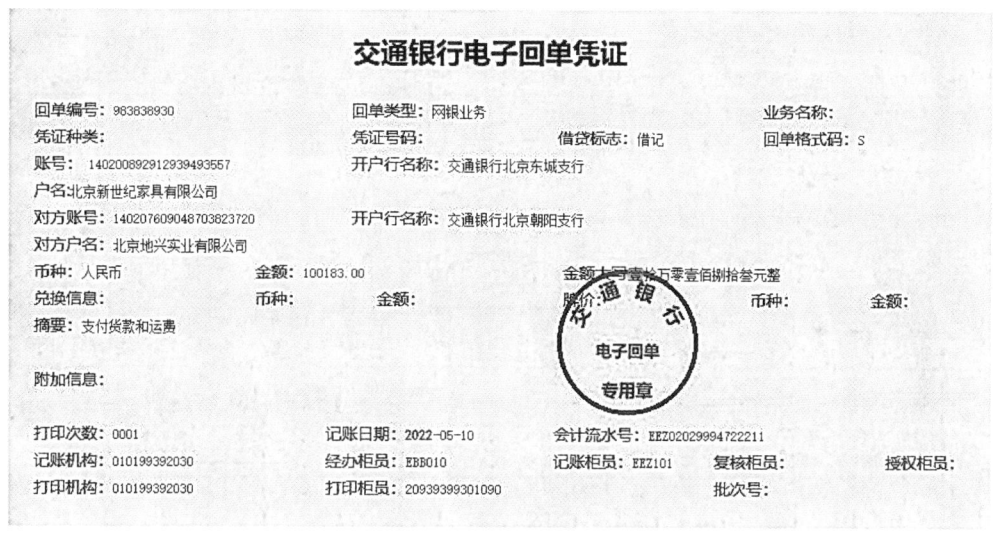

图2-15　银行电子回单凭证

图2-16　入库单

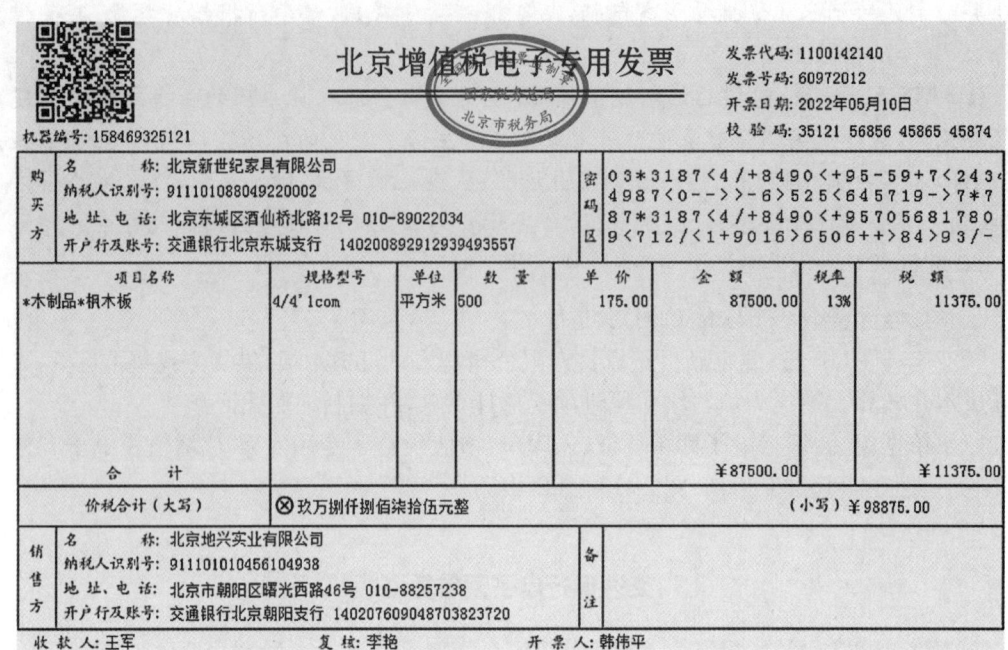

图 2-17　增值税电子专用发票——60972012 号

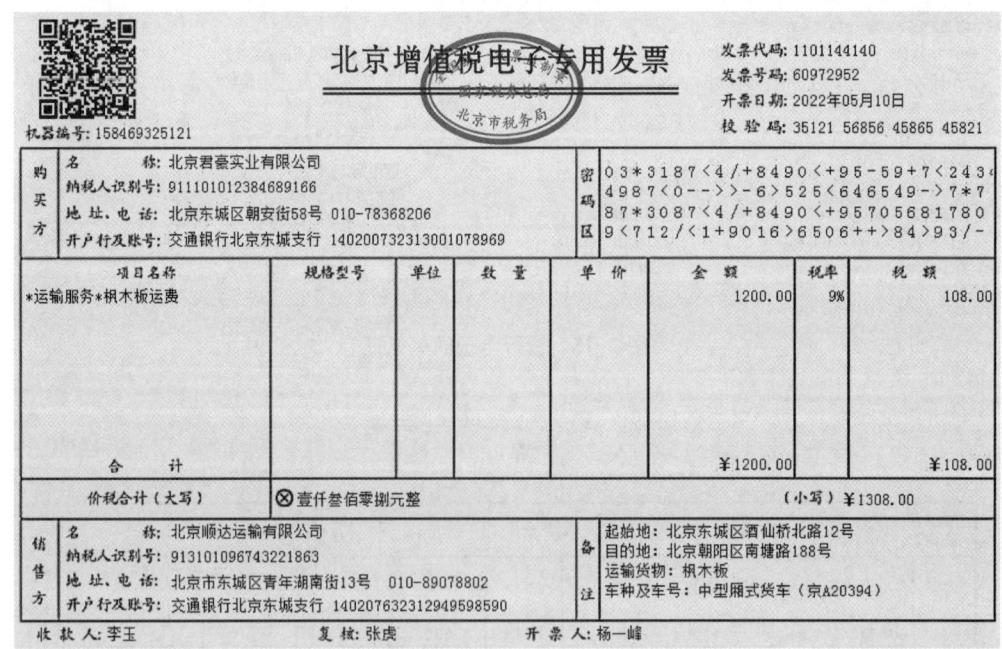

图 2-18　增值税电子专用发票——60972952 号

【操作步骤】

1) 计算增值税进项税额

填制增值税进项税额计算表(表 2-1)。依据取得的 2 份增值税电子专用发票,分别确认运输费进项税额为 108 元,材料费进项税额为 11 375 元。

2) 会计处理

(1) 填制记账凭证(图 2-19)。依次填写"日期""字号""摘要""科目名称""借方金额""贷方金额""合计金额""附单据张数"等。

(2) 经办人员签章(制单签章)。

表 2-1　　　　　　　　　　　增值税进项税额计算表

编制单位:北京新世纪家具有限公司　　　　　2022 年 05 月 10 日　　　　　　　　　　　　　　单位:元

项目	金额
运输费进项税额	108.00
材料费进项税额	11 375.00
准予抵扣的进项税额合计	11 483.00

审核:洪玉珍　　　　　　　　　　制表:王靖凯

记 账 凭 证

记字 026 号　　　　　　　　日期:2022-05-10　　　　　　　　附单据　4　张

摘要	科目名称	借方金额	贷方金额
购入原材料	140301 原材料——枫木板	88700.00	
购入原材料	22210101 应交税费——应交增值税(进项税额)	11483.00	
购入原材料	100201 银行存款——交通银行北京东城支行		100183.00
	合计	100183.00	100183.00

记账　　　　审核　　　　出纳　　　　制单 王靖凯

图 2-19　记账凭证——026 号

3. 增值税应纳税额的计算及会计处理

北京雅丽纺织有限公司于 2022 年 6 月发生准予抵扣的进项税额(包括外购设备、厂房的进项税额)470 000 元(取得增值税专用发票 5 份,金额为 5 000 000 元,税额为 470 000 元),初次购买税控设备取得增值税普通发票上注明的金额为 720 元,增值税上期留抵税额 15 000 元。请结合原始单据计算该公司当月应纳增值税税额,并编制转出未交增值税、缴纳增值税的记账凭证。

【操作步骤】

1) 计算当月应纳增值税税额

根据原始单据:增值税专用发票汇总表(表 2-2)及背景资料,填制应纳增值税税额计算表(表 2-3)。

(1) 依据增值税专用发票汇总表中的第 10 行"实际销项税额"的合计,填写"本期销项税额合计"为"650 000.00"。

(2) 填写"本期进项税额合计"为"470 000.00"。

(3) 填写"上期留抵税额"为"15 000.00"。

(4) 依据增值税普通发票(初次购买税控设备)上的价税合计金额,填写"本期减免税"为"720.00"。

(5) 计算"本期应纳增值税税额":650 000.00－470 000.00－15 000.00－720.00＝164 280.00(元)。

表 2-2　　　　　　　　　　增值税专用发票汇总表

制表日期: 2022 年 07 月 08 日
所属日期: 2022 年 06 月
纳税人登记号: 91110108193394857
企业名称: 北京雅丽纺织有限公司
地址电话: 北京市东城区□□□巷29号 010-80000000

★　发票领用存情况　★

期初库存份数 6　　　　正数发票份数 5　　　　负数发票份数 0
购进发票份数 7　　　　正数废票份数 0　　　　负数废票份数 0
退回发票份数 0　　　　期末库存份数 8

★　销项情况　★

金额单位:元

序号	项目名称	合计	13%	9%	6%	3%	其他
1	销项正废金额	0	0	0	0	0	0
2	销项正数金额	5 000 000.00	5 000 000.00	0	0	0	0
3	销项负废金额	0	0	0	0	0	0
4	销项负数金额	0	0	0	0	0	0
5	实际销售金额	5 000 000.00	5 000 000.00	0	0	0	0
6	销项正废税额	0	0	0	0	0	0
7	销项正数税额	650 000.00	650 000.00	0	0	0	0
8	销项负废税额	0	0	0	0	0	0
9	销项负数税额	0	0	0	0	0	0
10	实际销项税额	650 000.00	650 000.00	0	0	0	0

表 2-3　　　　　　　　　　应纳增值税税额计算表

编制单位:北京雅丽纺织有限公司　　　　2022 年 06 月　　　　　　　　　　　　　　单位:元

项目	金额
本期销项税额合计	650 000.00
本期进项税额合计	470 000.00
上期留抵税额	15 000.00
本期减免额	720.00
本期应纳增值税额	164 280.00

审核:刘媛媛　　　　　　　　　　　　制表:孙宇晓

2)月末未交增值税结转的会计处理

(1)填制记账凭证(图 2-20)。依据应纳增值税税额计算表,应纳增值税税额为164 280 元。依次填写"日期""字号""摘要""科目名称""借方金额""贷方金额""合计金额""附单据张数"等。

(2)经办人员签章(制单签章)。

记 账 凭 证

记字 182 号　　　　　　　　日期:2022-06-30　　　　　　　　附单据　1　张

摘要	科目名称	借方金额	贷方金额
结转增值税	22210105 应交税费——应交增值税(转出未交增值税)	164280.00	
结转增值税	222102 应交税费——未交增值税		164280.00
合计		164280.00	164280.00

记账　　　　　　　审核　　　　　　　出纳　　　　　　　制单 孙宇晓

图 2-20　记账凭证——182 号

3)缴纳增值税的会计处理

北京雅丽纺织有限公司于 2022 年 7 月 9 日缴纳其 6 月份增值税 164 280 元。原始单据为电子缴税付款凭证,见图 2-21。

(1)填制记账凭证(图 2-22)。依据电子缴税付款凭证,依次填写"日期""字号""摘要""科目名称""借方金额""贷方金额""合计金额""附单据张数"等。

(2)经办人员签章(制单签章)。

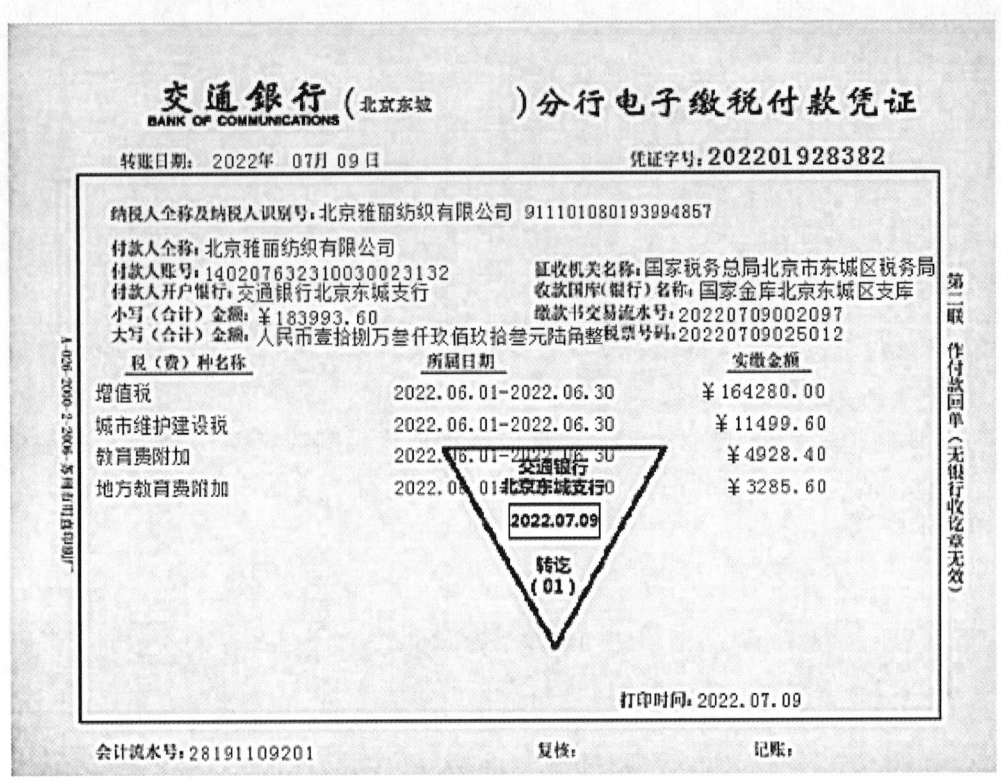

图 2-21 电子缴税付款凭证

记 账 凭 证

记字 060 号　　　　　　　日期：2022-07-09　　　　　　　附单据 1 张

摘要	科目名称	借方金额	贷方金额
缴纳增值税	222102 应交税费——未交增值税	164280.00	
缴纳增值税	100201 银行存款——交通银行北京东城支行		183993.60
缴纳增值税	222108 应交税费——应交城市维护建设税	11499.60	
缴纳增值税	222113 应交税费——教育费附加	4928.40	
缴纳增值税	222114 应交税费——地方教育附加	3285.60	
合计		183993.60	183993.60

记账　　　　审核　　　　出纳　　　　制单 孙宇晓

图 2-22 记账凭证——060 号

特别提示 2-3

企业初次购买增值税税控系统专用设备支付的费用及缴纳的技术维护费全额抵减的会计处理

按现行增值税制度的规定,企业初次购买增值税税控系统专用设备支付的费用及缴纳的技术维护费允许在增值税应纳税额中全额抵减的,按规定抵减的增值税应纳税额,借记"应交税费——应交增值税(减免税款)"科目(小规模纳税人应借记"应交税费——应交增值税"科目),贷记"管理费用"等科目。

延伸阅读 2-3

视同销售的相关规定

视同销售一般是没有直接现金流入的"销售"。根据税收法律制度的要求,所有视同销售行为都应正常计税,但在财务会计中,视同销售不一定符合收入确认原则。

一、财务会计上不作为收入的视同销售的会计处理

企业将自产货物用于业务招待、宣传、捐赠、赞助等,不属于两个会计主体之间的利益交换。这类会计事项不符合会计准则收入确认标准(条件),因为其不产生经济利益流入,主要风险和报酬也没有转移到另一个会计主体上。因此,这类会计事项不作为收入处理,直接结转产品成本,但按税收法律制度的规定,应按公允价值确认计量其销项税额。

二、财务会计上作为收入的视同销售的会计处理

企业将自产或外购货物用于债务重组、奖励、职工福利、利润分配等,纳税会计与财务会计均视同销售处理,即企业应交增值税、所得税要视同销售进行处理,财务会计也同步确认收入。这类会计事项符合会计准则的收入确认条件,虽然没有产生直接的现金流入,但它减少了企业的负债或提升了企业形象,促进了商品销售,提高了潜在盈利能力。

资料来源:高杉.纳税会计[M].上海:立信会计出版社,2020.

五、实验业务训练

以下实验介绍视同销售销项税额的计算及会计处理。

2022年5月10日,北京新世纪家具有限公司将自产的红木家具作为应付股利分配给股东。请计算该笔业务的增值税销项税额,并编制发放股利时的记账凭证(股利分配不设明细科目核算,不考虑代扣个人所得税)。

原始单据包括红木家具领用单和董事会决议,分别见图2-23和图2-24。

红木家具领用单

编制单位：北京新世纪家具有限公司　　2022年05月10日　　金额单位：元

领受人	数量	单位	成本	单价	备注	签字
万安石	1	套	120 000.00	160 000.00	股利分配	万安石
洪玉珍	1	套	120 000.00	160 000.00	股利分配	洪玉珍
王彬森	1	套	120 000.00	160 000.00	股利分配	王彬森
王彬林	1	套	120 000.00	160 000.00	股利分配	王彬林
黄崔仁	1	套	120 000.00	160 000.00	股利分配	黄崔仁

审核：洪玉珍　　　　　　　　制表：王婵凯

图 2-23　红木家具领用单

董事会决议

会议时间：2022年05月08日

会议地点：本公司三楼会议室

现任董事会成员：万安石　洪玉珍　王彬森　王彬林　黄崔仁

出席会议的人员：万安石　洪玉珍　王彬森　王彬林　黄崔仁

决议事项：发放实物股利

北京新世纪家具有限公司董事会第五次会议于2022年05月08日在本公司三楼会议室召开。

本公司全体董事出席会议。经研究，全体董事一致同意通过以下决议：

　　会议同意公司将自产的红木家具作为应付股利分配给股东，具体分配如下：

一、将不含税售价每套壹拾陆万元整，适用的增值税税率为13%，成本为壹拾贰万元整的红木家具（5套）作为实物股利发放给公司股东（共5人）。

二、声明：本次会议参加人员已达公司章程规定人数，所作决议均为有效决议。

董事签名：

　　　　万安石　洪玉珍　王彬森　王彬林　黄崔仁

北京新世纪家具有限公司

2022年05月08日

图 2-24　董事会决议

【操作步骤】

1) 计算增值税销项税额

根据原始单据及背景资料,填制增值税销项税额计算表(表2-4)。

(1) 依据红木家具领用单,分别填写"单位售价""数量""视同销售额"为"160 000.00""5""800 000.00"。

(2) 依据董事会决议,填写"增值税税率"为"13%"。

(3) 计算增值税销项税额:800 000.00×13%=104 000.00(元)。

2) 会计处理

(1) 填制记账凭证(图2-25)。依据增值税销项税额计算表,销项税额为104 000元,同时财务会计上按视同销售额确认"主营业务收入"。依次填写"日期""字号""摘要""科目名称""借方金额""贷方金额""合计金额""附单据张数"等。

(2) 经办人员签章(制单签章)。

表2-4　　　　　　　　　　　增值税销项税额计算表

编制单位:北京新世纪家具有限公司　　　2022年05月10日　　　　　　　　　　金额单位:元

项目	数据
单位售价	160 000.00
数量	5
视同销售额	800 000.00
增值税税率	13%
增值税销项税额	104 000.00

审核:洪玉珍　　　　　　　　　　　　制表:王靖凯

记账凭证

记字 076 号　　　　　　日期:2022-05-10　　　　　　附单据 3 张

摘要	科目名称	借方金额	贷方金额
发放股利	2232 应付股利	904000.00	
发放股利	600103 主营业务收入——红木家具		800000.00
发放股利	22210106 应交税费——应交增值税(销项税额)		104000.00
合计		904000.00	904000.00

记账　　　　　审核　　　　　出纳　　　　　制单 王靖凯

图2-25　记账凭证——076号

> **特别提示 2-4**
>
> 小规模纳税人应纳税额的会计核算
>
> 小规模纳税人核算增值税时,一般只需设置"应交税费——应交增值税"科目。
>
> (1) 销售货物时,按收取的货款金额借记"银行存款""应收账款"等科目,按不含增值税的价款贷记"主营业务收入""其他业务收入"等科目,按计算的增值税税额贷记"应交税费——应交增值税"科目。
>
> (2) 购买方购货时,不得抵扣任何进项税额,其购进货物所负担的增值税直接计入购进货物成本之中。
>
> (3) 缴纳增值税时,借记"应交税费——应交增值税"科目,贷记"银行存款"科目。

第二节 一般纳税人增值税的纳税申报

一、实验目的

通过本节的学习,学生能够比较系统、全面地掌握一般纳税人增值税及附加税费申报表的结构、依据的原始资料和填制方法,加强理解一般纳税人增值税计税方法。

二、理论知识点

1. 申报缴纳程序

一般纳税人不论当期有无销售额,均应按规定进行纳税申报。其办理纳税申报需要经过发票认证、抄报税、报税和税款缴纳等程序。

(1) 发票认证。纳税人取得的发票可以到税务机关认证,也可以到增值税发票认证平台扫描增值税专用发票并上传,实现远程认证,或者登录本省增值税发票综合服务平台,查询、选择用于申报抵扣的增值税专用发票。纳税人只要在当期纳税申报结束前进行查询、认证的增值税专用发票信息,均可在当期增值税纳税申报时抵扣或用于出口退税。

(2) 抄报税。纳税人必须首先操作防伪税控开票子系统进行抄税,其次使用网上抄报税系统进行远程报税,操作网上申报软件发送申报数据,最后使用网上抄报税系统清卡。纳税人进行纳税申报时,实行电子信息采集。纳税人使用防伪税控系统开具增值税专用发票在抄报成功后,方可向其主管税务机关进行纳税申报。

(3) 报税。纳税人纳税申报时,需向税务机关报备相关纳税资料,包括必报资料和备查资料。一般纳税人增值税纳税申报资料,见表2-5。

表2-5　　　　　　　　　一般纳税人增值税纳税申报资料

必报资料	备查资料
1)《增值税及附加税费申报表(一般纳税人适用)》 2)《增值税及附加税费申报表附列资料(一)》(本期销售情况明细) 3)《增值税及附加税费申报表附列资料(二)》(本期进项税额明细)	1) 会计报表 2) 本期申报抵扣的增值税专用发票、海关进口货物完税凭证、旅

(续表)

必报资料	备查资料
4)《增值税及附加税费申报表附列资料(三)》(服务、不动产和无形资产扣除项目明细) 5)《增值税及附加税费申报表附列资料(四)》(税额抵减情况表) 6)《增值税及附加税费申报表附列资料(五)》(附加税费情况表) 7)《增值税减免税申报明细表》	客运输发票、购进农产品普通发票的复印件;其他

《增值税及附加税费申报表(一般纳税人适用)》及其附列资料,见表2-6至表2-12。纳税人发生(不含其他个人)跨县(市)提供建筑服务、出租与机构所在地不在同一县(市)的不动产、房地产开发企业预售自行开发的房地产项目等情形,按规定在税务机关预缴增值税时,填写《增值税及附加税费预缴表》及其附列资料,见表2-13和表2-14。

表2-6　　　　　　　　　　增值税及附加税费申报表

根据国家税收法律法规及增值税相关规定制定本表。纳税人不论有无销售额,均应按税务机关核定的纳税期限填写本表,并向当地税务机关申报税款所属时间:自　年月日至　年月日　　填表日期:　年月日

金额单位:元(列至角分)

纳税人识别号(统一社会信用代码):□□□□□□□□□□□□□□□□□□□□　　所属行业:

纳税人名称:			法定代表人姓名		注册地址		生产经营地址	
开户银行及账号			登记注册类型		电话号码			

	项目		栏次	一般项目		即征即退项目	
				本月数	本年累计	本月数	本年累计
销售额	(一)按适用税率计税销售额		1				
	其中:应税货物销售额		2				
	应税劳务销售额		3				
	纳税检查调整的销售额		4				
	(二)按简易办法计税销售额		5				
	其中:纳税检查调整的销售额		6				
	(三)免、抵、退办法出口销售额		7			—	—
	(四)免税销售额		8				
	其中:免税货物销售额		9			—	—
	免税劳务销售额		10			—	—
税款计算	销项税额		11				
	进项税额		12				
	上期留抵税额		13				
	进项税额转出		14				
	免、抵、退应退税额		15				
	按适用税率计算的纳税检查应补缴税额		16			—	—

(续表)

项目		栏次	一般项目		即征即退项目	
			本月数	本年累计	本月数	本年累计
税款计算	应抵扣税额合计	17＝12＋13－14－15＋16			—	—
	实际抵扣税额	18(如17＜11,则为17,否则为11)				
	应纳税额	19＝11－8				
	期末留抵税额	20＝17－18			—	—
	简易计税办法计算的应纳税额	21				
	按简易计税办法计算的纳税检查应补缴税额	22			—	—
	应纳税额减征额	23				
	应纳税额合计	24＝19＋21－23				
税款缴纳	期初未缴税额(多缴为负数)	25				
	实收出口开具专用缴款书退税额	26			—	—
	本期已缴税额	27＝28＋29＋30＋31				
	① 分次预缴税额	28			—	—
	② 出口开具专用缴款书预缴税额	29			—	—
	③ 本期缴纳上期应纳税额	30				
	④ 本期缴纳欠缴税额	31				
	期末未缴税额(多缴为负数)	32＝24＋25＋26－27				
	其中:欠缴纳税(≥0)	33＝25＋26－27			—	—
	本期应补(退)税额	34＝24－28－29			—	—
	即征即退实际退税额	35				
	期初未缴查补税额	36			—	—
	本期入库查补税额	37				
	期末未缴查补税额	38＝16＋22＋36－37				
附加税费	城市维护建设税本期应补(退)税额	39			—	—
	教育费附加本期应补(退)费额	40				
	地方教育附加本期应补(退)费额	41			—	—
声明:此表是根据国家税收法律法规及相关规定填写的,本人(单位)对填报内容(及附带资料)的真实性、可靠性、完整性负责。						
			纳税人(签章):		年 月 日	
经办人:						
经办人身份证号:			受理人:			
代理机构签章:			受理税务机关(章):		受理日期: 年 月 日	
代理机构统一社会信用代码:						

表2-7

增值税及附加税费申报表附列资料（一）
（本期销售情况明细）

税款所属时间： 年 月 日 至 年 月 日

纳税人名称：（公章） 　　　　　　　　　　　　　　　　　　　　　　　　　金额单位：元（列至角分）

项目及栏次		开具增值税专用发票		开具其他发票		未开具发票		纳税检查调整		合计			服务、不动产扣除项目本期实际扣除金额	扣除后	
		销售额	销项(应纳)税额	销售额	销项(应纳)税额	销售额	销项(应纳)税额	销售额	销项(应纳)税额	销售额 9=1+3+5+7	销项(应纳)税额 10=2+4+6+8	价税合计 11=9+10		含税(免税)销售额 13=11-12	销项(应纳)税额 14=13÷(100%+税率或征收率)×税率或征收率
		1	2	3	4	5	6	7	8	9	10	11	12	13	14
一、一般计税方法计税	13%税率的货物及加工修理修配劳务	1													—
	13%税率的服务、不动产和无形资产	2													—
	9%税率的货物及加工修理修配劳务	3													—
	9%税率的服务、不动产和无形资产	4													—
	6%税率	5													—
其中：即征即退项目	即征即退货物及加工修理修配劳务	6			—	—	—	—						—	—	—
	即征即退服务、不动产和无形资产	7			—	—	—	—							—	—
二、简易计税方法计税	6%征收率	8												—	—	—
	5%征收率的货物及加工修理修配劳务	9a												—	—	—
	5%征收率的服务、不动产和无形资产	9b														
	4%征收率	10												—	—	—
	3%征收率的货物及加工修理修配劳务	11												—	—	—
	3%征收率的服务、不动产和无形资产	12														
	预征率 ％	13a												—	—	—
	预征率 ％	13b												—	—	—
	预征率 ％	13c												—	—	—
其中：即征即退项目	即征即退货物及加工修理修配劳务	14			—	—	—	—						—	—	—
	即征即退服务、不动产和无形资产	15			—	—	—	—								
三、免抵退税	货物及加工修理修配劳务	16		—		—		—		—		—	—	—	—	—
	服务、不动产和无形资产	17		—		—		—		—		—	—	—	—	—
四、免税	货物及加工修理修配劳务	18		—		—		—		—		—	—	—	—	—
	服务、不动产和无形资产	19		—		—		—		—		—	—	—	—	—

表 2-8　　　　　　　　　增值税及附加税费申报表附列资料(二)
　　　　　　　　　　　　　　　(本期进项税额明细)

纳税人名称：(公章)　　税款所属时间：　　年 月 日至　　年 月 日　　金额单位:元(列至角分)

一、申报抵扣的进项税额				
项目	栏次	份数	金额	税额
(一)认证相符的增值税专用发票	1=2+3			
其中：本期认证相符且本期申报抵扣	2			
前期认证相符且本期申报抵扣	3			
(二)其他扣税凭证	4=5+6+7+8a+8b			
其中：海关进口增值税专用缴款书	5			
农产品收购发票或者销售发票	6			
代扣代缴税收缴款凭证	7		—	
加计扣除农产品进项税额	8a	—	—	
其他	8b			
(三)本期用于购建不动产的扣税凭证	9			
(四)本期用于抵扣的旅客运输服务扣税凭证	10			
(五)外贸企业进项税额抵扣证明	11	—	—	
当期申报抵扣进项税额合计	12=1+4+11			

二、进项税额转出额		
项目	栏次	税额
本期进项税额转出额	13=14至23之和	
其中：免税项目用	14	
集体福利、个人消费	15	
非正常损失	16	
简易计税方法征税项目用	17	
免抵退税办法不得抵扣的进项税额	18	
纳税检查调减进项税额	19	
红字专用发票信息表注明的进项税额	20	
上期留抵税额抵减欠税	21	
上期留抵税额退税	22	
异常凭证转出进项税额	23a	
其他应作进项税额转出的情形	23b	

三、待抵扣进项税额				
项目	栏次	份数	金额	税额
(一)认证相符的增值税专用发票	24	—	—	—
期初已认证相符但未申报抵扣	25			
本期认证相符且本期未申报抵扣	26			
期末已认证相符但未申报抵扣	27			
其中：按照税法规定不允许抵扣	28			
(二)其他扣税凭证	29=30至33之和			
其中：海关进口增值税专用缴款书	30			
农产品收购发票或者销售发票	31			
代扣代缴税收缴款凭证	32			
其他	33			
	34			

四、其他				
项目	栏次	份数	金额	税额
本期认证相符的增值税专用发票	35			
代扣代缴税额	36	—	—	

表 2-9

增值税及附加税费申报表附列资料(三)
(服务、不动产和无形资产扣除项目明细)

税款所属时间: 年 月 日 至 年 月 日

纳税人名称：（公章）　　　　　　　　　　　　　　　　　　　　金额单位：元（列至角分）

项目及栏次		本期服务、不动产和无形资产价税合计额（免税销售额）	服务、不动产和无形资产扣除项目			
			期初余额	本期发生额	本期应扣除金额	本期实际扣除金额	期末余额
		1	2	3	4=2+3	5(5≤1且5≤4)	6=4-5
13%税率的项目	1						
9%税率的项目	2						
6%税率的项目（不含金融商品转让）	3						
6%税率的金融商品转让项目	4						
5%征收率的项目	5						
3%征收率的项目	6						
免抵退税的项目	7						
免税的项目	8						

表 2—10

增值税及附加税费申报表附列资料（四）
（税额抵减情况表）

税款所属时间： 年 月 日 至 年 月 日

纳税人名称：（公章） 金额单位：元（列至角分）

一、税额抵减情况

序号	抵减项目	期初余额 1	本期发生额 2	本期应抵减税额 3=1+2	本期实际抵减税额 4≤3	期末余额 5=3-4
1	增值税税控系统专用设备费及技术维护费					
2	分支机构预征缴纳税款					
3	建筑服务预征缴纳税款					
4	销售不动产预征缴纳税款					
5	出租不动产预征缴纳税款					

二、加计抵减情况

序号	加计抵减项目	期初余额 1	本期发生额 2	本期调减额 3	本期可抵减额 4=1+2-3	本期实际抵减额 5	期末余额 6=4-5
6	一般项目加计抵减额计算						
7	即征即退项目加计抵减额计算						
8	合计						

表2-11

增值税及附加税费申报表附列资料(五)

(附加税费情况表)

纳税人名称：(公章)　　　　税(费)款所属时间：　年　月　日至　年　月　日　　　　金额单位：元(列至角分)

税(费)种		计税(费)依据			税(费)率(%)	本期应纳税(费)额	本期减免税(费)额		试点建设培育产教融合型企业		本期已缴税(费)额	本期应补(退)税(费)额
		增值税税额	增值税免抵税额	留抵退税本期扣除额			减免性质代码	减免税(费)额	减免性质代码	本期抵免金额		
		1	2	3	4	5=(1+2-3)×4	6	7	8	9	10	11=5-7-9-10
城市维护建设税	1											
教育费附加	2											
地方教育附加	3											
合计	4	—	—	—	—		—		—			

本期是否适用试点建设培育产教融合型企业抵免政策	□是　□否	
可用于扣除的增值税留抵退税额使用情况	当期新增投资额	5
	上期留抵可抵免金额	6
	结转下期可抵免金额	7
	当期新增可用于扣除的留抵退税额	8
	上期结存可用于扣除的留抵退税额	9
	结转下期可用于扣除的留抵退税额	10

表 2-12

增值税减免税申报明细表

税款所属时间：自 年 月 日 至 年 月 日

纳税人名称（公章）： 金额单位：元（列至角分）

一、减税项目

减税性质代码及名称	栏次	期初余额 1	本期发生额 2	本期应抵减税额 3=1+2	本期实际抵减税额 4≤3	期末余额 5=3-4
合计	1					
	2					
	3					
	4					
	5					
	6					

二、免税项目

免税性质代码及名称	栏次	免征增值税项目销售额 1	免税销售额扣除项目本期实际扣除金额 2	扣除后免税销售额 3=1-2	免税销售额对应的进项税额 4	免税额 5
合计	7					
出口免税	8		—	—	—	—
其中：跨境服务	9		—	—	—	—
	10					
	11					
	12					
	13					
	14					
	15					
	16					

表2-13

增值税及附加税费预缴表

税款所属时间： 年 月 日 至 年 月 日

纳税人识别号（统一社会信用代码）：□□□□□□□□□□□□□□□□□□□□

纳税人名称：

项目编号： 项目名称：

项目地址：

是否适用一般计税方法

是 □ 否 □

金额单位：元（列至角分）

预征项目和栏次		销售额 1	扣除金额 2	预征率 3	预征税额 4
建筑服务	1				
销售不动产	2				
出租不动产	3				
	4				
	5				
合计	6				

附加税费		
城市维护建设税实际预缴税额	教育费附加实际预缴费额	地方教育附加实际预缴费额

声明：此表是根据国家税收法律法规及相关规定填写的，本人（单位）对填报内容（及附带资料）的真实性、可靠性、完整性负责。

经办人： 经办人身份证号： 代理机构签章： 代理机构统一社会信用代码：

受理人：

受理税务机关（章）：

受理日期： 年 月 日

表2-14

增值税及附加税费预缴表附列资料
（附加税费情况表）

纳税人名称：（公章）　　　　　税（费）款所属时间：　年　月　日至　年　月　日　　　　　金额单位：元（列至角分）

税（费）种	计税（费）依据 增值税预缴税额	税（费）率	本期应纳税（费）额	本期减免税（费）额 减免性质代码	本期减免税（费）额 减免税（费）额	增值税小规模纳税人"六税两费"减征政策 本期是否适用 □是 □否	减征比例	减征额	本期实际预缴税（费）额
	1	2	3=1×2	4	5		6	7=(3-5)×6	8=3-5-7
城市维护建设税									
教育费附加									
地方教育附加									
合计	—	—		—		—			

(4) 税款缴纳。纳税人操作网上申报软件发送申报数据后,要查看申报结果提示,如果提示申报成功则关注税款扣缴结果。纳税人在申报软件中及时查看银行扣款是否成功。

2. 填制纳税申报表的原始资料

1) 填制《增值税及附加税费申报表附列资料(一)》(本期销售情况明细)的常见原始资料

(1) 根据增值税专用发票汇总表(表2-15)、增值税专用发票明细表,填写《增值税及附加税费申报表附列资料(一)》(本期销售情况明细)第1至2列"开具增值税专用发票"情形下的销售额、销项税额:反映本期开具增值税专用发票(含税控机动车销售统一发票,下同)的情况。

表 2-15 增值税专用发票汇总表

视频 2-1
《增值税及附加税费申报表(一般纳税人适用)》及其附列资料介绍

技巧提示 2-1
《增值税及附加税费申报表(一般纳税人适用)》及其附列资料填写说明

技巧提示 2-2
《增值税及附加税费预缴表》及其附列资料填写说明

制表日期:2022年07月10日
所属日期:2022年06月
纳税人登记号:911101020351010983
企业名称:北京上禾酒店管理有限公司
地址电话:
北京市东城区安定门外小黄庄路甲32号 010-66239281

★ 发票领用存情况 ★
期初库存份数24 正数发票份数12 负数发票份数0
购进发票份数0   正数废票份数0   负数废票份数0
退回发票份数0   期末库存份数12

★ 销项情况 ★
金额单位:元

序号	项目名称	合计	13%	9%	6%	3%	其他
1	销项正废金额	0	0	0	0	0	0
2	销项正数金额	340 000.00	40 000.00	0	300 000.00	0	0
3	销项负废金额	0	0	0	0	0	0
4	销项负数金额	0	0	0	0	0	0
5	实际销售金额	340 000.00	40 000.00	0	300 000.00	0	0
6	销项正废税额	0	0	0	0	0	0
7	销项正数税额	23 200.00	5 200.00	0	18 000.00	0	0
8	销项负废税额	0	0	0	0	0	0
9	销项负数税额	0	0	0	0	0	0
10	实际销项税额	23 200.00	5 200.00	0	18 000.00	0	0

(2) 根据增值税普通发票汇总表(表2-16)、增值税普通发票明细表等,填写《增值税及附加税费申报表附列资料(一)》(本期销售情况明细)第3至4列"开具其他发票"情形下的销售额、销项税额:反映增值税专用发票之外本期开具的其他发票的情况。

表 2-16　　　　　　　　　　　　增值税普通发票汇总表

制表日期：2022 年 07 月 10 日
所属日期：2022 年 06 月
纳税人登记号：91110102035101098
企业名称：北京上禾酒店管理有限公司
地址电话：北京市东城区安定门外小关东路甲32号　010-86259281

发票领用存情况

期初库存份数 15　　　　正数发票份数 10　　　　负数发票份数 0
购进发票份数 0　　　　　正数废票份数 0　　　　　负数废票份数 0
退回发票份数 0　　　　　期末库存份数 5

销项情况

金额单位：元

序号	项目名称	合计	13%	9%	6%	3%	其他
1	销项正废金额	0	0	0	0	0	0
2	销项正数金额	210 000.00	60 000.00	0	150 000.00	0	0
3	销项负废金额	0	0	0	0	0	0
4	销项负数金额	0	0	0	0	0	0
5	实际销售金额	210 000.00	60 000.00	0	150 000.00	0	0
6	销项正废税额	0	0	0	0	0	0
7	销项正数税额	16 800.00	7 800.00	0	9 000.00	0	0
8	销项负废税额	0	0	0	0	0	0
9	销项负数税额	0	0	0	0	0	0
10	实际销项税额	16 800.00	7 800.00	0	9 000.00	0	0

(3) 根据出库单及商品价目表(如自产货物用于职工福利)等,计算并填写《增值税及附加税费申报表附列资料(一)》(本期销售情况明细)第 5 至 6 列"未开具发票"情形下的销售额、销项税额:反映本期未开具发票的销售情况。

2) 填制《增值税及附加税费申报表附列资料(二)》(本期进项税额明细)的常见原始资料

(1) 根据抵扣发票统计表、认证结果清单,填写《增值税及附加税费申报表附列资料(二)》(本期进项税额明细)第 2 栏"本期认证相符且本期申报抵扣"情形下的份数、金额、税额:反映纳税人取得的认证相符本期申报抵扣的增值税专用发票情况。

(2) 根据增值税海关完税凭证抵扣明细表、增值税抵扣凭证稽核结果通知书,填写《增值税及附加税费申报表附列资料(二)》(本期进项税额明细)第 5 栏"海关进口增值税专用缴款书"情形下的份数、金额、税额:反映本期申报抵扣的海关进口增值税专用缴款书的情况。

(3) 根据其他资料,包括农产品收购发票或者销售发票、电子缴税付款凭证、出库单(如购进货物用于职工福利)等,填写《增值税及附加税费申报表附列资料(二)》(本期进项税额明细)中进项税额、进项税额转出的相应栏次。

纳税人可登录本省增值税发票综合服务平台,查询、选择、确认用于申报抵扣或者出口退税的增值税发票信息,并打印"发票统计表"(图2-26)和"发票清单"。

通常情况下,纳税人先填制增值税及附加税费申报表附列资料,然后填制《增值税及附加税费申报表(一般纳税人适用)》主表。

图2-26 增值税发票服务平台——发票统计表

特别提示2-4

增值税发票选择确认平台升级为增值税发票综合服务平台

《国家税务总局关于增值税发票综合服务平台等事项的公告》(国家税务总局公告2020年第1号)规定,税务总局将增值税发票选择确认平台升级为增值税发票综合服务平台,为纳税人提供发票用途确认、风险提示、信息下载等服务。纳税人取得增值税专用发票、机动车销售统一发票、收费公路通行费增值税电子普通发票后,如需用于申报抵扣增值税进项税额或申请出口退税、代办退税,应当登录增值税发票综合服务平台确认发票用途。

增值税发票综合服务平台登录地址由国家税务总局各省(自治区、直辖市和计划单列市)税务局确定并公布。

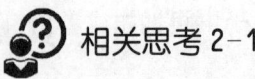

相关思考 2-1

进行增值税纳税申报时，填制申报表所依据的原始资料，是否来源于财务会计资料

进行增值税纳税申报时，填制申报表所依据的原始资料，不全部来源于财务会计资料，仅有小部分来源于财务会计资料。具体分析如下：

（1）财务会计上，每笔经济业务的财务会计核算所依据的原始资料（即原始凭证），如：

其一，销售经济业务发生，逐笔确认"销项税额"时，若开具发票，原始凭证为"增值税专用发票"或"增值税普通发票"等；若未开具发票（以自产货物用于职工福利为例），原始凭证为"出库单"等。

其二，购买经济业务发生，逐笔确认"进项税额"时，若取得增值税专用发票，原始凭证为"增值税专用发票"；若取得海关进口增值税专用缴款书，原始凭证为"海关进口增值税专用缴款书（国库收款签章后交缴款单位或缴纳人联）"；若购进免税农产品，原始凭证为"农产品收购发票或者销售发票"；若代扣代缴增值税，原始凭证为"电子缴税付款凭证"。

（2）纳税会计上，进行增值税纳税申报时，填制申报表所依据的原始资料有小部分来源于财务会计资料，填制增值税及附加税费申报表时，不依赖于财务会计的账簿记录。也就是说，应交增值税的确认和计量，不是根据财务会计处理程序得出的，其大部分原始资料与财务会计资料不一致，如：

其一，《增值税及附加税费申报表附列资料（一）》（本期销售情况明细）中的"销项税额"分4种情形分别列示，无需逐笔确认"销项税额"。

其所依据的原始资料有：增值税专用发票汇总表、增值税专用发票明细表、增值税普通发票汇总表、增值税普通发票明细表、出库单及商品价目表（如自产货物用于职工福利）等。

其二，《增值税及附加税费申报表附列资料（二）》（本期进项税额明细）中的"税额"，无需逐笔确认。

其所依据原始资料有：抵扣发票统计表，农产品收购发票或者销售发票，电子缴税付款凭证，出库单（如购进货物用于职工福利）等。

三、实验资料

1. 北京聚力制造有限公司

1）企业基本情况

北京聚力制造有限公司为增值税一般纳税人，从事高低压开关设备，电器自动化、配网自动化设备及元器件制造和销售业务，其基本情况见表2-17。

2）原始单据

增值税专用发票汇总表、出库单（自产货物用于职工福利）、商品价目表、抵扣发票统计表、出库单（外购商品用于职工福利）、增值税及附加税费申报表（5月）。

相关案例 2-1
税务筹划之纳税人购进国内旅客运输服务的进项税额抵扣政策

表 2-17　　　　　　　　　　　企业基本情况表

企业名称	北京聚力制造有限公司		
通信地址	北京朝阳区左家庄路 59 号	邮编	100083
统一社会信用代码	911101088032123994		
主管税务机关	国家税务总局北京市朝阳区税务局		
开户银行	交通银行北京朝阳支行	账号	14020089291840039949
成立时间	2013 年 06 月 01 日	注册资本	人民币柒仟万元整
法定代表人	赵庆阳	相关行业工作年数	6 年
联系人	赵庆阳	联系电话	010-89568825
经营范围 (按营业执照上登记填写)	高低压开关设备,电器自动化、配网自动化设备及元器件制造和销售		
所属行业	☐ 农、林、牧、渔业　☐ 采矿业　☑ 制造业　☐ 建筑业 ☐ 电力、燃气及水的生产和供应业　☐ 信息传输、计算机服务和软件业 ☐ 交通运输、仓储和邮政业　☐ 批发和零售业 ☐ 生活服务业　☐ 房地产业　☐ 金融业　☐ 现代服务业　☐ 其他		
主要关联企业名称 (集团公司,母子总分公司,或者同属集团公司的子/分公司)			

2. 北京闪亮农机销售有限公司

1) 企业基本情况

北京闪亮农机销售有限公司为增值税一般纳税人,从事手扶拖拉机销售(适用 9% 的税率)及农机修理修配业务,其基本情况见表 2-18。

表 2-18　　　　　　　　　　　企业基本情况表

企业名称	北京闪亮农机销售有限公司		
通信地址	北京市东城区北新桥二条 26 号	邮编	100087
统一社会信用代码	911101020907370938		
主管税务机关	国家税务总局北京市东城区税务局		
开户银行	交通银行北京东城支行	账号	14020763399490658370
成立时间	2012 年 01 月 02 日	注册资本	人民币壹仟万元整
法定代表人	周甜甜	相关行业工作年数	10 年
联系人	周甜甜	联系电话	010-81383754
经营范围 (按营业执照上登记填写)	手扶拖拉机销售及农机修理修配		
所属行业	☐ 农、林、牧、渔业　☐ 采矿业　☑ 制造业　☐ 建筑业 ☐ 电力、燃气及水的生产和供应业　☐ 信息传输、计算机服务和软件业 ☐ 交通运输、仓储和邮政业　☐ 批发和零售业 ☐ 生活服务业　☐ 房地产业　☐ 金融业　☐ 现代服务业　☐ 其他		
主要关联企业名称 (集团公司,母子总分公司,或者同属集团公司的子/分公司)			

2) 原始单据

增值税专用发票汇总表、抵扣发票统计表、增值税及附加税费申报表（5月）、电子缴税付款凭证。

四、实验内容及操作步骤

北京聚力制造有限公司为增值税一般纳税人，2022年4～6月发生如下业务：

(1) 该公司2022年6月销售额见增值税专用发票汇总表（表2-19），此外公司当月将自制的商品用于职工福利，共领用400件，出库单和商品价目表分别见图2-27和表2-20。

表2-19　　　　　　　　　　　增值税专用发票汇总表

制表日期：2022年07月09日
所属日期：2022年06月
纳税人登记号：91110108803212X994
企业名称：北京聚力制造有限公司
地址电话：北京朝阳区左家庄59号　010-89568825

★　发票领用存情况　★

期初库存份数8	正数发票份数4	负数发票份数0
购进发票份数7	正数废票份数0	负数废票份数0
退回发票份数0	期末库存份数11	

★　销项情况　★

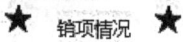

金额单位：元

序号	项目名称	合计	13%	9%	6%	3%	其他
1	销项正废金额	0	0	0	0	0	0
2	销项正数金额	1 200 000.00	1 200 000.00	0	0	0	0
3	销项负废金额	0	0	0	0	0	0
4	销项负数金额	0	0	0	0	0	0
5	实际销售金额	1 200 000.00	1 200 000.00	0	0	0	0
6	销项正废税额	0	0	0	0	0	0
7	销项正数税额	156 000.00	156 000.00	0	0	0	0
8	销项负废税额	0	0	0	0	0	0
9	销项负数税额	0	0	0	0	0	0
10	实际销项税额	156 000.00	156 000.00	0	0	0	0

(2) 该公司取得增值税专用发票5份，金额为918 823.52元，税额为119 447.06元，另外该公司用5月份购进的价值113 000元（含税）的商品发放福利（保温杯单价为100元/个，该商品的进项税在5月份已经抵扣），出库单见图2-28。

(3) 上月末该公司尚有未抵扣税额，数据可参考增值税及附加税费申报表（5月）"11至20栏"，见图2-29。

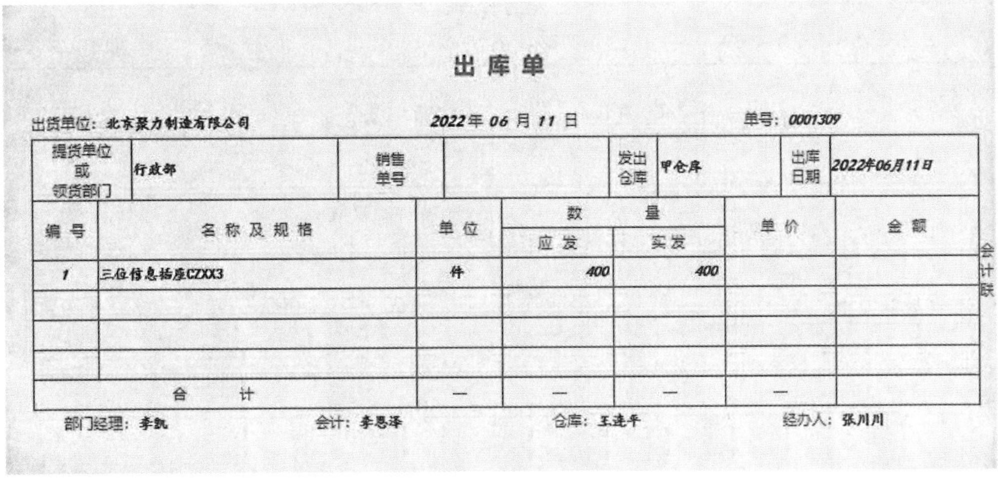

出库单

出货单位：北京聚力制造有限公司　　2022年06月11日　　单号：0001309

提货单位或领货部门	行政部	销售单号		发出仓库	甲仓库	出库日期	2022年06月11日
编号	名称及规格		单位	数量 应发	数量 实发	单价	金额
1	三位信息插座CZXX3		件	400	400		
	合　计			—	—	—	—

部门经理：李凯　　会计：李恩泽　　仓库：王连平　　经办人：张川川

图 2-27　出库单（自产货物用于职工福利）

表 2-20　　　　　　　　　　商品价目表

单位：元

序号	商品编号	商品名称	不含税价	备注
1	KGD1	一位单极开关	20.00	此价目表都是1件商品的价格
2	KGS1	一位双控开关	23.80	
3	KGD2	二位单极开关	25.60	
4	KGS2	二位双控开关	30.00	
5	KGD3	三位单极开关	33.20	
6	KGS3	三位双控开关	38.00	
7	KGD4	四位单极开关	40.00	
8	KGS4	四位双控开关	47.80	
9	CZDH1	一位电话插座	59.70	
10	CZXX1	一位信息插座	125.00	
11	CZDH2	二位电话插座	70.70	
12	CZXX2	二位信息插座	228.80	
13	CZDH3	三位电话插座	95.60	
14	CZXX3	三位信息插座	300.00	
15	CZDH4	四位电话插座	133.00	
16	CZXX4	四位信息插座	425.00	此价目表截至2022年6月30日

出库单

出货单位：北京聚力制造有限公司　　2022年06月27日　　　　　　　　单号：0001508

提货单位或领货部门	工会	销售单号		发出仓库	乙仓库	出库日期	2022年06月27日
编号	名称及规格	单位	数量		单价	金额	
			应发	实发			
1	保温杯	个	1 000	1 000			
	合计		—	—		—	

部门经理：李凯　　会计：李思泽　　仓库：王连平　　经办人：张川川

图 2-28　出库单(外购商品用于职工福利)

	项目	栏次	一般项目		即征即退项目	
			本月数	本年累计	本月数	本年累计
税款计算	销项税额	11	128 180.00	724 100.00		
	进项税额	12	147 473.53	651 278.24		
	上期留抵税额	13			—	
	进项税额转出	14	11 952.94	32 997.65		
	免、抵、退应退税额	15			—	
	按适用税率计算的纳税检查应补缴税额	16				
	应抵扣税额合计	17=12+13-14-15+16	135 520.59	—		
	实际抵扣税额	18(如17<11,则为17,否则为11)	128 180.00			
	应纳税额	19=11-18	0	113 160.00		
	期末留抵税额	20=17-18	7 340.59			

图 2-29　增值税及附加税费申报表(5月)"11至20栏"

要求：北京聚力制造有限公司于2022年7月3日申报纳税，请根据背景资料及增值税一般纳税人申报纳税的要求，代为计算并填写增值税及附加税费申报表及其相关附表。（金额需要四舍五入，保留两位小数）

1. 填制《增值税及附加税费申报表附列资料（一）》（本期销售情况明细）

原始单据：增值税专用发票汇总表、出库单（自产货物用于职工福利）、商品价目表。

【操作步骤】

1) 填写第1至2列"开具增值税专用发票"情形下的销售额、销项税额

依据增值税专用发票汇总表第5行、第10行（"13%"列），填写《增值税及附加税费申报

表附列资料(一)》"本期销售情况明细""1至7栏(第1至6列)"(图2-29)第1至2列"开具增值税专用发票"情形下的销售额、销项税额(对应第1栏"13%税率的货物及加工修理修配劳务"),分别为"1 200 000.00""156 000.00"。

2)填写第5至6列"未开具发票"情形下的销售额、销项税额

(1)依据出库单(自产货物用于职工福利)和商品价目表,计算视同销售的销售额和销项税额:

视同销售的销售额＝400×300.00＝120 000.00(元)

视同销售的销项税额＝120 000.00×13%＝15 600.00(元)

(2)填写《增值税及附加税费申报表附列资料(一)》(本期销售情况明细)"1至7栏(第1至6列)"(图2-29)第5至6列"未开具发票"情形下的销售额、销项税额(对应第1栏"13%税率的货物及加工修理修配劳务"),分别为"120 000.00""15 600.00"。

纳税人识别号:911101088032123994　　纳税人名称:北京聚力制造有限公司
所属时期:2022-06-01至2022-06-30　　填表日期:2022-07-03　　　　　　　金额单位:元至角分

项目及栏次			开具增值税专用发票		开具其他发票		未开具发票	
			销售额	销项(应纳)税额	销售额	销项(应纳)税额	销售额	销项(应纳)税额
			1	2	3	4	5	6
一、一般计税方法计税	全部征税项目	13%税率的货物及加工修理修配劳务	1	1 200 000.00	156 000.00		0	120 000	15 600.00
		13%税率的服务、不动产和无形资产	2		0		0		0
		9%税率的货物及加工修理修配劳务	3		0		0		0
		9%税率的服务、不动产和无形资产	4		0		0		0
		6%税率	5		0		0		0
	其中:即征即退项目	即征即退货物及加工修理修配劳务	6	—	—	—	—	—	—
		即征即退服务、不动产和无形资产	7	—	—	—	—	—	—

图2-29 《增值税及附加税费申报表附列资料(一)》(本期销售情况明细)"1至7栏(第1至6列)"

2.填制《增值税及附加税费申报表附列资料(二)》(本期进项税额明细)

原始单据:抵扣发票统计表、出库单(外购商品用于职工福利)。

【操作步骤】

1)填写第2栏"本期认证相符且本期申报抵扣"情形下的份数、金额、税额

依据抵扣发票统计表,填写《增值税及附加税费申报表附列资料(二)》(本期进项税额明

视频2-2 填制《增值税及附加税费申报表附列资料(一)》(本期销售情况明细)——北京聚力制造有限公司

细)"1至22栏"(图2-30)第2栏"本期认证相符且本期申报抵扣"情形下的份数、金额、税额,分别为"5""918 823.52""119 447.06"。

2)填写第15栏"集体福利、个人消费"情形下的税额

(1)依据出库单(外购商品用于职工福利),计算进项税额转出:

$$进项税额转出 = 1\ 000 \times 100.00 \times 13\% = 13\ 000.00(元)$$

(2)填写《增值税及附加税费申报表附列资料(二)》(本期进项税额明细)"1至22栏"(图2-30)第15栏"集体福利、个人消费"情形下的税额为"13 000.00"。

纳税人识别号:911101088032123994　　纳税人名称:北京聚力制造有限公司
所属时期:2022-06-01至2022-06-30　　填表日期:2022-07-03　　金额单位:元至角分

一、申报抵扣的进项税额				
项目	栏次	份数	金额	税额
(一)认证相符的增值税专用发票	1=2+3	5	918 823.52	119 447.06
其中:本期认证相符且本期申报抵扣	2	5	918 823.52	119 447.06
前期认证相符且本期申报抵扣	3			
(二)其他扣税凭证	4=5+6+7+8	0	0	0
其中:海关进口增值税专用缴款书	5			
农产品收购发票或者销售发票	6			
代扣代缴税收缴款凭证	7		—	
加计扣除农产品进项税额	8a		—	
其他	8b			
(三)本期用于购建不动产的扣税凭证	9			
(四)本期用于抵扣的旅客运输服务扣税凭证	10			
(五)外贸企业进项税额抵扣证明	11		—	—
当期申报抵扣进项税额合计	12=1+4+11	5	918 823.52	119 447.06
二、进项税额转出额				
项目	栏次	税额		
本期进项税额转出额	13=14至23之和	13 000.00		
其中:免税项目用	14			
集体福利、个人消费	15	13 000.00		
非正常损失	16			
简易计税方法征税项目用	17			
免抵退税办法不得抵扣的进项税额	18			
纳税检查调减进项税额	19			
红字专用发票信息表注明的进项税额	20			
上期留抵税额抵减欠税	21			
上期留抵税额退税	22			

图2-30　《增值税及附加税费申报表附列资料(二)》(本期进项税额明细)"1至22栏"

3. 填制《增值税及附加税费申报表附列资料(三)》(服务、不动产和无形资产扣除项目明细)

本案例不涉及销售"服务、不动产和无形资产",所以无需填制该表,直接"保存"即可。

4. 填制《增值税及附加税费申报表附列资料(四)》(税额抵减情况表)

本案例不涉及税额抵减情况,所以无需填制该表,直接"保存"即可。

5. 填制《增值税减免税申报明细表》

本案例不涉及增值税减免税,所以无需填制该表,直接"保存"即可。

6. 填制《增值税及附加税费申报表(一般纳税人适用)》

原始资料:增值税及附加税费申报表附列资料(6月),增值税及附加税费申报表(5月)。

【操作步骤】

1)填写第1栏"(一)按适用税率计税销售额"及第2栏"其中:应税货物销售额"一般项目下的本月数

(1)依据《增值税及附加税费申报表附列资料(一)》(本期销售情况明细),计算并填写《增值税及附加税费申报表(一般纳税人适用)》"1至24栏"(图2-31)第1栏"(一)按适用税率计税销售额"一般项目下的本月数,为"1 320 000.00"。

(2)依据《增值税及附加税费申报表附列资料(一)》(本期销售情况明细),结合《增值税及附加税费申报表附列资料(三)》(服务、不动产和无形资产扣除项目明细)的数据(本月无销售服务、不动产和无形资产的销售额),计算并填写《增值税及附加税费申报表(一般纳税人适用)》"1至24栏"(图2-31)第2栏"其中:应税货物销售额"一般项目下的本月数,为"1 320 000.00"。

2)填写第11栏"销项税额"一般项目下的本月数

依据《增值税及附加税费申报表附列资料(一)》(本期销售情况明细),计算并填写《增值税及附加税费申报表(一般纳税人适用)》"1至24栏"(图2-31)第11栏"销项税额"一般项目下的本月数,为"171 600.00"。

3)填写第12栏"进项税额"一般项目下的本月数

依据《增值税及附加税费申报表附列资料(二)》(本期进项税额明细)第12栏"当期申报抵扣进项税额合计"下的税额,填写《增值税及附加税费申报表(一般纳税人适用)》"1至24栏"(图2-31)第12栏"进项税额"一般项目下的本月数,为"119 447.06"。

4)填写第13栏"上期留抵税额"一般项目下的本月数

依据《增值税及附加税费申报表》(5月)第20栏"期末留抵税额"一般项目下的本月数,填写《增值税及附加税费申报表(一般纳税人适用)》"1至24栏"(图2-31)第13栏"上期留抵税额"一般项目下的本月数,为"7 340.59"。

5)填写第14栏"进项税额转出"一般项目下的本月数

依据《增值税及附加税费申报表附列资料(二)》第13栏"本期进项税额转出额"下的税额,填写《增值税及附加税费申报表(一般纳税人适用)》"1至24栏"(图2-31)第14栏"进项税额转出"一般项目下的本月数,为"13 000.00"。

6)计算填写第17栏"应抵扣税额合计"一般项目下的本月数(系统自动计算填写)

(1)依据《增值税及附加税费申报表(一般纳税人适用)》"1至24栏"(图2-31)第11至第16栏的一般项目下的本月数,计算应抵扣税额合计:

应抵扣税额合计＝119 447.06＋7 340.59－130 00.00＝113 787.65(元)

(2) 填写《增值税及附加税费申报表(一般纳税人适用)》"1 至 24 栏"(图 2-31)第 17 栏"应抵扣税额合计"一般项目下的本月数,为"113 787.65"。

7) 填写第 18 栏"实际抵扣税额"一般项目下的本月数(系统自动计算填写)

《增值税及附加税费申报表(一般纳税人适用)》"1 至 24 栏"(图 2-31)第 11 栏"销项税额"大于第 17 栏"应抵扣税额合计",因此第 18 栏"实际抵扣税额"等于第 17 栏"应抵扣税额合计",为"113 787.65"。

8) 计算填写第 19 栏"应纳税额"一般项目下的本月数(系统自动计算填写)

(1) 依据《增值税及附加税费申报表(一般纳税人适用)》"1 至 24 栏"(图 2-31)第 11 栏及第 18 栏的一般项目下的本月数,计算应纳税额:

应纳税额＝171 600.00－113 787.65＝57 812.35(元)

视频 2-3 填制《增值税及附加税费申报表(一般纳税人适用)》——北京聚力制造有限公司

纳税人识别号:911101088032123994			纳税人名称:北京聚力制造有限公司		填表日期:2022-07-03		金额单位:元至角分	
所属时期:2022-06-01 至 2022-06-30								
	项目		栏次	一般项目		即征即退项目		
				本月数	本年累计	本月数	本年累计	
销售额	(一)按适用税率计税销售额		1	1 320 000.00	6 890 000.00			
	其中:应税货物销售额		2	1 320 000.00	6 890 000.00			
	应税劳务销售额		3					
	纳税检查调整的销售额		4					
	(二)按简易办法计税销售额		5					
	其中:纳税检查调整的销售额		6					
	(三)免、抵、退办法出口销售额		7			—	—	
	(四)免税销售额		8			—	—	
	其中:免税货物销售额		9			—	—	
	免税劳务销售额		10			—	—	
税款计算	销项税额		11	171 600.00	895 700.00			
	进项税额		12	119 447.06	770 725.30			
	上期留抵税额		13	7 340.59		—		
	进项税额转出		14	13 000.00	45 997.65			
	免、抵、退应退税额		15			—		
	按适用税率计算的纳税检查应补缴税额		16			—		
	应抵扣税额合计		17＝12＋13－14－15＋16	113 787.65	—	0	—	
	实际抵扣税额		18(如 17<11,则为 17,否则为 11)	113 787.65	0	0	0	
	应纳税额		19＝11－18	57 812.35	170 972.35	0	0	
	期末留抵税额		20＝17－18	0		0		
	简易计税办法计算的应纳税额		21					
	按简易计税办法计算的纳税检查应补缴税额		22					
	应纳税额减征额		23					
	应纳税额合计		24＝19＋21－23	57 812.35	170 972.35	0	0	

图 2-31 《增值税及附加税费申报表(一般纳税人适用)》"1-24 栏"

(2) 填写《增值税及附加税费申报表(一般纳税人适用)》"1至24栏"(图2-31)第19栏"应纳税额"一般项目下的本月数,为"57 812.35"。

填写"本年累计"的步骤,略。

7. 填制《增值税及附加税费申报表附列资料(五)》(附加税费明细表)

原始资料:《增值税及附加税费申报表(一般纳税人适用)》(6月)。

依据《增值税及附加税费申报表(一般纳税人适用)》(6月)第19行"应纳税额",分别填写城市维护建设税、教育费附加、地方教育附加的计税(费)依据下的"增值税税额",为"57 812.35"(图2-31)。

特别提示2-5

集体福利或个人消费

集体福利或个人消费是指企业内部设置的供职工使用的食堂、浴室、理发室、宿舍、幼儿园等福利设施及设备、物品等,或者以福利、奖励、津贴等形式发放给职工个人的物品。

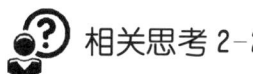

相关思考2-2

将购进的货物用于集体福利或个人消费,是否视同销售行为

将自产、委托加工、购进的货物用于投资、分配给股东或投资者、无偿赠送,以及将自产、委托加工的货物用于集体福利或个人消费,均视同销售行为并确认"销项税额"。将购进的货物用于集体福利或个人消费,应确认"进项税额转出"。自产、委托加工、购进的货物是否视同销售一览表,见表2-21。

表2-21　　　　　自产、委托加工、购进的货物是否视同销售一览表

用途	自产、委托加工的货物	购进的货物
集体福利或个人消费	√	×
作为投资	√	√
分配给股东或投资者	√	√
无偿赠送	√	√

五、实验业务训练

北京闪亮农机销售有限公司为增值税一般纳税人,2022年4~6月发生如下业务:

(1) 该公司6月的农机销售额和修理劳务销售额,见增值税专用发票汇总表(表2-22)。

表 2-22　　　　　　　　　　增值税专用发票汇总表

制表日期：2022年07月01日
所属日期：2022年06月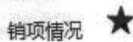
纳税人登记号：91110101090737096X
企业名称：北京闪亮农机销售有限公司
地址电话：北京市东城区北新桥二条26号　010-81383754

★　发票领用存情况　★

期初库存份数 10　　　正数发票份数 10　　　负数发票份数 0
购进发票份数 24　　　正数废票份数 0　　　　负数废票份数 0
退回发票份数 0　　　　期末库存份数 24

★　销项情况　★

金额单位：元

序号	项目名称	合计	13%	9%	6%	3%	其他
1	销项正废金额	0	0	0	0	0	0
2	销项正数金额	1 500 000.00	100 000.00	1 400 000.00	0	0	0
3	销项负废金额	0	0	0	0	0	0
4	销项负数金额	0	0	0	0	0	0
5	实际销售金额	1 500 000.00	100 000.00	1 400 000.00	0	0	0
6	销项正废税额	0	0	0	0	0	0
7	销项正数税额	139 000.00	13 000.00	126 000.00	0	0	0
8	销项负废税额	0	0	0	0	0	0
9	销项负数税额	0	0	0	0	0	0
10	实际销项税额	139 000.00	13 000.00	126 000.00	0	0	0

（2）该公司本期取得增值税专用发票 24 份，金额为 1 100 000 元，税额为 143 000 元。

（3）该公司 5 月末有增值税应纳税额，数据可参考增值税及附加税费申报表（5 月）"11 至 34 栏"，见图 2-32。该公司于 6 月 3 日缴纳 5 月增值税应纳税额，见电子缴税付款凭证（图 2-33）。

要求：北京闪亮农机销售有限公司于 2022 年 7 月 3 日申报纳税，请根据背景资料及增值税一般纳税人申报纳税的要求，代为填制 6 月份增值税及附加税费申报表及其附列资料。（金额需要四舍五入，保留两位小数）

	项目	栏次	本月数	本年累计	本月数	本年累计
税款计算	销项税额	11	188 000.00	934 000.00		
	进项税额	12	176 000.00	816 000.00		
	上期留抵税额	13		—		
	进项税额转出	14				
	免、抵、退应退税额	15		—		
	按适用税率计算的纳税检查应补缴税额	16				
	应抵扣税额合计	17=12+13-14-15+16	176 000.00	—		
	实际抵扣税额	18(如17<11,则为17,否则为11)	176 000.00			
	应纳税额	19=11-18	12 000.00	118 000.00		
	期末留抵税额	20=17-18	0	—		
	简易计税办法计算的应纳税额	21				
	按简易计税办法计算的纳税检查应补缴税额	22				
	应纳税额减征额	23				
	应纳税额合计	24=19+21-23	12 000.00	118 000.00		
税款缴纳	期初未缴税额(多缴为负数)	25	9 000.00			
	实收出口开具专用缴款书退税额	26		—		
	本期已缴税额	27=28+29+30+31	9 000.00	106 000.00		
	①分次预缴税额	28		—		
	②出口开具专用缴款书预缴税额	29				
	③本期缴纳上期应纳税额	30	9 000.00	106 000.00		
	④本期缴纳欠缴税额	31				
	期末未缴税额(多缴为负数)	32=24+25+26-27	12 000.00	12 000.00		
	其中:欠缴税额(≥0)	33=25+26-27	0	—		
	本期应补(退)税额	34=24-28-29	12 000.00			

图2-32 增值税及附加税费申报表(5月)"11至34栏"

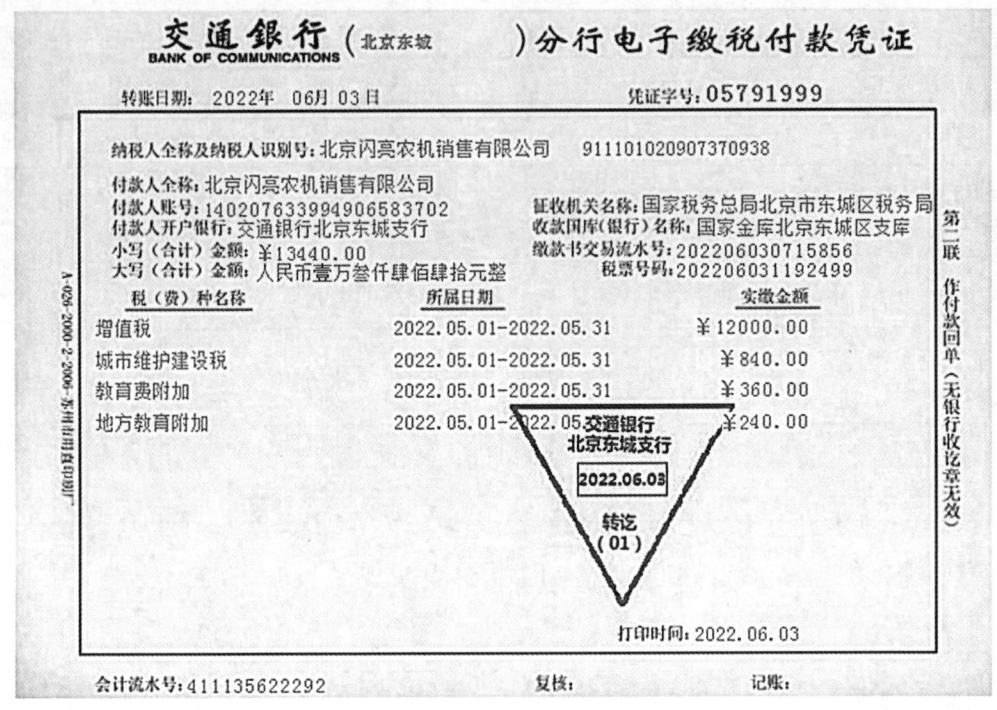

图 2-33 电子缴税付款凭证

1. 填制《增值税及附加税费申报表附列资料(一)》(本期销售情况明细)

【操作步骤】

(1) 依据增值税专用发票汇总表第 5 行、第 10 行("13%"列),填写《增值税及附加税费申报表附列资料(一)》(本期销售情况明细)"1 至 7 栏(第 1 至 4 列)"(图 2-34)第 1 至 2 列"开具增值税专用发票"情形下的销售额、销项税额(对应第 1 栏"13%税率的货物及加工修理修配劳务"),分别为"100 000.00""13 000.00"。

(2) 依据增值税专用发票汇总表第 5 行、第 10 行("9%"列),填写《增值税及附加税费申报表附列资料(一)》(本期销售情况明细)"1 至 7 栏(第 1 至 4 列)"(图 2-34)第 1 至 2 列"开具增值税专用发票"情形下的销售额、销项税额(第 3 栏对应"9%税率的货物及加工修理修配劳务"),分别为"1 400 000.00""126 000.00"。

图 2-34 《增值税及附加税费申报表附列资料(一)》(本期销售情况明细)"1 至 7 栏(第 1 至 4 列)"

2. 填制《增值税及附加税费申报表附列资料(二)》(本期进项税额明细)

【操作步骤】

填写《增值税及附加税费申报表附列资料(二)》(本期进项税额明细)"1 至 12 栏"(图 2-35)第 2 栏"本期认证相符且本期申报抵扣"情形下的份数、金额、税额,分别为"24""1 100 000.00""143 000.00"。

纳税人识别号:91110102090737093	纳税人名称:北京闪亮农机销售有限公司			
所属时期:2022-06-01 至 2022-06-30	填表日期:2022-07-03			金额单位:元至角分
一、申报抵扣的进项税额				
项目	栏次	份数	金额	税额
(一)认证相符的增值税专用发票	1=2+3	24	1100000.00	143000.00
其中:本期认证相符且本期申报抵扣	2	24	1100000.00	143000.00
前期认证相符且本期申报抵扣	3			
(二)其他扣税凭证	4=5+6+7+8	0	0	0
其中:海关进口增值税专用缴款书	5			
农产品收购发票或者销售发票	6			
代扣代缴税收缴款凭证	7			
加计扣除农产品进项税额	8a	—	—	
其他	8b			
(三)本期用于购建不动产的扣税凭证	9			
(四)本期用于抵扣的旅客运输服务扣税凭证	10			
(五)外贸企业进项税额抵扣证明	11			
当期申报抵扣进项税额合计	12=1+4+11	24	1100000.00	143000.00

图 2-35 《增值税及附加税费申报表附列资料(二)》(本期进项税额明细)"1 至 12 栏"

3. 填制《增值税及附加税费申报表附列资料(三)》(服务、不动产和无形资产扣除项目明细)

本案例不涉及销售"服务、不动产和无形资产",所以无需填制该表,直接"保存"即可。

4. 填制《增值税及附加税费申报表附列资料(四)》(税额抵减情况表)

本案例不涉及税额抵减情况,所以无需填制该表,直接"保存"即可。

5. 填制《增值税减免税申报明细表》

本案例不涉及增值税减免税,所以无需填制该表,直接"保存"即可。

6. 填制《增值税及附加税费申报表(一般纳税人适用)》

原始资料:增值税及附加税费申报表附列资料(6月),增值税及附加税费申报表(5月)。

【操作步骤】

1) 填写第 1 栏"(一)按适用税率计税销售额"、第 2 栏"其中:应税货物销售额"、第 3 栏"应税劳务销售额"一般项目下的本月数

(1) 依据《增值税及附加税费申报表附列资料(一)》(本期销售情况明细),计算并填写《增值税及附加税费申报表(一般纳税人适用)》(图 2-36)第 1 栏"(一)按适用税率计税销售额"一般项目下的本月数,为"1 500 000.00"。

(2) 依据《增值税及附加税费申报表附列资料(一)》(本期销售情况明细),结合《增值税及附加税费申报表附列资料(三)》(服务、不动产和无形资产扣除项目明细)的数据(本月无销售服务、不动产和无形资产的销售额),计算并填写《增值税及附加税费申报表(一般纳税人适用)》(图 2-36)第 2 栏"其中:应税货物销售额"一般项目下的本月数,为"1 400 000.00"。

(3) 依据《增值税及附加税费申报表附列资料(一)》(本期销售情况明细),结合《增值税及附加税费申报表附列资料(三)》(服务、不动产和无形资产扣除项目明细)的数据,计算并填写《增值税及附加税费申报表(一般纳税人适用)》(图2-36)第3栏"应税劳务销售额"一般项目下的本月数,为"100 000.00"。

2) 填写第11栏"销项税额"一般项目下的本月数

依据《增值税及附加税费申报表附列资料(一)》(本期销售情况明细),计算并填写《增值税及附加税费申报表(一般纳税适用)》(图2-36)第11栏"销项税额"一般项目下的本月数,为"139 000.00"。

3) 填写第12栏"进项税额"一般项目下的本月数

依据《增值税及附加税费申报表附列资料(二)》(本期进项税额明细)第12栏"当期申报抵扣进项税额合计"下的税额,填写《增值税及附加税费申报表(一般纳税人适用)》(图2-36)第12栏"进项税额"一般项目下的本月数,为"143 000.00"。

4) 填写第13栏"上期留抵税额"一般项目下的本月数

因为增值税及附加税费申报表(5月)第20栏"期末留抵税额"一般项目下的本月数为"0",所以无需填写《增值税及附加税费申报表(一般纳税人适用)》"1至32栏"(图2-36)第13栏"上期留抵税额"一般项目下的本月数。

5) 填写第14栏"进项税额转出"一般项目下的本月数

因为《增值税及附加税费申报表附列资料(二)》(本期进项税额明细)第13栏"本期进项税额转出额"下的税额为"0",所以无需填写《增值税及附加税费申报表(一般纳税人适用)》"1至32栏"(图2-36)第14栏"进项税额转出"一般项目下的本月数。

6) 计算填写第17栏"应抵扣税额合计"一般项目下的本月数(系统自动计算填写)

(1) 依据《增值税及附加税费申报表(一般纳税人适用)》"1至32栏"(图2-36)第11至第16栏的一般项目下的本月数,计算应抵扣税额合计:

应抵扣税额合计＝143 000.00＋0－0＝143 000.00(元)

(2) 填写《增值税及附加税费申报表(一般纳税人适用)》"1至32栏"(图2-36)第17栏"应抵扣税额合计"一般项目下的本月数,为"143 000.00"。

7) 填写第18栏"实际抵扣税额"一般项目下的本月数(系统自动计算填写)

《增值税及附加税费申报表(一般纳税人适用)》"1至32栏"(图2-36)第11栏"销项税额"小于第17栏"应抵扣税额合计",因此第18栏"实际抵扣税额"等于第11栏"销项税额",为"139 000.00"。

8) 计算填写第20栏"期末留抵税额"一般项目下的本月数(系统自动计算填写)

(1) 依据《增值税及附加税费申报表(一般纳税人适用)》"1至32栏"(图2-36)第17栏和第18栏的一般项目下的本月数,计算期末留抵税额:

期末留抵税额＝143 000.00－139 000.00＝4 000.00(元)

(2) 填写《增值税及附加税费申报表(一般纳税人适用)》"1至32栏"(图2-36)第20栏"期末留抵税额"一般项目下的本月数,为"4 000.00"。

9) 填写第25栏"期初未缴税额(多缴为负数)"一般项目下的本月数

依据增值税及附加税费申报表(5月)第34栏"本期应补(退)税额"一般项目下的本月数,填写《增值税及附加税费申报表(一般纳税人适用)》"1至32栏"(图2-36)第25栏"期初未缴税额(多缴为负数)"一般项目下的本月数,为"12 000.00"。

10)填写第30栏"③本期缴纳上期应纳税额"一般项目下的本月数

依据电子缴税付款凭证(2022年6月3日缴纳2022年5月增值税),填写《增值税及附加税费申报表(一般纳税人适用)》"1至32栏"(图2-36)第30栏"③本期缴纳上期应纳税额"一般项目下的本月数,为"12 000.00"。

填写"本年累计"的步骤,略。

纳税人识别号:91110102090737O938　　纳税人名称:北京闪亮农机销售有限公司
所属时期:2022-06-01至2022-06-30　　填表日期:2022-07-03　　金额单位:元至角分

	项目	栏次	一般项目		即征即退项目	
			本月数	本年累计	本月数	本年累计
销售额	(一)按适用税率计税销售额	1	1500000.00	11300000.00		
	其中:应税货物销售额	2	1400000.00	9900000.00		
	应税劳务销售额	3	100000.00	1400000.00		
	纳税检查调整的销售额	4				
	(二)按简易办法计税销售额	5				
	其中:纳税检查调整的销售额	6				
	(三)免、抵、退办法出口销售额	7			—	—
	(四)免税销售额	8				
	其中:免税货物销售额	9				
	免税劳务销售额	10				
税款计算	销项税额	11	139000.00	1073000.00		
	进项税额	12	143000.00	959000.00		
	上期留抵税额	13				
	进项税额转出	14				
	免、抵、退应退税额	15			—	—
	按适用税率计算的纳税检查应补缴税额	16				
	应抵扣税额合计	17=12+13-14-15+16	143000.00	—	0	—
	实际抵扣税额	18(如17<11,则为17,否则为11)	139000.00	0	0	0
	应纳税额	19=11-18	0	118000.00	0	0
	期末留抵税额	20=17-18	4000.00			
	简易计税办法计算的应纳税额	21				
	按简易计税办法计算的纳税检查应补缴税额	22				
	应纳税额减征额	23				
	应纳税额合计	24=19+21-23	0	118000.00	0	0
税款缴纳	期初未缴税额(多缴为负数)	25	12000.00			
	实收出口开具专用缴款书退税额	26			—	—
	本期已缴税额	27=28+29+30+31	12000.00	118000.00		
	①分次预缴税额	28		—		—
	②出口开具专用缴款书预缴税额	29		—		—
	③本期缴纳上期应纳税额	30	12000.00	118000.00		
	④本期缴纳欠缴税额	31				
	期末未缴税额(多缴为负数)	32=24+25+26-27	0	0	0	0

图2-36 《增值税及附加税费申报表(一般纳税人适用)》"1至32栏"

7.填制《增值税及附加税费申报表附列资料(五)》(附加税费明细表)

《增值税及附加税费申报表(一般纳税人适用)》第20栏"期末留抵税额"为"4 000.00",因此无需填写城市维护建设税、教育费附加、地方教育附加的计税(费)依据下的"增值税税额"。

> **特别提示 2-6**
>
> **生活性服务业纳税人的加计抵减政策**
>
> 符合《财政部 税务总局关于明确生活性服务业增值税加计抵减政策的公告》(财政部 税务总局公告2019年第87号)规定的生活性服务业纳税人,应在年度首次确认适用15%加计抵减政策时,通过电子税务局(或前往办税服务厅)提交《适用15%加计抵减政策的声明》。

第三节 小规模纳税人增值税的纳税申报

一、实验目的

通过本节课的学习,学生能够比较系统、全面地掌握小规模纳税人增值税及附加税费申报表的结构、依据的原始资料;熟悉小规模纳税人的增值税税收优惠政策及申报表的填制方法;理解小规模纳税人增值税计税方法。

> **延伸阅读 2-4**
>
> **国家税务总局关于小规模纳税人免征增值税征管问题的公告**
> **国家税务总局公告 2021 年第 5 号**
>
> 为贯彻落实全国两会精神和中共中央办公厅、国务院办公厅印发的《关于进一步深化税收征管改革的意见》,按照《财政部 税务总局关于明确增值税小规模纳税人免征增值税政策的公告》(财政部 税务总局公告2021年第11号)的规定,现将有关征管问题公告如下:
>
> 一、小规模纳税人发生增值税应税销售行为,合计月销售额未超过15万元(以一个季度为1个纳税期的,季度销售额未超过45万元,下同)的,免征增值税。
>
> 小规模纳税人发生增值税应税销售行为,合计月销售额超过15万元,但扣除本期发生的销售不动产的销售额后未超过15万元的,其销售货物、劳务、服务、无形资产取得的销售额免征增值税。
>
> 二、适用增值税差额征税政策的小规模纳税人,以差额后的销售额确定是否可以享受本公告规定的免征增值税政策。《增值税纳税申报表(小规模纳税人适用)》中的"免税销售额"相关栏次,填写差额后的销售额。
>
> 三、按固定期限纳税的小规模纳税人可以选择以1个月或一个季度为纳税期限,一经选择,一个会计年度内不得变更。
>
> 四、《中华人民共和国增值税暂行条例实施细则》第九条所称的其他个人,采取一次性收取租金形式出租不动产取得的租金收入,可在对应的租赁期内平均分摊,分摊后的月租金收入未超过15万元的,免征增值税。

五、按照现行规定应当预缴增值税税款的小规模纳税人,凡在预缴地实现的月销售额未超过15万元的,当期无需预缴税款。

六、小规模纳税人中的单位和个体工商户销售不动产,应按其纳税期、本公告第五条以及其他现行政策规定确定是否预缴增值税;其他个人销售不动产,继续按照现行规定征免增值税。

七、已经使用金税盘、税控盘等税控专用设备开具增值税发票的小规模纳税人,月销售额未超过15万元的,可以继续使用现有设备开具发票,也可以自愿向税务机关免费换领税务Ukey开具发票。

八、本公告自2021年4月1日起施行。《国家税务总局关于小规模纳税人免征增值税政策有关征管问题的公告》(国家税务总局公告2019年第4号)同时废止。

特此公告。

国家税务总局
2021年3月31日

资料来源:国家税务总局. 国家税务总局关于小规模纳税人免征增值税征管问题的公告[EB/OL].(2021-03-3)[2023-03-08]. http://www.chinatax.gov.cn/chinatax/n359/c5162926/content.html.

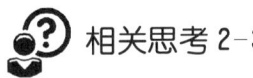
相关思考2-3

**小规模纳税人合计月应税销售额未超过15万元,
符合免征增值税政策时,如何进行会计处理**

《增值税会计处理规定》关于小微企业免征增值税的会计处理:小微企业在取得销售收入时,应按照税法的规定计算应交增值税,并确认为应交税费,在达到增值税制度规定的免征增值税条件时,将有关应交增值税转入当期损益。

二、理论知识点

小规模纳税人对增值税进行纳税申报时,应填报《增值税及附加税费申报表(小规模纳税人适用)》《增值税及附加税费申报表(小规模纳税人适用)附列资料(一)》(服务、不动产和无形资产扣除项目明细)、《增值税及附加税费申报表(小规模纳税人适用)附列资料(二)》(附加税费情况表)等,分别见表2-23、表2-24、表2-25。《增值税减免申报明细表》,为一般纳税人和小规模纳税人共用表。

表 2-23　　　　　　　　　　增值税及附加税费申报表
（小规模纳税人适用）

纳税人识别号（统一社会信用代码）：□□□□□□□□□□□□□□□□□□□

纳税人名称：　　　　　　　　　　　　　　　　　　　　　　　　　　金额单位：元（列至角分）

税款所属期：　　年　月　日至　　年　月　日　　　　　　　　　　　填表日期：　　年　月　日

	项目	栏次	本期数		本年累计	
			货物及劳务	服务、不动产和无形资产	货物及劳务	服务、不动产和无形资产
一、计税依据	（一）应征增值税不含税销售额（3%征收率）	1				
	增值税专用发票不含税销售额	2				
	其他增值税发票不含税销售额	3				
	（二）应征增值税不含税 销售额（5%征收率）	4		—		—
	增值税专用发票不含税销售额	5		—		—
	其他增值税发票不含税销售额	6		—		—
	（三）销售使用过的固定资产不含税销售额	7(7≥8)		—		—
	其中：其他增值税发票不含税销售额	8				
	（四）免税销售额	9=10+11+12				
	其中：小微企业免税销售额	10				
	未达起征点销售额	11				
	其他免税销售额	12				
	（五）出口免税销售额	13(13≥14)				
	其中：其他增值税发票不含税销售额	14				
二、税款计算	本期应纳税额	15				
	本期应纳税额减征额	16				
	本期免税额	17				
	其中：小微企业免税额	18				
	未达起征点免税额	19				
	应纳税额合计	20=15-16				
	本期预缴税额	21			—	—
	本期应补（退）税额	22=20-21			—	—
三、附加税费	城市维护建设税本期应补（退）税额	23				
	教育费附加本期应补（退）费额	24				
	地方教育附加本期应补（退）费额	25				

声明：此表是根据国家税收法律法规及相关规定填写的，本人（单位）对填报内容（及附带资料）的真实性、可靠性、完整性负责。

　　　　　　　　　　　　　　　　　　　　　　　　　　　　　　纳税人（签章）：　　　　　　年　月　日

经办人： 经办人身份证号： 代理机构签章： 代理机构统一社会信用代码：	受理人： 受理税务机关（章）： 受理日期：　　年　月　日

表 2-24　　增值税及附加税费申报表(小规模纳税人适用)附列资料(一)
(服务、不动产和无形资产扣除项目明细)

税款所属期：　　年　月　日至　　年　月　日　　　　　　　　　　填表日期：　　年　月　日

纳税人名称(公章)：　　　　　　　　　　　　　　　　　　　　　　金额单位：元(列至角分)

应税行为（3%征收率）扣除额计算			
期初余额	本期发生额	本期扣除额	期末余额
1	2	3（3≤1+2之和，且3≤5）	4=1+2-3
应税行为（3%征收率）计税销售额计算			
全部含税收入（适用3%征收率）	本期扣除额	含税销售额	不含税销售额
5	6=3	7=5-6	8=7÷1.03
应税行为（5%征收率）扣除额计算			
期初余额	本期发生额	本期扣除额	期末余额
9	10	11（11≤9+10之和，且11≤13）	12=9+10-11
应税行为（5%征收率）计税销售额计算			
全部含税收入（适用5%征收率）	本期扣除额	含税销售额	不含税销售额
13	14=11	15=13-14	16=15÷1.05

表 2-25　　增值税及附加税费申报表(小规模纳税人适用)附列资料(二)
(附加税费情况表)

纳税人名称：(公章)　　税(费)款所属时间：　　年　月　日至　　年　月　日　　金额单位：元(列至角分)

税（费）种	计税（费）依据	税（费）率	本期应纳税（费）额	本期减免税（费）额		增值税小规模纳税人"六税两费"减征政策		本期已缴税（费）额	本期应补（退）税（费）额
	增值税税额			减免性质代码	减免税（费）额	减征比例	减征额		
	1	2	3=1×2	4	5	6	7=(3-5)×6	8	9=3-5-7-8
城市维护建设税									
教育费附加									
地方教育附加									
合计		—	—			—			

三、实验资料

1. 北京顺意制造有限公司

1) 企业基本情况

北京顺意制造有限公司为增值税小规模纳税人，从事汽车、摩托车零配件加工、修理业务，其基本情况见表 2-26。

表 2-26　　　　　　　　　　企业基本情况表

企业名称	北京顺意制造有限公司		
通信地址	北京市朝阳区李各庄 108 号	邮编	100021
统一社会信用代码	911101010309849393		
主管税务机关	国家税务总局北京市朝阳区税务局		
开户银行	交通银行北京朝阳支行	账号	140207633994990901022
成立时间	2014 年 09 月 01 日	注册资本	人民币伍拾万元整
法定代表人	刘清香	相关行业工作年数	8 年
联系人	刘清香	联系电话	010-82000838
经营范围 （按营业执照上登记填写）	汽车、摩托车零配件加工、修理		
所属行业	□ 农、林、牧、渔业　　□ 采矿业　　☑ 制造业　　□ 建筑业 □ 电力、燃气及水的生产和供应业　　□ 信息传输、计算机服务和软件业 □ 交通运输、仓储和邮政业　　□ 批发和零售业 □ 生活服务业　　□ 房地产业　　□ 金融业　　□ 现代服务业　　□ 其他		
主要关联企业名称 （集团公司、母子总分公司，或者同属集团公司的子/分公司）			

2) 原始单据

发票使用情况明细表（4～6 月）、增值税普通发票汇总表（4 月）、增值税普通发票汇总表（5 月）、增值税普通发票汇总表（6 月）、增值税普通发票、增值税及附加税费申报表——主表（1～3 月）。

2. 北京启明星实业有限公司

1) 企业基本情况

北京启明星实业有限公司为小规模纳税人，主营批发和零售日用百货、服饰服装、文化办公用品，兼营古旧图书业务，其基本情况见表 2-27。

2) 原始单据

发票使用情况明细表（7～9 月）、增值税普通发票汇总表（7 月）、增值税普通发票汇总表（8 月）、增值税普通发票汇总表（9 月）、增值税普通发票（销售古旧图书）、增值税普通发票（销售旧固定资产）、固定资产卡片账、增值税及附加税费申报表——主表（4～6 月）、电子缴税付款凭证。

表 2-27　　　　　　　　　　企业基本情况表

企业名称	北京启明星实业有限公司		
通信地址	北京市东城区北新桥二条280号	邮编	100089
统一社会信用代码	911101010101938493		
主管税务机关	国家税务总局北京市东城区税务局		
开户银行	交通银行北京东城支行	账号	140207633994903939926
成立时间	2014年09月01日	注册资本	人民币伍拾万元整
法定代表人	黄薇薇	相关行业工作年数	5年
联系人	黄薇薇	联系电话	010-80029493
经营范围 (按营业执照上登记填写)	日用百货、服饰服装、文化办公用品批发和零售 古旧图书业务		
所属行业	☐农、林、牧、渔业　☐采矿业　☐制造业　☐建筑业 ☐电力、燃气及水的生产和供应业　☐信息传输、计算机服务和软件业 ☐交通运输、仓储和邮政业　☑批发和零售业 ☐生活服务业　☐房地产业　☐金融业　☐现代服务业　☐其他		
主要关联企业名称 (集团公司、母子总分公司,或者同属集团公司的子/分公司)			

特别提示 2-7

纳税人销售旧货的简易计税方法

纳税人销售旧货按简易办法依据3%征收率减按2%征收增值税,按下列公式确定销售额和应纳税额:

销售额=含税销售额÷(1+3%)

应纳税额=销售额×2%

相关思考 2-4

小规模纳税人能否抵扣进项税额

小规模纳税人采用简易计税方法,按照销售额乘以征收率计算应纳税额,不得抵扣进项税额。

另外,小规模纳税人取得的销售额与一般纳税人一样,都是销售货物、劳务、服务、无形资产、不动产向购买方收取的全部价款和价外费用,不包括收取的增值税税额。

四、实验内容及操作步骤

北京顺意制造有限公司为增值税小规模纳税人,2022年4~6月发生如下业务:

(1) 本期销售均已开具发票。

(2) 销售以前使用过的固定资产一台,且已开具发票。

要求:北京顺意制造有限公司于 2022 年 7 月 3 日申报纳税,请代为填写第二季度增值税申报表。(金额需要四舍五入,保留两位小数)

1. 填制《增值税及附加税费申报表(小规模纳税人适用)附列资料(一)》(服务、不动产和无形资产扣除项目明细)

本案例不涉及销售"服务、不动产和无形资产",因此无需填制该表,直接"保存"即可。

2. 填制《增值税及附加税费申报表(小规模纳税人适用)》

原始资料:发票使用情况明细表(4~6月)、增值税普通发票汇总表(4月)、增值税普通发票汇总表(5月)、增值税普通发票汇总表(6月)、增值税普通发票、增值税及附加税费申报表——主表(1~3月)。前述资料见表 2-28 至表 2-31,图 2-37,图 2-38。

【操作步骤】

1) 计算填写第 10 栏"其中:小微企业免税销售额"情形下"货物及劳务"的本期数

(1) 依据发票使用情况明细表(4~6月)及普通发票汇总表(4月)、普通发票汇总表(5月)、普通发票汇总表(6月)的第 5 行"实际销售金额",计算免税销售额(注:合计月销售额未超过 15 万元,免征增值税;均开具增值税普通发票):

免税销售额=12 900.00+45 500.00+31 800.00=90 200.00(元)

(2) 填写《增值税及附加税费申报表(小规模纳税人适用)》(4~6月)(图 2-39)第 10 栏"其中:小微企业免税销售额"情形下的"货物及劳务"的本期数,为"90 200.00"。

2) 计算填写第 18 栏"其中:小微企业免税额"情形下的"货物及劳务"的本期数

(1) 依据发票使用情况明细表(4~6月)及增值税普通发票汇总表(4月)、增值税普通发票汇总表(5月)、增值税普通发票汇总表(6月)的第 10 行"实际销项税额",计算免税额:

免税额=387.00+1 365.00+954.00=2 706.00(元)

(2) 填写《增值税及附加税费申报表(小规模纳税人适用)》(4~6月)(图 2-39)第 18 栏"其中:小微企业免税额"情形下的"货物及劳务"的本期数,为"2 706.00"。

填写"本年累计"的步骤,略。

表 2-28　　　　　　　　　　北京顺意制造有限公司
发票使用情况明细表

发票名称:增值税普通发票　　发票代码:011011800704　　2022 年 4~6 月　　　　　　　单位:元

序号	发票号码	开票日期	付款方名称	项目及摘要	开票金额
1	00098551	2022-04-01	火焰商贸有限公司	角钢	9 270.00
2	00098552	2022-04-02	紫水晶商贸有限公司	角钢	4 017.00
3	00098553	2022-05-03	磊深商贸有限公司	角钢	8 240.00
4	00098554	2022-05-11	故联商贸有限公司	角钢	13 905.00
5	00098555	2022-05-12	昆盛商贸有限公司	角钢	24 720.00
6	00098556	2022-06-18	凯园商贸有限公司	角钢	12 360.00
7	00098557	2022-06-19	胜会商贸有限公司	角钢	10 094.00
8	00098558	2022-06-19	麓谷实业有限公司	检测设备	10 300.00
合计					92 906.00

表 2-29　　　　　　　　　增值税普通发票汇总表

制表日期：2022 年 05 月 01 日
所属日期：2022 年 04 月
纳税人登记号：91110101030989
企业名称：北京顺意制造有限公司
地址电话：北京市朝阳区李各庄108号　010-82000838

★　发票领用存情况　★

期初库存份数6　　　　　正数发票份数2　　　　　负数发票份数0
购进发票份数20　　　　　正数废票份数0　　　　　负数废票份数0
退回发票份数0　　　　　期末库存份数24

★　销项情况　★

金额单位：元

序号	项目名称	合计	13%	9%	6%	3%	其他
1	销项正废金额	0	0	0	0	0	0
2	销项正数金额	12 900.00	0	0	0	12 900.00	0
3	销项负废金额	0	0	0	0	0	0
4	销项负数金额	0	0	0	0	0	0
5	实际销售金额	12 900.00	0	0	0	12 900.00	0
6	销项正废税额	0	0	0	0	0	0
7	销项正数税额	387.00	0	0	0	387.00	0
8	销项负废税额	0	0	0	0	0	0
9	销项负数税额	0	0	0	0	0	0
10	实际销项税额	387.00	0	0	0	387.00	0

表 2-30　　　　　　　　　　增值税普通发票汇总表

制表日期：2022年06月01日
所属日期：2022年05月
纳税人登记号：91110101030984939
企业名称：北京顺意制造有限公司
地址电话：北京市朝阳区李各庄108号 010-82000838

★ 发票领用存情况 ★

期初库存份数 24　　　正数发票份数 3　　　负数发票份数 0
购进发票份数 0　　　正数废票份数 0　　　负数废票份数 0
退回发票份数 0　　　期末库存份数 21

★ 销项情况 ★

金额单位：元

序号	项目名称	合计	13%	9%	6%	3%	其他
1	销项正废金额	0	0	0	0	0	0
2	销项正数金额	45 500.00	0	0	0	45 500.00	0
3	销项负废金额	0	0	0	0	0	0
4	销项负数金额	0	0	0	0	0	0
5	实际销售金额	45 500.00	0	0	0	45 500.00	0
6	销项正废税额	0	0	0	0	0	0
7	销项正数税额	1 365.00	0	0	0	1 365.00	0
8	销项负废税额	0	0	0	0	0	0
9	销项负数税额	0	0	0	0	0	0
10	实际销项税额	1 365.00	0	0	0	1 365.00	0

表 2-31　　　　　　　增值税普通发票汇总表

制表日期：*2022* 年 *07* 月 *01* 日
所属日期：*2022* 年 *06* 月
纳税人登记号：91110101030984939
企业名称：北京顺意制造有限公司
地址电话：北京市朝阳区李各庄108号 010-82000838

★ 发票领用存情况 ★

期初库存份数21　　　正数发票份数3　　　负数发票份数0
购进发票份数0　　　正数废票份数0　　　负数废票份数0
退回发票份数0　　　期末库存份数19

★ 销项情况 ★

金额单位：元

序号	项目名称	合计	13%	9%	6%	3%	其他
1	销项正废金额	0	0	0	0	0	0
2	销项正数金额	31 800.00	0	0	0	31 800.00	0
3	销项负废金额	0	0	0	0	0	0
4	销项负数金额	0	0	0	0	0	0
5	实际销售金额	31 800.00	0	0	0	31 800.00	0
6	销项正废税额	0	0	0	0	0	0
7	销项正数税额	954.00	0	0	0	954.00	0
8	销项负废税额	0	0	0	0	0	0
9	销项负数税额	0	0	0	0	0	0
10	实际销项税额	954.00	0	0	0	954.00	0

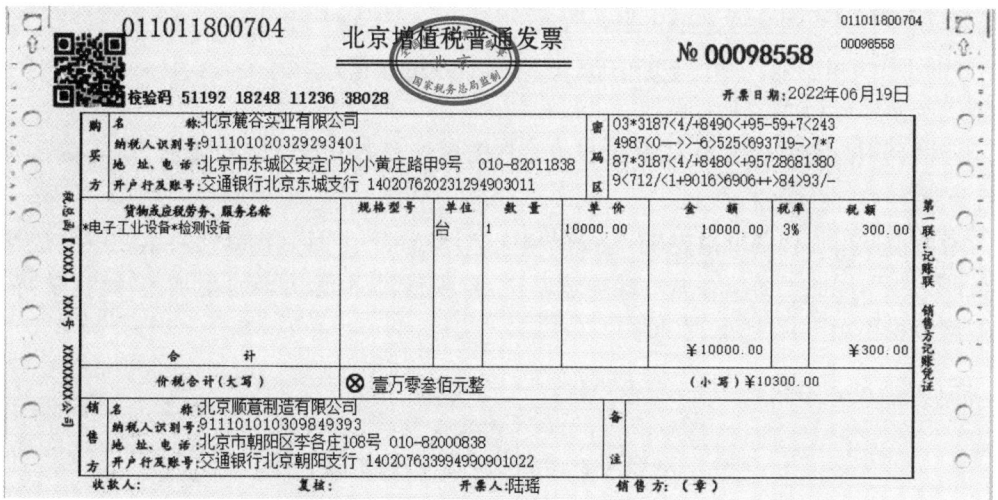

图 2-37　增值税普通发票——00098558 号

增值税及附加税费申报表
（小规模纳税人适用）

纳税人识别号：91110101030984939
纳税人名称：北京顺意制造有限公司
所属时期：2022-01-01 至 2022-03-31
填表日期：2022-04-03
金额单位：元至角分

	项目	栏次	本期数 货物及劳务	本期数 服务、不动产和无形资产	本年累计 货物及劳务	本年累计 服务、不动产和无形资产
一、计税依据	（一）应征增值税不含税销售额（3%征收率）	1				
	其中：增值税专用发票不含税销售额	2				
	其他增值税发票不含税销售额	3				
	（二）应征增值税不含税销售额（5%征收率）	4	—	—	—	—
	其中：增值税专用发票不含税销售额	5				
	其他增值税发票不含税销售额	6				
	（三）销售使用过的固定资产不含税销售额	7(7≥8)		—		—
	其中：其他增值税发票不含税销售额	8		—		—
	（四）免税销售额	9=10+11+12	100 200.00	0	100 200.00	0
	其中：小微企业免税销售额	10	100 200.00		100 200.00	
	未达起征点销售额	11				
	其他免税销售额	12				
	（五）出口免税销售额	13(13≥14)				
	其中：其他增值税发票不含税销售额	14				
二、税款计算	本期应纳税额	15				
	本期应纳税额减征额	16				
	本期免税额	17	3 006.00		3 006.00	
	其中：小微企业免税额	18	3 006.00		3 006.00	
	未达起征点免税额	19				
	应纳税额合计	20=15-16	0	0	0	0
	本期预缴税额	21			—	—
	本期应补（退）税额	22=20-21	0	0	—	—
三、附加税费	城市维护建设税本期应补（退）税额	23				
	教育费附加本期应补（退）费额	24				
	地方教育附加本期应补（退）费额	25				

图 2-38 《增值税及附加税费申报表(小规模纳税人适用)》(1～3 月)

技巧提示 2-3 《增值税及附加税费申报表（小规模纳税人适用）》及其附列资料填写说明

3. 填制《增值税及附加税费申报表（小规模纳税人适用）附列资料（二）》（附加税费明细表）

《增值税及附加税费申报表（小规模纳税人适用）》(4～6 月)(图 2-39)第 20 栏"应纳税额合计"为"0"，因此无需填写城市维护建设税、教育费附加、地方教育附加的计税（费）依据下的"增值税税额"，直接"保存"即可。

思政育人 2-1

加强专业学习，提高业务技能

目前我国财务会计和纳税会计为"一套账"，对会计准则制度与税法不同之处，按税法要求进行处理，通过《增值税会计处理规定》财会[2016]22 号文件的发布，对增值税会计处理的规范依然是税法导向的"财税合一"模式。

有些国内学者认为，现行增值税采用购进扣税法计税，纳税会计填制增值税纳税申报表时,不依赖于财务会计的账簿记录,也就是说,应交增值税的确认和计量,不是根据财务会计处理程序得出的,而是由纳税会计独特的处理程序得出;同时,与增值税制度保持一致,也无助于提高财务会计信息质量,所以增值税会计应适用"财税分离"的模式,即应制定"财税分离"模式下的增值税会计准则。

努力钻研最新财税政策,在熟悉财经法规与相关制度的同时,不断加强专业学习,与时俱进,才能练就扎实的基本功;同时,谦虚好学,刻苦钻研,锲而不舍,是练就高超的专业技术和过硬本领的唯一途径,也是衡量会计人员职业道德水准高低的重要标志之一。

增值税及附加税费申报表
(小规模纳税人适用)

纳税人识别号:91110101030984939393　　纳税人名称:北京顺意制造有限公司
所属时期:2022-04-01 至2022-06-30　　填表日期:2022-07-03　　金额单位:元至角分

	项目	栏次	本期数		本年累计	
			货物及劳务	服务、不动产和无形资产	货物及劳务	服务、不动产和无形资产
一、计税依据	(一)应征增值税不含税销售额(3%征收率)	1				
	增值税专用发票不含税销售额	2				
	其他增值税发票不含税销售额	3				
	(二)应征增值税不含税销售额(5%征收率)	4				
	增值税专用发票不含税销售额	5				
	其他增值税发票不含税销售额	6				
	(三)销售使用过的固定资产不含税销售额	7(7≥8)		—		—
	其中:其他增值税发票不含税销售额	8		—		—
	(四)免税销售额	9=10+11+12	90 200.00	0	190 400.00	0
	其中:小微企业免税销售额	10	90 200.00		190 400.00	
	未达起征点销售额	11				
	其他免税销售额	12				
	(五)出口免税销售额	13(13≥14)				
	其中:其他增值税发票不含税销售额	14				
二、税款计算	本期应纳税额	15				
	本期应纳税额减征额	16				
	本期免税额	17	2 706.00		5 712.00	
	其中:小微企业免税额	18	2 706.00		5 712.00	
	未达起征点免税额	19				
	应纳税额合计	20=15-16	0	0	0	0
	本期预缴税额	21		—		—
	本期应补(退)税额	22=20-21	0	0		
三、附加税费	城市维护建设税本期应补(退)税额	23				
	教育费附加本期应补(退)费额	24				
	地方教育附加本期应补(退)费额	25				

图2-39 《增值税及附加税费申报表(小规模纳税人适用)》(4~6月)

五、实验业务训练

北京启明星实业有限公司为小规模纳税人,2022年7~9月发生如下业务:
(1)本期销售均已开具发票。
(2)销售使用过的外购固定资产,已开具发票。
(3)销售古旧图书(古旧图书免税性质代码:01012707)。
要求:北京启明星实业有限公司于2022年10月15日申报第三季度增值税,请代为填

写申报表。(金额需要四舍五入,保留两位小数)

1. 填制《增值税及附加税费申报表(小规模纳税人适用)附列资料(一)》(服务、不动产和无形资产扣除项目明细)

本案例不涉及销售"服务、不动产和无形资产",因此无需填制该表,直接"保存"即可。

2. 填制《增值税减免税申报明细表》

原始资料:增值税普通发票(销售旧固定资产)、增值税普通发票(销售古旧图书)、固定资产卡片账。前述资料见图2-40、图2-41、图2-42。

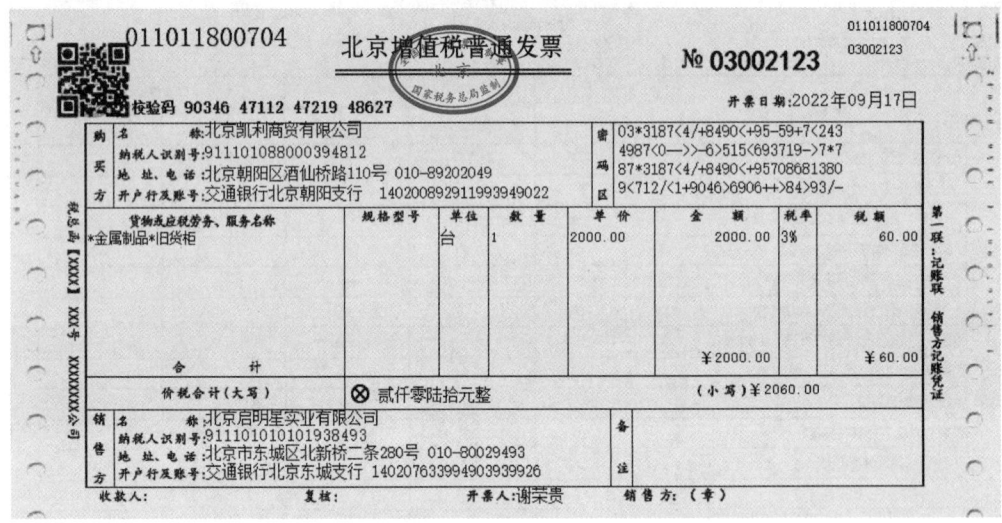

图2-40　增值税普通发票——03002123号

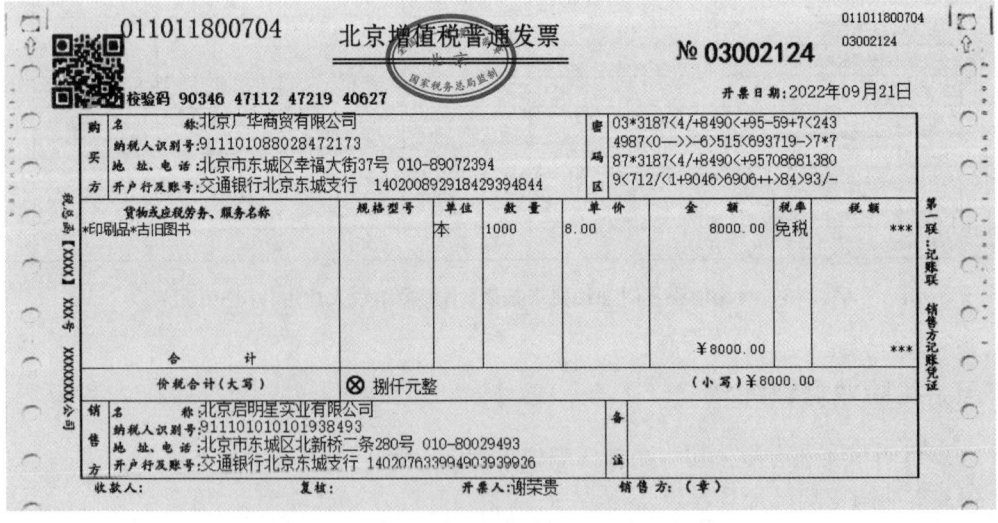

图2-41　增值税普通发票——03002124号

固定资产卡片账

使用单位：北京启明星实业有限公司　　　　　　　　　　　　　填表日期：2022 年 02 月 10 日

类别	办公家具	出厂或交接验收日期	2022 年 02 月 10 日	预计使用年限	10 年
编号	002180	购入或使用日期	2022 年 02 月 10 日	预计残值	150.00
名称	货柜	放置或使用地址	仓库	预计清理费用	
型号规格	JJ-20	负责人		用折旧率	0.79%
建造单位	皇家家具厂	总造价	3 000.00	月大修理费用提存率	
设备主要技术参数或建筑物占地面积、建筑面积及结构		设备主要配件名称数量或建筑物附设设备	大修理记录		固定资产改变记录
			时间	项目	

图 2-42　固定资产卡片账

【操作步骤】

(1) 选择减税项目的"减税性质代码及名称"。

(2) 计算填写减税项目的"本期发生额"。

第一，依据增值税普通发票(销售旧固定资产)、固定资产卡片账，计算减税项目的"本期发生额"：

销售旧固定资产的减税发生额＝2 000.00×(3%－2%)＝20.00(元)

第二，填写《增值税减免税申报明细表》(图 2-43)减税项目的"本期发生额"，为"20.00"。

(3) 填写《增值税减免税申报明细表》(图 2-43)减税项目的"本期实际抵税额"，为"20.00"。

(4) 选择免税项目的"免税性质代码及名称"。

(5) 填写免税项目的"免征增值税项目销售额"。依据增值税普通发票(销售古旧图书)，确认《增值税减免税申报明细表》(图 2-43)免税项目的"免征增值税项目销售额"，为"8 000.00"。

(6) 计算并填写《增值税减免税申报明细表》(图 2-43)免税项目的"免税额"，为"240.00"。具体计算如下：

销售古旧图书的免税额＝8 000.00×3％＝240.00(元)

增值税减免税申报明细表

纳税人识别号:911101010101938493　　纳税人名称:北京启明星实业有限公司
所属时期:2022-07-01 至 2022-09-30　　填表日期:2022-10-15　　金额单位:元(列至角分)

一、减税项目

减税性质代码及名称	栏次	期初余额	本期发生额	本期应抵减税额	本期实际抵税额	期末余额
		1	2	3=1+2	4≤3	5=3-4
合计		0	20.00	20.00	20.00	0
01129924《财政部 国家税务总局关于简并增值税增收率政策的通知》			20	20.00	20	0

二、免税项目

免税性质代码及名称	栏次	免征增值税项目销售额	免税销售额扣除项目本期实际扣除金额	扣除后免税销售额	免税销售额对应的进项税额	免税额
		1	2	3=1-2	4	5
合计		8 000.00	0	8 000.00	0	240.00
出口免税				—	—	—
其中:跨境服务						
01012707《中华人民共和国增值税暂行条例》		8 000.00		8 000.00		240.00

图 2-43 《增值税减免税申报明细表》

3. 填制《增值税及附加税费申报表(小规模纳税人适用)》

原始资料:发票使用情况明细表(7～9月)、增值税普通发票汇总表(7月)、增值税普通发票汇总表(8月)、增值税普通发票汇总表(9月)、电子缴税付款凭证、增值税及附加税费申报表——主表(4～6月)。前述资料分别见表 2-32 至表 2-35 和图 2-44、图 2-45。

表 2-32　　　　　　　　　　北京启明星实业有限公司
发票使用情况明细表

发票名称:增值税普通发票　　发票代码:011011800704　　2022 年 7～9 月　　单位:元

序号	发票号码	开票日期	付款方名称	项目及摘要	开票金额
1	03002118	2022-07-02	北京十月红针织服装有限公司	日记本	206 000.00
2	03002119	2022-07-08	北京凯利商贸有限公司	水彩颜料	55 620.00
3	03002120	2022-08-11	北京华美木材有限公司	计算器	60 770.00
4	03002121	2022-08-15	北京瑞阳食品有限公司	笔记本	20 600.00
5	03002122	2022-09-17	北京永昌化工有限公司	日历	151 410.00
6	03002123	2022-09-17	北京嘉和贸易有限公司	旧货柜	2 060.00
7	03002124	2022-09-21	北京丰泽实业有限公司	古旧图书	8 000.00
合计			—		504 460.00

表 2-33　　　　　　　　增值税普通发票汇总表

制表日期：2022年08月01日
所属日期：2022年07月
纳税人登记号：911101010101938493
企业名称：北京启明星实业有限公司
地址电话：北京市东城区北新桥二条280号 010-80029493

★ 发票领用存情况 ★

期初库存份数5　　　　正数发票份数2　　　　负数发票份数0
购进发票份数20　　　　正数废票份数0　　　　负数废票份数0
退回发票份数0　　　　期末库存份数23

★ 销项情况 ★

金额单位：元

序号	项目名称	合计	13%	9%	6%	3%	其他
1	销项正废金额	0	0	0	0	0	0
2	销项正数金额	254 000.00	0	0	0	254 000.00	0
3	销项负废金额	0	0	0	0	0	0
4	销项负数金额	0	0	0	0	0	0
5	实际销售金额	254 000.00	0	0	0	254 000.00	0
6	销项正废税额	0	0	0	0	0	0
7	销项正数税额	7 620.00	0	0	0	7 620.00	0
8	销项负废税额	0	0	0	0	0	0
9	销项负数税额	0	0	0	0	0	0
10	实际销项税额	7 620.00	0	0	0	7 620.00	0

表 2-34　　　　　　　　　　　增值税普通发票汇总表

制表日期：2022 年 09 月 01 日
所属日期：2022 年 08 月
纳税人登记号：91110101010198183
企业名称：北京启明星实业有限公司
地址电话：北京市东城区北新桥二条280号　010-80029493

★　发票领用存情况　★

期初库存份数23　　　正数发票份数2　　　负数发票份数0
购进发票份数0　　　 正数废票份数0　　　负数废票份数0
退回发票份数0　　　 期末库存份数21

★　销项情况　★

金额单位：元

序号	项目名称	合计	13%	9%	6%	3%	其他
1	销项正废金额	0	0	0	0	0	0
2	销项正数金额	79 000.00	0	0	0	79 000.00	0
3	销项负废金额	0	0	0	0	0	0
4	销项负数金额	0	0	0	0	0	0
5	实际销售金额	79 000.00	0	0	0	79 000.00	0
6	销项正废税额	0	0	0	0	0	0
7	销项正数税额	2 370.00	0	0	0	2 370.00	0
8	销项负废税额	0	0	0	0	0	0
9	销项负数税额	0	0	0	0	0	0
10	实际销项税额	2 370.00	0	0	0	2 370.00	0

表 2-35　　　　　　　　　增值税普通发票汇总表

制表日期：2022 年 10 月 01 日
所属日期：2022 年 09 月
纳税人登记号：91110101010193844U
企业名称：北京启明星实业有限公司
地址电话：北京市东城区北新桥二条280号　010-80029443

★　发票领用存情况　★

期初库存份数21　　　　　正数发票份数3　　　　　负数发票份数 0
购进发票份数0　　　　　 正数废票份数0　　　　　负数废票份数0
退回发票份数0　　　　　 期末库存份数18

★　销项情况　★

金额单位：元

序号	项目名称	合计	13%	9%	6%	3%	其他
1	销项正废金额	0	0	0	0	0	0
2	销项正数金额	157 000.00	0	0	0	149 000.00	8 000.00
3	销项负废金额	0	0	0	0	0	0
4	销项负数金额	0	0	0	0	0	0
5	实际销售金额	157 000.00	0	0	0	149 000.00	8 000.00
6	销项正废税额	0	0	0	0	0	0
7	销项正数税额	4 470.00	0	0	0	4 470.00	0
8	销项负废税额	0	0	0	0	0	0
9	销项负数税额	0	0	0	0	0	0
10	实际销项税额	4 470.00	0	0	0	4 470.00	0

```
              交通银行(北京东城    )分行电子缴税付款凭证
              BANK OF COMMUNICATIONS

    转账日期：  2022年  07月 15日              凭证字号：05791887

        纳税人全称及纳税人识别号：北京启明星实业有限公司    91110101010101938493
        付款人全称：北京启明星实业有限公司
        付款人账号：14020763399490393 9926     征收机关名称：国家税务总局北京市东城区税务局
        付款人开户银行：交通银行北京东城支行    收款国库(银行)名称：国家金库北京东城区支库
        小写(合计)金额：¥9603.60             缴款书交易流水号：20220715856
        大写(合计)金额：人民币玖仟陆佰零叁元陆角整   税票号码：20220715856
              税 (费) 种名称         所属日期                实缴金额
              增值税              2022.04.01-2022.06.30    ¥9060.00
              城市维护建设税       2022.04.01-2022.06.30    ¥317.10
              教育费附加           2022.04.01-2022.06.30    ¥135.90
              地方教育附加         2022.04.01-2022.06.30    ¥90.60

                                                    打印时间：2022.07.15

    会计流水号：411135622292        复核：              记账：
```

图 2-44　电子缴税付款凭证

【操作步骤】

1) 计算并填写第 3 栏的"货物及劳务"的本期数

（1）依据发票使用情况明细表（7~9 月）、增值税普通发票汇总表（7 月）、增值税普通发票汇总表（8 月）、增值税普通发票汇总表（9 月）的第 5 行"实际销售金额"，结合增值税普通发票（销售古旧图书）、增值税普通发票（销售旧固定资产），计算不含税销售额：

其他增值税发票不含税销售额＝254 000.00＋79 000.00＋157 000.00－8 000.00－2 000.00＝480 000.00（元）

（2）填写《增值税及附加税费申报表（小规模纳税人适用）》（7~9 月）（图 2-46）第 3 栏的"货物及劳务"的本期数，为"480 000.00"。

2) 填写第 1 栏"(一)应征增值税不含税销售额（3%征收率）"情形下的"货物及劳务"的本期数

依据《增值税及附加税费申报表（小规模纳税人适用）》（7~9 月）（图 2-46）第 2 栏和第 3 栏，计算并填写第 1 栏"(一)应征增值税不含税销售额（3%征收率）"情形下的"货物及劳务"的本期数，为"480 000.00"。

3) 填写第 7 栏"(三)销售使用过的固定资产不含税销售额"、第 8 栏的"货物及劳务"的本期数

依据增值税普通发票（销售旧固定资产），填写《增值税及附加税费申报表（小规模纳税人适用）》（7~9 月）（图 2-46）第 7 栏"(三)销售使用过的固定资产不含税销售额"、第 8 栏的

增值税及附加税费申报表

纳税人识别号:911101010101938493　　纳税人名称:北京启明星实业有限公司
所属时期:2022-04-01至2022-06-30　　填表日期:2022-07-12　　金额单位:元至角分

	项目	栏次	本期数		本年累计	
			货物及劳务	服务、不动产和无形资产	货物及劳务	服务、不动产和无形资产
一、计税依据	(一)应征增值税不含税销售额(3%征收率)	1	302 000.00		610 000.00	
	增值税专用发票不含税销售额	2				
	其他增值税发票不含税销售额	3	280 000.00		596 800.00	
	(二)应征增值税不含税销售额(5%征收税)	4	—		—	
	增值税专用发票不含税销售额	5				
	其他增值税发票不含税销售额	6				
	(三)销售使用过的固定资产不含税销售额	7(7≥8)	—		—	
	其中:其他增值税发票不含税销售额	8	—		—	
	(四)免税销售额	9=10+11+12	8 000.00	0	12 000.00	0
	其中:小型企业免税销售额	10				
	未达起征点销售额	11				
	其他免税销售额	12	8 000.00		12 000.00	
	(五)出口免税销售额	13(13≥14)				
	其中:其他增值税发票不含销售额	14				
二、税款计算	本期应纳税额	15	9 060.00		18 300.00	
	本期应纳税额减征额	16				
	本期免税额	17	240.00		360.00	
	其中:小微企业免税额	18				
	未达起征点免税额	19				
	应纳税额合计	20=15-16	9 060.00	0	18 300.00	0
	本期预缴税额	21	—		—	
	本期应补(退)税额	22=20-21	9 060.00	0	—	—
三、附加税费	城市维护建设税本期应补(退)税额	23	317.10		640.50	
	教育费附加本期应补(退)费额	24	135.90		274.50	
	地方教育附加本期应补(退)费额	25	90.60		183.00	

图2-45 《增值税及附加税费申报表(小规模纳税人适用)》(4~6月)

"货物及劳务"的本期数,均为"2 000.00"。

4) 填写第12栏"其他免税销售额"情形下的"货物及劳务"的本期数

依据增值税普通发票(销售古旧图书),填写《增值税及附加税费申报表(小规模纳税人适用)》(7~9月)(图2-46)第12栏"其他免税销售额"情形下的"货物及劳务"的本期数,为"8 000.00"。

5) 计算填写第15栏"本期应纳税额"情形下的"货物及劳务"的本期数

(1) 依据发票使用情况明细表(4~6月)及增值税普通发票汇总表(4月)、增值税普通发票汇总表(5月)、增值税普通发票汇总表(6月)的第10行"实际销项税额",结合增值税普通发票(销售古旧图书)、增值税普通发票(销售旧固定资产),计算本期应纳税额:

本期应纳税额＝7 620.00＋2 370.00＋4 470.00＝14 460.00(元)

(2) 填写《增值税及附加税费申报表(小规模纳税人适用)》(7~9月)(图2-46)第15栏"本期应纳税额"情形下的"货物及劳务"的本期数,为"14 460.00"。

6) 填写第16栏"本期应纳税额减征额"、第17栏"本期免税额"情形下的"货物及劳务"的本期数

依据增值税减免税申报明细表中的减税项目、免税项目金额,分别填写《增值税及附加税费申报表(小规模纳税人适用)》(7~9月)(图2-46)第16栏"本期应纳税额减征额"、第17栏"本期免税额"情形下的"货物及劳务"的本期数,为"20.00""240.00"。

填写"本年累计"的步骤,略。

4. 填制《增值税及附加税费申报表(小规模纳税人适用)附列资料(二)》(附加税费明细表)

依据《增值税及附加税费申报表(小规模纳税人适用)》(7~9月)(图2-46)第20栏"应纳税额合计",分别填写城市维护建设税、教育费附加、地方教育附加的计税(费)依据下的"增值税税额",为"14 440.00"。

增值税及附加税费申报表
（小规模纳税人适用）

纳税人识别号:911101010101938493　　　纳税人名称:北京启明星实业有限公司
所属时期:2022-07-01 至 2022-09-30　　　填表日期:2022-10-15　　　金额单位:元至角分

	项目	栏次	本期数		本年累计	
			货物及劳务	服务、不动产和无形资产	货物及劳务	服务、不动产和无形资产
一、计税依据	（一）应征增值税不含税销售额（3%征收率）	1	480 000.00		1 090 000.00	
	增值税专用发票不含税销售额	2				
	其他增值税发票不含税销售额	3	480 000.00		1 076 800.00	
	（二）应征增值税不含税销售额（5%征收税）	4				
	增值税专用发票不含税销售额	5	—		—	
	其他增值税发票不含税销售额	6				
	（三）销售使用过的固定资产不含税销售额	7(7≥8)	2 000.00	—	2 000.00	—
	其中:其他增值税发票不含税销售额	8	2 000.00		2 000.00	
	（四）免税销售额	9=10+11+12	8 000.00	0	20 000.00	0
	其中:小微企业免税销售额	10				
	未达起征点销售额	11				
	其他免税销售额	12	8 000.00		20 000.00	
	（五）出口免税销售额	13(13≥14)				
	其中:其他增值税发票不含税销售额	14				
二、税款计算	本期应纳税额	15	14 460.00		32 760.00	
	本期应纳税额减征额	16	20.00		20.00	
	本期免税额	17	240.00		600.00	
	其中:小微企业免税额	18				
	未达起征点免税额	19				
	应纳税额合计	20=15-16	14 440.00	0	32 740.00	0
	本期预缴税额	21				
	本期应补(退)税额	22=20-21	14 440.00	0		
三、附加税费	城市维护建设税本期应补(退)税额	23	505.40		1 145.90	
	教育费附加本期应补(退)费额	24	216.60		491.10	
	地方教育附加本期应补(退)费额	25	144.40		327.40	

图 2-46 《增值税及附加税费申报表(小规模纳税人适用)》(7～9 月)

第三章　消费税的纳税申报

知识框架

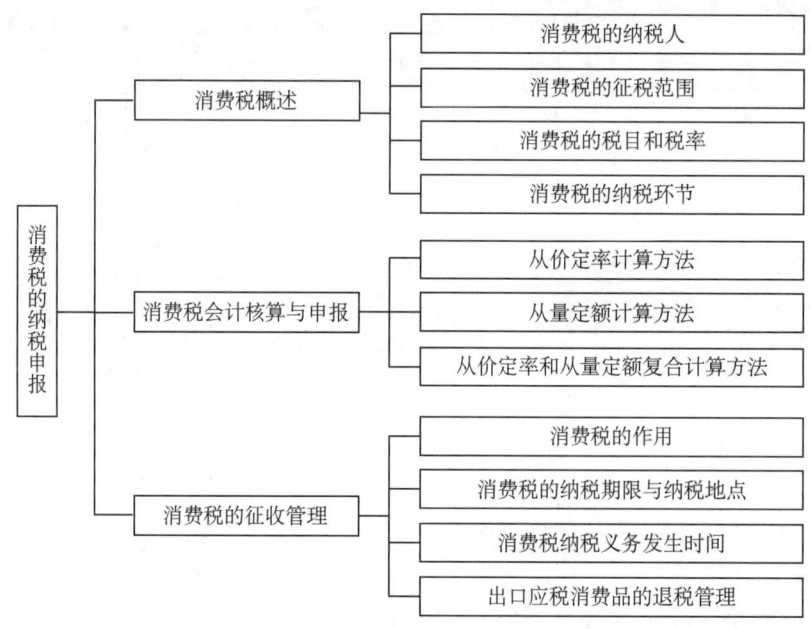

第一节　消费税概述

一、实验目的

通过本节课的学习,学生能够比较系统、全面地掌握消费税的纳税人、消费税的征税范围;掌握消费税的15个税目;掌握烟、酒、高档化妆品等消费税税率;了解消费税纳税环节中的一般规定和特殊规定。

二、理论知识点

(一) 消费税的纳税人

消费税是对在我国境内从事生产、委托加工和进口应税消费品的单位和个人征收的一种流转税。确切地说,消费税是对特定消费品、特定消费行为征收的一种流转税。

消费税的纳税人是指在我国境内生产、委托加工和进口应税消费品的单位和个人。单位是指企业、行政单位、事业单位、军事单位、社会团体及其他单位。个人是指个体工商户及其他个人,纳税人必须在我国境内从事生产、委托加工和进口应税消费品活动,纳税人的经济活动必须属于税法规定的应税消费品,两者缺一不可。

此外,根据我国税法的规定,对进口的应税消费品,以进口人或代理人为纳税人。

(二) 消费税的征税范围

我国现行消费税的征税范围为在中国境内生产、委托加工和进口的应税消费品。其主要包括以下几个方面。

1. 特殊消费品

一些特殊消费品,如烟、酒、鞭炮、焰火等如果过度消耗,会对人类健康、社会秩序和生态环境等造成危害,对这些消费品征收消费税,可以抑制其消费数量。

2. 非生活必需消费品

通过对非生活必需品或者奢侈品,如高档化妆品、贵重首饰、珠宝玉石、高档手表和高尔夫球及球具等征收消费税,可以调节消费者的收入水平。

3. 高能耗及高档消费品

高能耗及高档消费品,如摩托车、小汽车等不但价格昂贵,而且消耗能源较多,属于少数人消费的高档消费品,对其征税体现了国家对高消费的一种特殊调节。

4. 不可再生和稀缺资源消费品

对不可再生和稀缺资源消费品,如成品油、木制一次性筷子和实木地板等征税,体现了国家对稀缺资源的合理配置,通过征税限制其消费,进而节约能源。

 特别提示 3-1

国际上消费税征税范围的类型

国际上消费税征税范围,按其选择征税范围的宽窄,主要分为以下 3 种类型:

(1) 有限型消费税。有限型消费税的课征范围较为狭窄,主要限于一些传统的消费品,如烟草制品、酒精饮料、石油制品、机动车辆、游艇、糖、盐、软饮料、钟表、首饰、珠宝、化妆品、香水,以及各种形式的娱乐活动等。有限型消费税的征税品目一般在 10~15 种。

(2) 中间型消费税。中间型消费税的课征范围较有限型消费税要宽一些,除了有限型消费税所涉及的征税品目,一些消费广泛的消费品,如纺织品、皮革皮毛制品、鞋、药品、牛奶和谷物制品、咖啡、可可、家用电器、电子产品、摄影器材、打火机等,也纳入了课征范围。中间型消费税的征税品目一般在 15~30 种。

(3) 延伸型消费税。延伸型消费税的课征范围比前两种消费税更为广泛,除了上述两种类型所涉及的品目,一些生产资料,如水泥、建筑材料、钢材、铝制品、橡胶制品、塑料制品、木材制品、颜料和油漆等,也纳入了征税范围。

(三)消费税的税目和税率

1. 消费税的税目

消费税税目设置的基本原则有:尽量简化、科学;征税目的明确;课税对象清晰。此外,对税源大、界线清楚的,单设税目;对种类、规格、等级较为复杂和需要区别对待的,征税项目下设子目和细目。

我国消费税的税目共有 15 个,分别是:

(1) 烟。

(2) 酒。

(3) 高档化妆品。

(4) 贵重首饰及珠宝玉石。

(5) 鞭炮、焰火。

(6) 成品油。

(7) 摩托车。

(8) 小汽车。

(9) 高尔夫球及球具。

(10) 高档手表。

(11) 游艇。

(12) 木制一次性筷子。

(13) 实木地板。

(14) 电池。

(15) 涂料。

上述税目还包括若干子目。

2. 消费税的税率

消费税的税率主要根据课税对象的具体情况来确定,分为比例税率和定额税率两类。比例税率适用于一些供求基本平衡、价格差异不大、计量单位规范的消费品;比例税率与之相反,供求矛盾突出、价格差异较大、计量单位不规范的消费品,选择税价联动的比例税率。

不同的税目或子目,应税消费品的税率(税额)不同,具体内容见表 3-1。

表 3-1   应税消费品的税率(税额)表

税目	税率(税额)	计税单位	说明
一、烟			
1. 卷烟			
(1) 甲类卷烟(生产、进口环节)	56%加 0.003 元/支	万支	每标准条(200 支)调拨价格在 70 元(含 70 元)以上的卷烟为甲类卷烟
(2) 乙类卷烟(生产、进口环节)	36%加 0.003 元/支	万支	每标准条(200 支)调拨价格在 70 元以下的卷烟为乙类卷烟
(3) 批发环节	11%加 0.005 元/支	万支	卷烟批发环节加征一道从价和从量税
2. 雪茄烟	36%	支	包括各种规格、型号的雪茄烟

(续表)

税目	税率(税额)	计税单位	说明
3. 烟丝	30%	千克	包括以烟叶为原料加工生产的不经卷制的散装烟
二、酒			
1. 白酒	20%加 0.5 元/500 克(或 500 毫升)	500 克(毫升)	
2. 黄酒	240 元	吨	包括各种原料酿制的黄酒和酒精度超过 12 度(含 12 度)的土甜酒
3. 啤酒			
(1) 甲类啤酒	250 元	吨	啤酒每吨出厂价格(含包装物及包装物押金)在 3 000 元(含 3 000 元,不含增值税)以上的是甲类啤酒
(2) 乙类啤酒	220 元	吨	啤酒每吨出厂价格(含包装物及包装物押金)在 3 000 元(含 3 000 元,不含增值税)以下的是乙类啤酒
4. 其他酒	10%	吨	包括糠麸白酒、其他原料白酒、土甜酒、复制酒、果木酒、汽酒、药酒
三、高档化妆品	15%	实际使用计量单位	包括高档美容、修饰类化妆品,高档护肤类化妆品和成套化妆品,即生产(进口)环节销售(完税)价格(不含增值税)在 10 元/毫升(克)或 15 元/片(张)及以上,税率调整为 15%
四、贵重首饰及珠宝玉石			
1. 金银首饰、铂金首饰及钻石和钻石饰品	5%	实际使用计量单位	金银首饰由生产销售环节征收改为零售环节征收,仅限于金、银和金基、银基合金首饰,以及金银和金基、银基合金的镶嵌首饰
2. 其他贵重首饰和珠宝玉石	10%	实际使用计量单位	包括各种珠宝首饰和经采掘、打磨、加工的各种珠宝玉石
五、鞭炮和焰火	15%	实际使用计量单位	包括各种鞭炮和焰火。体育上用的发令纸和鞭炮药引线不按本税目征收
六、成品油			
1. 汽油	1.52 元	升	
2. 柴油	1.20 元	升	
3. 航空煤油	1.20 元	升	航空煤油暂缓征收消费税

(续表)

税目	税率(税额)	计税单位	说明
4. 石脑油	1.52元	升	包括除汽油、柴油、航空煤油、溶剂油以外的各种轻质油
5. 溶剂油	1.52元	升	
6. 润滑油	1.52元	升	
7. 燃料油	1.20元	升	
七、摩托车			
1. 气缸容量(排气量,下同)250毫升的	3%	辆	
2. 气缸容量250毫升以上的	10%	辆	
八、小汽车			电动汽车不属于本税目征收范围。沙滩车、雪地车、卡丁车、高尔夫车不属于消费税征收范围,不征收消费税
1. 乘用车			
(1) 气缸容量(排气量,下同)在1.0升(含1.0升)以下的	1%	辆	
(2) 气缸容量在1.0升以上至1.5升(含1.5升)的	3%	辆	
(3) 气缸容量在1.5升以上至2.0升(含2.0升)的	5%	辆	
(4) 气缸容量在2.0升以上至2.5升(含2.5升)的	9%	辆	
(5) 气缸容量在2.5升以上至3.0升(含3.0升)的	12%	辆	
(6) 气缸容量在3.0升以上至4.0升(含4.0升)的	25%	辆	
(7) 气缸容量在4.0升以上的	40%	辆	
2. 中轻型商用客车	5%	辆	
3. 超豪华小汽车(零售环节)	10%	辆	
九、高尔夫球及球具	10%	实际使用计量单位	高尔夫球杆的杆头、杆身和握把属于本税目的征收范围
十、高档手表	20%	只	高档手表是指销售价格(不含增值税)每只在10 000元(含)以上的各类手表
十一、游艇	10%	艘	
十二、木制一次性筷子	5%	万双	
十三、实木地板	5%	平方米	
十四、电池	4%	只	
十五、涂料	4%	吨	

相关思考 3-1

增值税和消费税抵扣的异同点是什么

增值税和消费税抵扣的不同点:在计算增值税一般纳税人的当期增值税应纳税额时,如果取得了增值税专用发票并通过认证的,可以全额抵扣,与当期生产领用数量无关,增值税采用的是"购进扣税法";但在计算消费税时,对于外购或委托加工收回的应税消费品用于连续生产应税消费品的,准予抵扣的消费税与当期生产领用数量有关,消费税强调的是配比原则。

增值税和消费税抵扣的相同点:消费税抵扣的目的和增值税一样,即避免重复征税。

(四)消费税的纳税环节

1. 纳税环节的一般规定

《国家税务总局关于消费税有关政策问题的公告》(国家税务总局公告 2012 年第 47 号)规定,工业企业以外的单位和个人的下列行为视为应税消费品的生产行为,按规定征收消费税:一是将外购的消费税非应税产品以消费税应税产品对外销售的;二是将外购的消费税低税率应税产品以高税率应税产品对外销售的。

为防止税款流失、加强源头控制,消费税的纳税环节一般确定在生产销售环节,即纳税人生产的应税消费品于销售时纳税。其中纳税人生产销售的应税消费品,还包括纳税人用于换取生产资料和消费资料、支付代购手续费或销售回扣,以及在销售数量之外另付给购货方或中间人作为奖励和报酬的应税消费品。上述销售是指有偿转让应税消费品的所有权,有偿包括从购买方取得货币、货物或其他经济利益。

2. 纳税环节的特殊规定

(1)进口环节。对纳税人进口的应税消费品,于报关进口时缴纳消费税,由海关负责征收。个人携带或邮寄进入中国境内的应税消费品,在报关进口环节连同关税一并计算缴纳消费税。

(2)自用环节。纳税人自产自用的应税消费品,用于连续生产应税消费品的,不缴纳消费税;用于其他方面的,于移送使用时缴纳消费税。

(3)加工环节。委托加工的应税消费品,除受托方为个人,由受托方在向委托方交货时代收代缴税款;委托方用于连续生产应税消费品的,所纳税款准予按规定抵扣。

(4)批发环节。在卷烟批发环节加征一道复合税,税率为从价定率 11% 加从量定额 0.005 元/支,即在中国境内从事卷烟批发业务的单位和个人,批发销售的所有牌号、规格的卷烟,应按批发卷烟的销售额(不含增值税)乘以 11% 加从量 0.005 元/支缴纳批发环节的消费税。

(5)零售环节。现行税法规定,金银首饰(含镶嵌首饰)、钻石及钻石饰品在零售环节征税。金银首饰征收范围仅限于金、银和金基、银基合金首饰,以及金、银和金基、银基合金的镶嵌首饰,不包括镀金(银)、包金(银)首饰,以及镀金(银)、包金(银)镶嵌首饰。

第二节 消费税会计核算与申报

一、实验目的

通过本节课的学习,学生能够掌握从价定率、从量定额和从价定率与从量定额复合计征三种计税方法;掌握从价定率、从量定额和复合计征三种征收消费税纳税申报表的填制;了解特殊情形应税消费品的纳税申报。

二、理论知识点

消费税应纳税额的计算方法分为从价定率、从量定额和从价定率与从量定额复合计征三种。

1. 从价定率计算方法

按从价定率征收消费税,应纳税额的计算取决于应税消费品的销售额和适用税率两个因素。其计算公式为:

$$应纳消费税 = 应税消费品的销售额 \times 适用税率$$

(1) 销售额的确定。在一般情况下,销售额是指纳税人销售应税消费品,从而向购买方收取的全部价款和价外费用。

 特别提示 3-2

价外费用的内容

价外费用是指价外收取的手续费、补贴、基金、集资费、返还利润、奖励费、违约金、滞纳金、延期付款利息、赔偿金、代收款项、代垫款项、包装费、包装物租金、储备费、运输装卸费以及其他各种性质的价外收费。

下列款项不属于价外费用:

第一,同时符合以下条件的代垫运输费用:①承运部门的运费发票开具给购货方的;②纳税人将该项发票转交给购货方的。

第二,同时符合以下条件代为收取的政府性基金或者行政事业性收费:①由国务院或者财政部批准设立的政府性基金,由国务院或者省级人民政府及其财政、价格主管部门批准设立的行政事业性收费;②收取时开具省级以上财政部门印制的财政票据。

其他价外费用,无论是否属于纳税人的收入,均应并入销售额计算征税。销售额不包括应向购货方收取的增值税税款。纳税人应税消费品的销售额中未扣除增值税税款或者因为不得开具增值税专用发票而发生价款和增值税税款合并收取的,在计算消费税时,应当换算为不含增值税税款的销售额。相应的换算公式为:

$$应纳消费品的销售额 = 含增值税的销售额 \div (1 + 增值税税率或征收率)$$

(2) 包装物计入销售额的规定。一是应税消费品连同包装物销售的,无论包装物是否单独计价,也无论在会计上如何核算,均应并入应税消费品的销售额,征收消费税。二是如果包装物不作价随同产品销售,而是收取押金(收取酒类产品的包装物押金除外),且单独核算又未过期,则此项押金不应并入应税消费品的销售额征税。但是,对因逾期未收回包装物不再退还的押金和已收取 1 年以上的包装物押金,应并入应税消费品的销售额,征收消费税。三是酒类产品的包装物押金,无论是否返还以及会计上如何核算,均应并入酒类产品的销售额中征税。四是对既作价随同应税消费品销售,又收取押金的包装物押金,凡纳税人在规定的期限内不予退还的,均应并入应税消费品的销售额,征收消费税。

(3)自产自用应税消费品销售额的确定。自产自用的应税消费品按其使用方向可分为两种情况,因而其应税销售额的规定也有两种情况。

第一,纳税人将自己生产的应税消费品用于本企业连续生产应税消费品。自产自用的应税消费品,是指作为生产最终应税消费品的直接材料,并构成最终产品实体的应税消费品。在这种情况下,自产自用的应税消费品不征税,只就最终应税消费品征税。

第二,纳税人将自己生产的应税消费品用于连续生产应税消费品以外的其他方面,即用于生产非应税消费品和在建工程、管理部门、非生产机构、提供劳务,以及用于馈赠、赞助、广告、样品、职工福利、奖励等方面。对这种用于其他方面的自产自用的应税消费品,均视同对外销售,按照纳税人生产的同类消费品的销售价格纳税。没有同类消费品价格的,以组成计税价格作为计税销售额。

实行从价定率办法计算组成计税价格的公式为:

组成计税价格=(成本+利润)÷(1-消费税税率)

实行复合计税办法计算组成计税价格的公式为:

组成计税价格=(成本+利润+自产自用数量×定额税率)÷(1-比例税率)

式中,成本为应税消费品的产品生产成本;利润为根据应税消费品全国平均成本利润率计算的利润。

《国家税务总局关于印发〈消费税若干具体问题的规定〉的通知》(国税发〔1993〕156号)和《财政部 国家税务总局关于调整和完善消费税政策的通知》(财税〔2006〕33号)对全国平均成本利润率作了规定,具体内容见表3-2。

表3-2 平均成本利润率表

序号	种类	成本利润率	序号	种类	成本利润率
1	甲类卷烟	10%	11	摩托车	6%
2	乙类卷烟	5%	12	乘用车	8%
3	雪茄烟	5%	13	中轻型商用客车	5%
4	烟丝	5%	14	高尔夫球及球具	10%
5	粮食白酒	10%	15	高档手表	20%
6	薯类白酒	5%	16	游艇	10%
7	其他酒	5%	17	木制一次性筷子	5%
8	化妆品	5%	18	实木地板	5%
9	鞭炮和焰火	5%	19	电池	4%
10	贵重首饰及珠宝玉石	6%	20	涂料	7%

(4)委托加工应税消费品销售额的确定。委托加工应税消费品是指由委托方提供原料和主要材料,受托方只收取加工费和代垫部分辅助材料加工的应税消费品。对于由受托方

提供原料和主要材料生产的应税消费品,或者受托方先将原材料卖给委托方,再接受加工的应税消费品,以及由受托方以委托方名义购进原材料生产的应税消费品,不论纳税人在财务上是否做销售处理,都不能作为委托加工应税消费品,而应当按照自制应税消费品缴纳消费税。

委托加工应税消费品以受托方同类消费品的销售价格作为计税销售额;没有同类消费品销售价格的,以组成计税价格作为计税销售额。

实行从价定率办法计算纳税的组成计税价格的计算公式为:

$$组成计税价格 = (材料成本 + 加工费) \div (1 - 比例税率)$$

实行复合计税办法计算纳税的组成计税价格的计算公式为:

$$组成计税价格 = (材料成本 + 加工费 + 委托加工数量 \times 定额税率) \div (1 - 比例税率)$$

式中,材料成本为委托方所提供加工材料的实际成本;加工费为受托方加工应税消费品向委托方收取的全部费用(包括代垫辅助材料的实际成本,不包括增值税税金)。

特别提示 3-3

委托加工应税消费品

委托加工应税消费品的消费税的纳税人是委托方,不是受托方,受托方承担的只是代收代缴义务。

(5) 进口应税消费品销售额的确定。进口应税消费品以组成计税价格为计税销售额,实行从价定率办法计算纳税的组成计税价格的计算公式为:

$$组成计税价格 = (关税完税价格 + 关税) \div (1 - 消费税比例税率)$$

实行复合计税办法计算纳税的组成计税价格的计算公式为:

$$组成计税价格 = (关税完税价格 + 关税 + 进口数量 \times 消费税定额税率) \div (1 - 消费税比例税率)$$

式中,关税完税价格为海关核定的关税计税价格。

(6) 外购或委托加工收回的应税消费品已纳税额的扣除。消费税在单一环节课征,因此我国《消费税法》规定:对于用外购或委托加工收回的应税消费品连续生产的应税消费品,在计算征税时,按当期生产领用数量,准予从应税消费品的应纳消费税税额中扣除外购或委托加工收回的应税消费品已纳的消费税税额。

准予扣除外购或委托加工收回的应税消费品已纳消费税的范围包括:①以外购或委托加工收回的已税烟丝为原料生产的卷烟;②以外购或委托加工收回的已税高档化妆品为原料生产的高档化妆品;③以外购或委托加工收回的已税珠宝、玉石为原料生产的贵重首饰及珠宝、玉石;④以外购或委托加工收回的已税鞭炮、焰火为原料生产的鞭炮、焰火;⑤以外购或委托加工收回的已税摩托车连续生产的摩托车;⑥以外购或委托加工收回的已税杆头、杆身和握把为原料生产的高尔夫球杆;⑦以外购或委托加工收回的已税木制一次性筷子为原料生产的木制一次性筷子;⑧以外购或委托加工收回的已税实木地板为原料生产的实木地板;⑨以外购已税汽油、柴油、石脑油、燃料油、润滑油为原料生产的应税成品油。

当期准予扣除的外购或委托加工收回的应税消费品的已纳消费税税额,按当期生产领用数量计算。计算公式为:

$$\text{当期准予扣除的外购应税消费品已纳税款} = \text{当期准予扣除的外购应税消费品买价或数量} \times \text{外购应税消费品适用税率或税额}$$

$$\text{当期准予扣除的外购应税消费品买价或数量} = \text{期初库存的外购应税消费品买价或数量} + \text{当期购进的应税消费品买价或数量} - \text{期末库存的外购应税消费品买价或数量}$$

$$\text{当期准予扣除的委托加工应税消费品已纳税款} = \text{期初库存的委托加工应税消费品已纳税款} + \text{当期收回的委托加工应税消费品已纳税款} - \text{期末库存的委托加工应税消费品已纳税款}$$

需要注意的是,纳税人用外购或委托加工收回的已税珠宝、玉石生产的改在零售环节征收消费税的金银首饰,在计税时一律不得扣除以委托加工方式收回的珠宝、玉石原料的已纳消费税税额。

委托方将委托加工收回的应税消费品,以不高于受托方的计税价格出售的,为直接出售,不再缴纳消费税;委托方以高于受托方的计税价格出售的,不属于直接出售,须按规定缴纳消费税,在计税时准予扣除受托方已代收代缴的消费税。

2. 从量定额计算方法

从量定额征收消费税,应纳税额取决于消费品的应税数量和单位税额两个因素。应纳消费税的计算公式为:

$$\text{应纳消费税} = \text{应税消费品的销售数量} \times \text{单位税额}$$

销售数量是指纳税人生产、加工和进口应税消费品的数量。从量定额计征消费税的应税消费品的销售数量,具体规定如下:①销售应税消费品的,以销售数量为计税依据;②自产自用应税消费品的,以移送使用数量为计税依据;③委托加工应税消费品的,以加工收回数量为计税依据;④进口应税消费品的,以海关核定的进口数量为计税依据。

3. 从价定率和从量定额复合计算方法

从价定率和从量定额复合计算方法,是以两种方法计算的应纳税额之和为该应税消费品的应纳税额。在现行消费税的征收范围中,我国目前只对卷烟和白酒(粮食白酒和薯类白酒)采用从价定率和从量定额复合征收方法。应纳消费税的计算公式为:

$$\text{应纳消费税} = \text{应税消费品的销售额} \times \text{比例税率} + \text{应税消费品的销售数量} \times \text{单位税额}$$

销售额为纳税人生产销售卷烟、白酒向购买方收取的全部价款和价外费用。销售数量为纳税人生产销售、进口、委托加工、自产自用卷烟或白酒的销售数量、海关核定数量、委托方收回数量和移送使用数量。

视频 3-1 消费税计税依据的法律界定

延伸阅读 3-1

财政部　海关总署　税务总局关于对部分成品油征收进口环节消费税的公告
财政部　海关总署　税务总局公告 2021 年第 19 号

为维护公平税收秩序，根据国内成品油消费税政策相关规定，现将有关问题公告如下：

一、对归入税则号列 27075000，且 200 摄氏度以下时蒸馏出的芳烃以体积计小于 95% 的进口产品，视同石脑油按 1.52 元/升的单位税额征收进口环节消费税。

二、对归入税则号列 27079990、27101299 的进口产品，视同石脑油按 1.52 元/升的单位税额征收进口环节消费税。

三、对归入税则号列 27150000，且 440 摄氏度以下时蒸馏出的矿物油以体积计大于 5% 的进口产品，视同燃料油按 1.2 元/升的单位税额征收进口环节消费税。

四、本公告所称视同仅涉及消费税的征、退（免）税政策。

五、本公告自 2021 年 6 月 12 日起执行。

特此公告。

财政部　海关总署　税务总局
2021 年 5 月 12 日

资料来源：国家税务总局. 财政部、海关总署、税务总局关于对部分成品油征收进口环节消费税的公告[EB/OL].(2021-5-12)[2022-12-21]. http://www.chinatax.gov.cn/chinatax/n360/c5164411/content.html.

三、实验内容及操作步骤

1. 从价定率征收纳税申报

北京博森生物技术有限公司于 2022 年 9 月销售索伏特高档化妆品（消费税税率为 15%）。根据背景资料，请代为申报消费税。（结果保留两位小数）

【操作步骤】

根据原始单据：企业基本情况表（表 3-3）、增值税专用发票汇总表（表 3-4），填制消费税及附加税费申报表（图 3-1）。

【填写详解】

(1) 应税消费品名称＝高档化妆品；税率＝15%。

(2) 销售额＝不含增值税的销售额＝3 541 240.50（元）（详见增值税专用发票汇总表）。

(3) 应纳税额＝3 541 240.50×15%＝531 186.07（元）（系统自动计算生成）。

(4) 本期应补（退）税额＝531 186.07（元）（系统自动计算生成）。

(5) 城市维护建设税本期应补（退）税额＝531 186.07×7%＝37 183.02（元）（点击自动选择）。

教育费附加本期应补（退）费额＝531 186.07×3%＝15 935.58（元）（点击自动选择）。

地方教育附加本期应补（退）费额＝531 186.07×2%＝10 623.72（元）（点击自动选择）。

2. 从量定额征收纳税申报

北京永醇酒业有限公司于 2022 年 9 月销售冰海啤酒。根据背景资料，请代为申报消费税。（啤酒不含税的销售单价为 3 600 元/吨）

表3-3　企业基本情况表

企业名称	北京博森生物技术有限公司		
通信地址	北京市东城区北新桥二条53号	邮编	100123
统一社会信用代码	911101020351010356		
主管税务机关	国家税务总局北京市东城区税务局		
开户银行	交通银行北京东城支行	账号	14020761103094992020
成立时间	2014年06月02日	注册资本	人民币壹拾万元整
法定代表人	戴杰	相关行业工作年数	5年
联系人	戴杰	联系电话	010-82021865
经营范围（按营业执照上登记填写）	化妆品的生产与销售		
所属行业	☐ 农、林、牧、渔业　☐ 采矿业　☑ 制造业　☐ 建筑业 ☐ 电力、燃气及水的生产和供应业　☐ 信息传输、计算机服务和软件业 ☐ 交通运输、仓储和邮政业　☐ 批发和零售业 ☐ 生活服务业　☐ 房地产业　☐ 金融业　☐ 现代服务业　☐ 其他		
主要关联企业名称（集团公司、母子总分公司，或者同属集团公司的子/分公司）			

表3-4　增值税专用发票汇总表

制表日期：2022年10月08日
所属日期：2022年09月
纳税人登记号：911101020351010356
企业名称：北京博森生物技术有限公司
地址电话：北京市东城区北新桥二条53号 010-82021865

★ 发票领用存情况 ★
期初库存份数5　正数发票份数　负数发票份数0
购进发票份数8　正数废票份数　负数废票份数0
退回发票份数0　期末库存份数8

★ 销项情况 ★
金额单位：

序号	项目名称	合计	13%	9%	6%	3%	其他
1	销项正废金额	0	0	0	0	0	0
2	销项正数金额	3 541 240.50	3 541 240.50	0	0	0	0
3	销项负废金额	0	0	0	0	0	0
4	销项负数金额	0	0	0	0	0	0
5	实际销售金额	3 541 240.50	3 541 240.50	0	0	0	0
6	销项正废税额	0	0	0	0	0	0
7	销项正数税额	460 361.27	460 361.27	0	0	0	0
8	销项负废税额	0	0	0	0	0	0
9	销项负数税额	0	0	0	0	0	0
10	实际销项税额	460 361.27	460 361.27	0	0	0	0

消费税及附加税费申报表

纳税人识别号(统一社会信用代码):911101020351010356
纳税人名称:北京博森生物技术有限公司
税款所属期:自2022-09-01至2022-09-30
金额单位:人民币元(列至角分)

项目 应税消费品名称	适用税率		计量单位	本期销售数量	本期销售额	本期应纳税额
	定额税率	比例税率				
	1	2	3	4	5	6=1×4+2×5
高档化妆品		15%			3 541 240.50	531 186.07
		%				0
		%				0
		%				0
		%				0
合计	—	—		—	—	531 186.07

	栏次	本期税费额
本期减(免)税额	7	
期初留抵税额	8	
本期准予扣除税额	9	
本期应扣除税额	10=8+9	0
本期实际扣除税额	11[10<(6-7),则为10,否则为6-7]	0
期末留抵税额	12=10-11	0
本期预缴税额	13	
本期应补(退)税额	14=6-7-11-13	531 186.07
城市维护建设税本期应补(退)税额	15	37 183.02
教育费附加本期应补(退)费额	16	15 935.58
地方教育附加本期应补(退)费额	17	10 623.72

图 3-1 消费税及附加税费申报表

【操作步骤】

根据原始单据:企业基本情况表(表3-5)、出库单汇总表(表3-6)、增值税专用发票汇总表(表3-7),填制消费税及附加税费申报表(图3-2)。

表3-5 企业基本情况表

企业名称	北京永醇酒业有限公司		
通信地址	北京市东城区景泰路98号	邮编	100023
统一社会信用代码	911101021191002657		
主管税务机关	国家税务总局北京市东城区税务局		
开户银行	交通银行北京东城支行	账号	14020089291841030020
成立时间	2019年04月02日	注册资本	人民币壹佰万元整
法定代表人	张飞研	相关行业工作年数	7年
联系人	张飞研	联系电话	010-82029394
经营范围(按营业执照上登记填写)	啤酒的生产与销售		
所属行业	□农、林、牧、渔业 □采矿业 ☑制造业 □建筑业 □电力、燃气及水的生产和供应业 □信息传输、计算机服务和软件业 □交通运输、仓储和邮政业 □批发和零售业 □生活服务业 □房地产业 □金融业 □现代服务业 □其他		
主要关联企业名称(集团公司、母子总分公司,或者同属集团公司的子/分公司)			

表 3-6 出库单汇总表

编制单位：北京永醇酒业有限公司　　　　2022年09月　　　　数量单位：吨

序号	出库单号码	出库日期	数量
1	1000044170	2022-09-01	1.24
2	1000044171	2022-09-09	15.73
3	1000044172	2022-09-12	6.21
4	1000044173	2022-09-18	1.40
5	1000044174	2022-09-20	3.53
6	1000044175	2022-09-21	3.72
7	1000044176	2022-09-24	2.21
8	1000044177	2022-09-25	4.21
9	1000044178	2022-09-26	10.21
10	1000044179	2022-09-27	1.21
11	1000044180	2022-09-30	2.33
合计	—	—	52.00

审核：王梦媛　　　　制表：裴迪

表 3-7 增值税专用发票汇总表

制表日期：2022年10月08日
所属日期：2022年09月
纳税人登记号：911101021191002657
企业名称：北京永醇酒业有限公司
地址电话：北京市东城区景泰路98号 010-82029394

★ 发票领用存情况 ★

期初库存份数9　　　正数发票份数　　　负数发票份数0
购进发票份数5　　　正数废票份数0　　　负数废票份数0
退回发票份数0　　　期末库存份数6

★ 销项情况 ★

金额单位：

序号	项目名称	合计	13%	9%	6%	3%	其他
1	销项正废金额	0	0	0	0	0	0
2	销项正数金额	7 187 200.00	7 187 200.00	0	0	0	0
3	销项负废金额	0	0	0	0	0	0
4	销项负数金额	0	0	0	0	0	0
5	实际销售金额	7 187 200.00	7 187 200.00	0	0	0	0
6	销项正废税额	0	0	0	0	0	0
7	销项正数税额	24 336.00	24 336.00	0	0	0	0
8	销项负废税额	0	0	0	0	0	0
9	销项负数税额	0	0	0	0	0	0
10	实际销项税额	24 336.00	24 336.00	0	0	0	0

消费税及附加税费申报表

纳税人识别号(统一社会信用代码):911101021191002657　　　税款所属期:自2022-09-01至2022-09-30
纳税人名称:北京永醇酒业有限公司　　　金额单位:人民币元(列至角分)

项目 应税消费品名称	适用税率		计量单位	本期销售数量	本期销售额	本期应纳税额
	定额税率	比例税率				
	1	2	3	4	5	6=1×4+2×5
啤酒	250	%	吨	52.00	187 200.00	13 000.00
		%				0
		%				0
		%				0
		%				0
合计	—	—		—	—	13 000.00

	栏次	本期税费额
本期减(免)税额	7	
期初留抵税额	8	
本期准予扣除税额	9	
本期应扣除税额	10=8+9	0
本期实际扣除税额	11[10<(6−7),则为10,否则为6−7]	0
期末留抵税额	12=10−11	0
本期预缴税额	13	
本期应补(退)税额	14=6−7−11−13	13 000.00
城市维护建设税本期应补(退)税额	15	910.00
教育费附加本期应补(退)费额	16	390.00
地方教育附加本期应补(退)费额	17	260.00

图3-2　消费税及附加税费申报表

【填写详解】

税法规定,啤酒每吨出厂价格(含包装物及包装物押金)在3 000元(含3 000元,不含增值税)以上的,每吨税额为250元;每吨出厂价格在3 000元以下的,每吨税额为220元;娱乐业和饮食业自制的,每吨税额为250元。

(1) 应税消费品名称=啤酒;税额=250元/吨。

(2) 销售数量=52(详见出库单汇总表);销售额=不含增值税的销售额=187 200(元)(详见增值税专用发票汇总表)。

(3) 应纳税额=52×250=13 000(元)(系统自动计算生成)。

(4) 本期应补(退)税额=13 000(元)(系统自动计算生成);期末未缴税额=13 000(元)(系统自动计算生成)。

(5) 城市维护建设税本期应补(退)税额=13 000×7%=910.00(元)(点击自动选择)。

教育费附加本期应补(退)费额=13 000×3%=390.00(元)(点击自动选择)。

地方教育附加本期应补(退)费额=13 000×2%=260.00(元)(点击自动选择)。

3. 复合计税征收纳税申报

实训一:北京金浦烟草有限公司于2022年7月销售华山牌卷烟。根据背景资料,请代为申报消费税。(卷烟不含税销售单价为20 000元/标准箱,1标准箱等于50 000支)

【操作步骤】

根据原始单据:企业基本情况表(表3-8)、出库单汇总表(表3-9)、增值税专用发票汇总表(表3-10),填制消费税及附加税费申报表(图3-3)。

表3-8　　　　　　　　　　　　　企业基本情况表

企业名称	北京金浦烟草有限公司		
通信地址	北京市朝阳区建国路77号华茂中心写字楼4号楼	邮编	100013
统一社会信用代码	911101020200183838		
主管税务机关	国家税务总局北京市朝阳区税务局		
开户银行	交通银行北京朝阳支行	账号	14020763220191999 3940
成立时间	2011年10月22日	注册资本	人民币贰佰万元整
法定代表人	张瑞洋	相关行业工作年数	8年
联系人	张瑞洋	联系电话	010-85829040
经营范围 (按营业执照上登记填写)	烟草、卷烟的生产与销售		
所属行业	☐ 农、林、牧、渔业　　☐ 采矿业　　☑ 制造业　　☐ 建筑业 ☐ 电力、燃气及水的生产和供应业　　☐ 信息传输、计算机服务和软件业 ☐ 交通运输、仓储和邮政业　　☐ 批发和零售业 ☐ 生活服务业　　☐ 房地产业　　☐ 金融业　　☐ 现代服务业　　☐ 其他		
主要关联企业名称 (集团公司,母子总分公司,或者同属集团公司的子/分公司)			

表3-9　　　　　　　　　　　　　出库单汇总表

编制单位:北京金浦烟草有限公司　　　　　2022年07月　　　　　　　　　　品名:卷烟

序号	出库单号码	出库日期	数量(标准箱)
1	1000044270	2022-07-01	0.12
2	1000044271	2022-07-09	0.23
3	1000044272	2022-07-12	0.43
4	1000044273	2022-07-21	0.12
5	1000044274	2022-07-22	0.26
6	1000044275	2022-07-23	0.34
7	1000044276	2022-07-24	0.78
8	1000044277	2022-07-25	0.45
9	1000044278	2022-07-26	0.12
合计	—	—	2.85

审核:王恒　　　　　　　　　　　制表:朱璇璇

表 3-10　　　　　　　　　　　增值税专用发票汇总表

制表日期：2022 年 08 月 05 日
所属日期：2022 年 07 月
纳税人登记号：911101020200183838
企业名称：北京金浦烟草有限公司
地址电话：北京市朝阳区建国路77号华贸中心写字楼4号楼　010-85829040

★ 发票领用存情况 ★

期初库存份数8　　　正数发票份数6　　　负数发票份数0
购进发票份数9　　　正数废票份数0　　　负数废票份数0
退回发票份数0　　　期末库存份数11

★ 销项情况 ★

金额单位：

序号	项目名称	合计	13%	9%	6%	3%	其他
1	销项正废金额	0	0	0	0	0	0
2	销项正数金额	57 000.00	57 000.00	0	0	0	0
3	销项负废金额	0	0	0	0	0	0
4	销项负数金额	0	0	0	0	0	0
5	实际销售金额	57 000.00	57 000.00	0	0	0	0
6	销项正废税额	0	0	0	0	0	0
7	销项正数税额	7 410.00	7 410.00	0	0	0	0
8	销项负废税额	0	0	0	0	0	0
9	销项负数税额	0	0	0	0	0	0
10	实际销项税额	7 410.00	7 410.00	0	0	0	0

消费税及附加税费申报表

纳税人识别号（统一社会信用代码）：911101020200183838　　税款所属期：自 2022-07-01 至 2022-07-31
纳税人名称：北京金浦烟草有限公司　　　　　　　　　　　　　金额单位：人民币元（列至角分）

项目 应税消费品名称	适用税率		计量单位	本期销售数量	本期销售额	本期应纳税额
	定额税率	比例税率				
	1	2	3	4	5	6=1×4+2×5
卷烟	30	56%	万支	14.25	57 000.00	32 347.50
		%				0
		%				0
		%				0
		%				0
合计	—	—	—	—	—	32 347.50
			栏次			本期税费额
本期减（免）税额			7			
期初留抵税额			8			
本期准予扣除税额			9			
本期应扣除税额			10=8+9			0
本期实际扣除税额			11[10<(6−7),则为10,否则为6−7]			0
期末留抵税额			12=10−11			0
本期预缴税额			13			
本期应补（退）税额			14=6−7−11−13			32 347.50
城市维护建设税本期应补（退）税额			15			2 264.33
教育费附加本期应补（退）费额			16			970.43
地方教育附加本期应补（退）费额			17			646.95

图 3-3　消费税及附加税费申报表

【填写详解】

税法规定,甲类卷烟是指每条(200支)销售价格在70元(含70元)以上的卷烟,即甲类卷烟每标准箱(5万支)≥17 500元。

(1) 应税消费品名称=卷烟;税额=30元/万支;税率=56%。

(2) 销售数量=2.85×5=14.25(万支)(详见出库单汇总表);销售额=不含增值税的销售额=57 000(元)(详见增值税专用发票汇总表)。

(3) 应纳税额=14.25×30+57 000×56%=32 347.50(元)(系统自动计算生成)。

(4) 本期应补(退)税额=32 347.50(系统自动计算生成);期末未缴税额=32 347.50(元)(系统自动计算生成)。

(5) 城市维护建设税本期应补(退)税额=32 347.50×7%=2 264.33(元)(点击自动选择)。

教育费附加本期应补(退)费额=32 347.50×3%=970.43(元)(点击自动选择)。

地方教育附加本期应补(退)费额=32 347.50×2%=646.95(元)(点击自动选择)。

实训二:北京聚纯酒业有限公司于2022年7月销售粮食白酒。根据背景资料,请代为申报消费税。(粮食白酒不含税的销售单价为9元/斤)

【操作步骤】

根据原始单据:企业基本情况表(表3-11)、出库单汇总表(表3-12)、增值税专用发票汇总表(表3-13),填制消费税及附加税费申报表(图3-4)。

表3-11 企业基本情况表

企业名称	北京聚纯酒业有限公司		
通信地址	北京市东城区木桥街永福路25号	邮编	100012
统一社会信用代码	911101017729004235		
主管税务机关	国家税务总局北京市东城区税务局		
开户银行	交通银行北京东城支行	账号	412826117852542087000
成立时间	2009年10月09日	注册资本	人民币壹佰万元整
法定代表人	何兰	相关行业工作年数	9年
联系人	何兰	联系电话	010-19329279
经营范围(按营业执照上登记填写)	白酒、黄酒、啤酒的生产与销售		
所属行业	☐农、林、牧、渔业 ☐采矿业 ☑制造业 ☐建筑业 ☐电力、燃气及水的生产和供应业 ☐信息传输、计算机服务和软件业 ☐交通运输、仓储和邮政业 ☐批发和零售业 ☐生活服务业 ☐房地产业 ☐金融业 ☐现代服务业 ☐其他		
主要关联企业名称(集团公司、母子总分公司,或者同属集团公司的子/分公司)			

表 3-12　　　　　　　　　　　　　　出库单汇总表

编制单位：北京聚纯酒业有限公司　　　　2022年07月　　　　　　　　品名：粮食白酒

序号	出库单号码	出库日期	数量（斤①）
1	10025851	2022-07-02	7 216.00
2	10025852	2022-07-05	8 885.00
3	10025853	2022-07-09	1 771.00
4	10025854	2022-07-10	6 552.00
5	10025855	2022-07-11	5 144.00
6	10025856	2022-07-12	3 779.00
7	10025857	2022-07-16	7 595.00
8	10025858	2022-07-17	3 299.00
9	10025859	2022-07-18	5 759.00
10	10025860	2022-07-20	7 332.00
11	10025861	2022-07-25	1 573.00
12	10025862	2022-07-27	3 133.00
13	10025863	2022-07-29	5 921.00
合计	—	—	67 959.00

审核：李青青　　　　　　　　　　　　　　　　制表：姚明

表 3-13　　　　　　　　　　　　　　增值税专用发票汇总表

制表日期：2022 年 08 月 06 日
所属日期：2022 年 07 月
纳税人登记号：911101017729004235
企业名称：北京聚纯酒业有限公司
地址电话：北京市东城区木桥街永福路25号　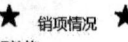

★ 发票领用存情况 ★
期初库存份数9　　　正数发票份数8　　　负数发票份数0
购进发票份数5　　　正数废票份数0　　　负数废票份数0
退回发票份数0　　　期末库存份数6

★ 销项情况 ★

金额单位：

序号	项目名称	合计	13 %	9 %	6 %	3 %	其他
1	销项正废金额	0	0	0	0	0	0
2	销项正数金额	611 631.00	611 631.00	0	0	0	0
3	销项负废金额	0	0	0	0	0	0
4	销项负数金额	0	0	0	0	0	0
5	实际销售金额	611 631.00	611 631.00	0	0	0	0
6	销项正废税额	0	0	0	0	0	0
7	销项正数税额	79 512.03	79 512.03	0	0	0	0
8	销项负废税额	0	0	0	0	0	0
9	销项负数税额	0	0	0	0	0	0
10	实际销项税额	79 512.03	79 512.03	0	0	0	0

---

① 1 斤＝500 克。

3. 调节支付能力,缓解分配不公

个人生活水平或贫富状况,在很大程度上体现其支付能力。通过对某些奢侈品或特殊消费品征收消费税,高收入者的高消费受到一定程度的抑制,低收入者或消费基本生活用品的消费者不负担消费税。因此,消费税有利于配合个人所得税和其他有关税种调节收入水平,化解目前存在的社会分配不公的矛盾。

4. 稳定税收来源,保证财政收入

消费税是价内税,税额的实现不受成本等因素的影响,且消费税应税品目大多是使用广泛、消费量大的重点税源行业的商品,其税源稳定、可靠;同时按消费品的销售额或销售数量征收消费税,使税收与应税消费品生产的增长趋势相适应,以保证财政收入的稳定增长。

(二) 消费税的纳税期限与纳税地点

1. 消费税的纳税期限

消费税的纳税期限分别为 1 日、3 日、5 日、10 日、15 日、1 个月或一个季度。纳税人的具体纳税期限由主管税务机关根据纳税人应纳税额的大小分别核定;不能按照固定期限纳税的,可以按次纳税。

纳税人以 1 个月或一个季度为 1 个纳税期的,自期满之日起 15 日内申报纳税;以 1 日、3 日、5 日、10 日或 15 日为 1 个纳税期的,自期满之日起 5 日内预缴税款,于次月 1 日起 15 日内申报纳税并结清上月应纳税款。

纳税人进口应税消费品,应当自海关填发海关进口消费税专用缴款书之日起 15 日内缴纳税款。

2. 消费税的纳税地点

消费税的纳税地点主要包括:

(1) 纳税人销售的应税消费品以及自产自用的应税消费品,除了国务院财政、税务主管部门另有规定,应当向纳税人机构所在地或居住地的主管税务机关申报缴纳消费税。

(2) 纳税人的总机构与分支机构不在同一县(市)但在同一省(自治区、直辖市)内,经省(自治区、直辖市)财政厅(局)、税务局审批同意,可由总机构汇总向总机构所在地的主管税务机关申报缴纳消费税。

(3) 进口的应税消费品,应当向报关地海关申报缴纳消费税。

(4) 委托加工的应税消费品,除受托方为个人,由受托方向机构所在地或居住地的主管税务机关解缴消费税税款。委托个人加工的应税消费品,由委托方向其机构所在地或居住地主管税务机关申报缴纳消费税。

(5) 纳税人到外县(市)销售或委托外县(市)代销自产应税消费品的,于应税消费品销售后向机构所在地或居住地主管税务机关申报缴纳消费税。

(三) 消费税纳税义务发生时间

1. 纳税人销售应税消费品的纳税义务发生时间

纳税人销售应税消费品的纳税义务发生时间,按不同的销售结算方式分别为:

(1) 采取赊销和分期收款结算方式的,为书面合同约定的收款日期的当天;书面合同没有约定收款日期或无书面合同的,为发出应税消费品的当天。

(2) 采取预收货款结算方式的,为发出应税消费品的当天。

(3) 采取托收承付和委托银行收款方式的,为发出应税消费品并办妥托收手续的当天。

(4) 采取其他结算方式的,为收讫销售款或取得索取销售款凭据的当天。

2. 纳税人非销售应税消费品的纳税义务发生时间

纳税人非销售应税消费品的纳税义务发生时间,主要包括:

(1) 纳税人自产自用应税消费品的,为移送使用的当天。

(2) 纳税人委托加工应税消费品的,为纳税人提货的当天。

(3) 纳税人进口应税消费品的,为报关进口的当天。

思政育人 3-1

民无信不立

依法纳税是每个人的义务,我们要诚实守信。诚实守信是做人的基本准则,也是职业道德的精髓。诚实就是实事求是地待人做事,不弄虚作假,不讲假话。守信就是讲信用、重信誉、信守诺言,不坑蒙欺诈,不做假冒伪劣的事。

诚实和守信是相通的,是相互联系的。诚实是守信的基础,守信是诚实的具体表现。不诚实很难做到守信,不守信也很难说是真正的诚实。诚实是真实不欺,守信也是真实不欺。诚实侧重于对客观事实的反映是真实的,对自己内心的思想、情感的表达是真实的。守信侧重于对自己应承担履行的责任和义务的忠实。诚实守信是指忠诚老实,信守诺言,是为人处世的一种美德。

(四) 出口应税消费品的退税管理

除了国务院另有规定,对纳税人出口应税消费品,免征消费税。出口应税消费品的免税办法,由国务院财政、税务主管部门规定。

出口的应税消费品办理退税后发生退关或国外退货,进口时已予以免税的,报关出口者必须及时向其机构所在地或居住地主管税务机关申报补缴已退的消费税税款。

纳税人直接出口的应税消费品办理免税后,发生退关或国外退货,进口时已予以免税的,经机构所在地或居住地主管税务机关批准,可暂不办理补税,待其转为国内销售时再申报补缴消费税。

纳税人销售的应税消费品,如因质量等原因由购买者退回,经机构所在地或居住地的主管税务机关审核批准后,可退还已缴纳的消费税税款。

知识拓展 3-2
海南离岛免税店销售离岛免税商品免征增值税和消费税管理办法

延伸阅读 3-4

财政部　海关总署　税务总局关于对电子烟征收消费税的公告

财政部　海关总署　税务总局公告 2022 年第 33 号

为完善消费税制度,维护税制公平统一,更好发挥消费税引导健康消费的作用,现就对电子烟征收消费税有关事项公告如下:

一、关于税目和征税对象

将电子烟纳入消费税征收范围,在烟税目下增设电子烟子目。

电子烟是指用于产生气溶胶供人抽吸等的电子传输系统,包括烟弹、烟具以及烟弹与烟具组合销售的电子烟产品。烟弹是指含有雾化物的电子烟组件。烟具是指将雾化物雾化为可吸入气溶胶的电子装置。

电子烟进出口税则号列及商品名称见附件。

二、关于纳税人

在中华人民共和国境内生产(进口)、批发电子烟的单位和个人为消费税纳税人。

电子烟生产环节纳税人,是指取得烟草专卖生产企业许可证,并取得或经许可使用他人电子烟产品注册商标(以下称持有商标)的企业。通过代加工方式生产电子烟的,由持有商标的企业缴纳消费税。电子烟批发环节纳税人,是指取得烟草专卖批发企业许可证并经营电子烟批发业务的企业。电子烟进口环节纳税人,是指进口电子烟的单位和个人。

三、关于适用税率

电子烟实行从价定率的办法计算纳税。生产(进口)环节的税率为36%,批发环节的税率为11%。

四、关于计税价格

纳税人生产、批发电子烟的,按照生产、批发电子烟的销售额计算纳税。电子烟生产环节纳税人采用代销方式销售电子烟的,按照经销商(代理商)销售给电子烟批发企业的销售额计算纳税。纳税人进口电子烟的,按照组成计税价格计算纳税。

电子烟生产环节纳税人从事电子烟代加工业务的,应当分开核算持有商标电子烟的销售额和代加工电子烟的销售额;未分开核算的,一并缴纳消费税。

五、关于进、出口政策

纳税人出口电子烟,适用出口退(免)税政策。

将电子烟增列至边民互市进口商品不予免税清单并照章征税。

除上述规定外,个人携带或者寄递进境电子烟的消费税征收,按照国务院有关规定执行。电子烟消费税其他事项依照《中华人民共和国消费税暂行条例》和《中华人民共和国消费税暂行条例实施细则》等规定执行。

本公告自2022年11月1日起执行。

特此公告。

附件:电子烟进出口税则号列及商品名称

财政部　海关总署　税务总局
2022年10月2日

附件:

电子烟进出口税则号列及商品名称

序号	税则号列①	商品名称②
1	24041200	不含烟草或再造烟草、含尼古丁的非经燃烧吸用的产品
2	ex85434000③	可将税目24041200所列产品中的雾化物雾化为可吸入气溶胶的设备及装置,无论是否配有烟弹

注:① 为《中华人民共和国进出口税则(2022)》的税则号列。
② 除标注ex的税则号列外,商品名称仅供参考,具体商品范围以《中华人民共和国进出口税则(2022)》中的税则号列对应的商品范围为准。
③ ex表示进口商品应在该税则号列范围内,以具体商品描述为准。

资料来源:国家税务总局.财政部、海关总署、税务总局关于对电子烟征收消费税的公告[EB/OL].(2022-10-2)[2022-12-21]. http://www.chinatax.gov.cn/chinatax/n360/c5182342/content.html.

第四章 企业所得税的纳税申报

知识框架

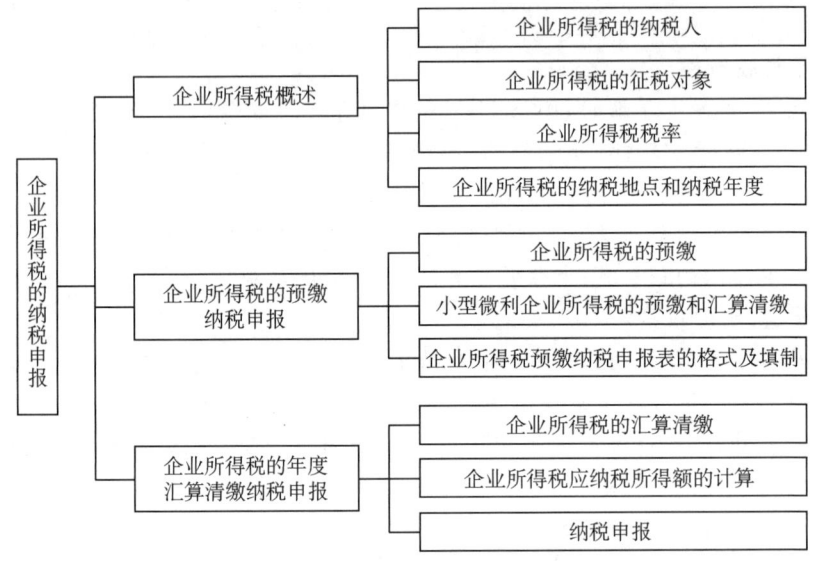

第一节 企业所得税概述

一、实验目的

通过本节课的学习,学生能够了解企业所得税的纳税人、征税对象、税率、纳税地点和纳税年度的基本知识点,并能够根据原始资料填写 A000000《企业所得税年度纳税申报基础信息表》。

二、理论知识点

1. 企业所得税的纳税人

企业所得税是对我国境内的企业和其他取得收入的组织的生产经营所得和其他所得定收的一种直接税。企业所得税的纳税人是指在中华人民共和国境内的企业和其他取得收入的组织(以下统称企业),但不包括依照我国法律、行政法规规定成立的个人独资企业及合伙人是自然人的合伙企业。企业分为居民企业和非居民企业。

居民企业是指依法在中国境内成立,或者依照外国(地区)法律成立但实际管理机构在中国境内的企业。依法在中国境内成立的企业,包括依照中国法律、行政法规在中国境内成立的企业、事业单位、社会团体以及取得收入的其他组织。

非居民企业是指依照外国(地区)法律成立且实际管理机构不在中国境内,但在中国境内设立机构、场所的,或者在中国境内未设立机构、场所,但有来源于中国境内所得的企业。依照外国(地区)法律成立的企业,包括依照外国(地区)法律成立的企业和其他取得收入的组织。

实际管理机构是指对企业的生产经营、人员、账务、财产等实施实质性全面管理和控制的机构。机构、场所是指在中国境内从事生产经营活动的机构、场所。

非居民企业委托营业代理人在中国境内从事生产经营活动的,包括委托单位或者个人经常代其签订合同,或者储存、交付货物等,该营业代理人视为非居民企业在中国境内设立的机构、场所。

2. 企业所得税的征税对象

1) 居民企业的征税对象

居民企业应当就其来源于中国境内、境外的所得缴纳企业所得税。所得包括销售货物所得、提供劳务所得、转让财产所得、股息红利等权益性投资所得、利息所得、租金所得、特许权使用费所得、接受捐赠所得和其他所得。

2) 非居民企业的征税对象

非居民企业在中国境内设立机构、场所的,应当就其所设机构、场所取得的来源于中国境内的所得,以及发生在中国境外但与其所设机构、场所有实际联系的所得,缴纳企业所得税。

非居民企业在中国境内未设立机构、场所的,或者虽设立机构、场所但取得的所得与其所设机构、场所没有实际联系的,应当就其来源于中国境内的所得缴纳企业所得税。

3. 企业所得税税率

我国企业所得税税率采用比例税率,具体税率见表4-1。

表4-1 企业所得税税率表

税率种类	税率	使用范围
基本税率	25%	居民企业
		在中国境内设立机构、场所且所得与机构、场所有实际联系的非居民企业
低税率	20%	在中国境内未设立机构、场所的非居民企业
		虽设立机构、场所,但取得的所得与机构、场所没有实际联系的非居民企业
优惠税率	10%	执行20%税率的非居民企业
	15%	高新技术企业、技术先进型服务企业、其他特定企业
	20%	小型微利企业(年应纳税所得额不超过100万元,100万元到300万元的部分,分别减按12.5%、50%计入应纳税所得额)

1) 小型微利企业的优惠税率

符合条件的小型微利企业,无论采取查账征收方式还是核定征收方式,自2021年1月1日至2022年12月31日,对小型微利企业年应纳税所得额不超过100万元的部分,减按12.5%计入应纳税所得额,按20%的税率缴纳企业所得税。自2022年1月1日至2024年12月31日,对小型微利企业年应纳税所得额超过100万元但不超过300万元的部分,减按25%计入应纳税所得额,按20%的税率缴纳企业所得税。

小型微利企业是指从事国家非限制和禁止行业,并符合下列条件的企业:年度应纳税所得额不超过300万元、从业人数不超过300人、资产总额不超过5 000万元。

从业人数包括与企业建立劳动关系的职工人数和企业接受的劳务派遣用工人数。从业人数和资产总额指标,应按企业全年的季度平均值确定,计算公式如下:

$$季度平均值=(季初值+季末值)\div 2$$

$$全年季度平均值=全年各季度平均值之和\div 4$$

年度中间开业或者终止经营活动的企业,以其实际经营期作为一个纳税年度确定上述相关指标。

从上述规定来看,小型微利企业所得税的税率式减免和税基式减免两种优惠形式可以叠加适用。叠加后的效果是,年应纳税所得额不超过100万元的部分,计算应纳税额的实际税率相当于2.5%;年应纳税所得额超过100万元但不超过300万元的部分,计算应纳税额的实际税率相当于5%。

2) 高新技术企业、技术先进型服务企业的优惠税率

为扶持和鼓励高新技术企业的发展,对符合科技部、财政部和国家税务总局规定的认定条件和认定程序的高新技术企业和经认定的技术先进型服务企业,减按15%的税率征收企业所得税。

技术先进型服务企业必须同时符合以下条件:①在中国境内(不包括港、澳、台地区)注册的法人企业;②从事《技术先进型服务业务认定范围(试行)》中的一种或多种技术先进型服务业务,采用先进技术或具备较强的研发能力;③具有大专以上学历的员工占企业职工总数的50%以上;④从事《技术先进型服务业务认定范围(试行)》中的技术先进型服务业务取得的收入占企业当年总收入的50%以上;⑤从事离岸服务外包业务取得的收入不低于企业当年总收入的35%。

3) 其他特定企业的优惠税率

自2011年1月1日至2030年12月31日,对设在西部地区的鼓励类产业企业减按15%的税率征收企业所得税;国家规划布局内的重点软件企业和集成电路设计企业,如当年未享受免税优惠的,可减按10%的税率缴纳企业所得税。

4. 企业所得税的纳税地点和纳税年度

1) 企业所得税的纳税地点

除了税收法律、行政法规另有规定,居民企业以企业登记注册地为纳税地点,但登记注册地在境外的,以实际管理机构所在地为纳税地点。

居民企业在中国境内设立不具有法人资格的营业机构的,应当汇总计算并缴纳企业所得税。企业在汇总计算并缴纳企业所得税时,实行"统一计算、分级管理、就地预缴、汇总清算、财政调库"的企业所得税征收管理办法。总机构和具有主体生产经营职能的二级分支机构,就地分摊缴纳企业所得税。

非居民企业在中国境内设立机构、场所的,应当就其所设机构、场所取得的来源于中国境内的所得,以及发生在中国境外但与其所设机构、场所有实际联系的所得,以机构、场所所在地为纳税地点。非居民企业在中国境内设立两个或者两个以上机构、场所的,经税务机关审核批准,可以选择由其主要机构、场所汇总缴纳企业所得税。非居民企业在中国境内未设立机构、场所的,或者虽设立机构、场所但取得的所得与其所设机构、场所没有实际联系的,以扣缴义务人所在地为纳税地点。

2) 企业所得税的纳税年度

企业所得税按年计征,分月或者分季预缴,年终汇算清缴,多退少补。

企业按月或按季预缴的,自月份或者季度终了之日起15日内,应向税务机关报送预缴企业所得税纳税申报表,预缴税款。

企业所得税的纳税年度为自公历1月1日起至12月31日止。企业在一个纳税年度的中间开业,或者由于合并、关闭等原因终止经营活动,使该纳税年度的实际经营期不足12个月的,应当以其实际经营期为一个纳税年度。企业清算时,应当以清算期间作为一个纳税年度。

企业自年度终了之日起5个月内,应向税务机关报送年度企业所得税纳税申报表,并汇算清缴,结清应缴应退税款。

企业在年度中间终止经营活动的,应当自实际经营终止之日起60日内,向税务机关办理当期企业所得税汇算清缴。

三、实验资料

1. 企业基本情况——北京永醇酒业有限公司

企业名称:北京永醇酒业有限公司
经营范围:销售日用品、生活产品
纳税申报企业类型代码:100
所属行业代码:6339
适用会计准则或会计制度代码:110
注册地址:北京市东城区景泰路98号
企业类型:有限公司
注册资本:人民币捌佰万元整
统一社会信用代码:911101021191002657
营业期限:20年
邮编:100102
联系电话:010-82029394
开户银行:交通银行北京东城支行
基本存款账号:140200892918410300020
工资代扣账户:140200892918410300021
开户许可证核准号:J911101021191002657
适用的会计准则:企业会计准则
会计档案的存放地:北京永醇酒业有限公司财务室

会计核算软件:用友

记账本位币:人民币

固定资产折旧方法:年限平均法

存货成本计价方法:月末一次加权平均法

坏账损失核算方法:备抵法

所得税计算方法:资产负债表债务法

资产总额(万元):1 345.56 万元

从业人数:302 人

会计政策和估计是否发生变化:2022 年度未发生变化

补充信息:企业不存在境外关联交易、不属于境外控股企业、没有分支机构

2. 投资人信息资料——北京永醇酒业有限公司

投资人(法定代表人):张飞研

出　　资:人民币 640 万元,占注册资本金的 80%

住　　所:北京市东城区景泰路 98 号

身份证号:110101197010156532

签发机关:北京市公安局东城分局

有效期限:2009.08.05 至 2029.08.05

固定电话:010-82029394

移动电话:13956224411

投 资 人:许文应

出　　资:人民币 160 万元,占注册资本金的 20%

住　　所:北京市朝阳区甜水园街碧莲小区 8 号 3602 室

身份证号:110101197204222274

签发机关:北京市公安局东城区分局

有效期限:2009.10.25 至 2029.10.25

3. 企业其他信息资料——北京永醇酒业有限公司

(1) 是否从事国家限制或禁止行业:否。

(2) 是否采用一般企业财务报表格式(2019 年版):是。

(3) 是否为上市公司:否。

(4) 企业未发生或存在基础信息表上的有关涉税事项。

四、实验内容及操作步骤

1. 实验内容

2023 年 2 月 9 日,北京永醇酒业有限公司申报 2022 年度企业所得税。请根据原始单据,代为填写 A000000《企业所得税年度纳税申报基础信息表》(表 4-2)。

2. 操作步骤

表 4-2　　　　　A000000 企业所得税年度纳税申报基础信息表

基础经营情况（必填项目）			
101 纳税申报企业类型（填写代码）	100	102 分支机构就地纳税比例（%）	
103 资产总额（填写平均值，单位：万元）	1 345.56	104 从业人数（填写平均值，单位：人）	302
105 所属国民经济行业（填写代码）	6339	106 从事国家限制或禁止行业	○ 是　● 否
107 适用会计准则或会计制度（填写代码）	110	108 采用一般企业财务报表格式（2019年版）	● 是　○ 否
109 小型微利企业	○ 是　● 否	110 上市公司	是（○ 境内　○ 境外）　● 否
有关涉税事项情况（存在或者发生下列事项时必填）			
201 从事股权投资业务	□ 是	202 存在境外关联交易	□ 是
203 境外所得信息	203-1 选择采用的境外所得抵免方式	○ 分国（地区）不分项　○ 不分国（地区）不分项	
	203-2 新增境外直接投资信息	○ 是（产业类别：○ 旅游业　○ 现代服务业　○ 高新技术产业）	
204 有限合伙制创业投资企业的法人合伙人	□ 是	205 创业投资企业	□ 是
206 技术先进型服务企业类型（填写代码）		207 非营利组织	□ 是
208 软件、集成电路企业类型（填写代码）		209 集成电路生产项目类型	○ 130纳米　○ 65纳米　○ 28纳米
210 科技型中小企业	210-1　　年（申报所属期年度）入库编号1	210-2 入库时间1	
	210-3　　年（所属期下一年度）入库编号2	210-4 入库时间2	
211 高新技术企业申报所属期年度有效的高新技术企业证书	211-1 证书编号1	211-2 发证时间1	
	211-3 证书编号2	211-4 发证时间2	
212 重组事项税务处理方式	○ 一般性　○ 特殊性	213 重组交易类型（填写代码）	
214 重组当事方类型（填写代码）		215 政策性搬迁开始时间	年　月
216 发生政策性搬迁且停止生产经营无所得年度	□ 是	217 政策性搬迁损失分期扣除年度	□ 是
218 发生非货币性资产对外投资递延纳税事项	□ 是	219 非货币性资产对外投资转让所得递延纳税年度	□ 是
220 发生技术成果投资入股递延纳税事项	□ 是	221 技术成果投资入股递延纳税年度	□ 是
222 发生资产（股权）划转特殊性税务处理事项	□ 是	223 债务重组所得递延纳税年度	□ 是
224 研发支出辅助账样式	□ 2015 版　□ 2021 版　□ 自行设计		
主要股东及分红情况（必填项目）					
股东名称	证件种类	证件号码	投资比例	当年（决议日）分配的股息、红利等权益性投资收益金额	国籍（注册地址）
张飞研	身份证	110101197010156532	80%		中国
许文应	身份证	110101197204222274	20%		中国
其余股东合计	—				—

第二节　企业所得税的预缴纳税申报

一、实验目的

通过本节课的学习，学生能够了解企业所得税预缴和小型微利企业所得税预缴、汇算清缴等纳税知识；掌握 A200000《中华人民共和国企业所得税月（季）度预缴纳税申报表（A类）》的填写方法。

二、理论知识点

1. 企业所得税的预缴

企业所得税分月或者分季预缴,由主管税务机关具体核定每家企业的预缴期间。企业应当自月份或者季度终了之日起15日内,向主管税务机关报送企业所得税预缴纳税申报表。

企业预缴企业所得税时,应当按照月度或者季度的实际利润额预缴。实际利润额是按会计准则规定核算的利润总额减去以前年度待弥补亏损以及不征税收入、免税收入和减免的应税所得额后的余额。

按照月度或者季度的实际利润额预缴有困难的企业,可以按照上一纳税年度应纳税所得额的月度或者季度平均额预缴,或者按照经税务机关认可的其他方法预缴。预缴方法一经确定,该纳税年度内不得随意变更。

2. 小型微利企业所得税的预缴和汇算清缴

符合条件的小型微利企业,预缴和年度汇算清缴企业所得税时,通过填写纳税申报表的相关内容,即可享受减征税政策,其预缴所得税按20%的优惠税率计算,符合减半征收条件的,还可以按10%计算。

小型微利企业统一实行按季度预缴企业所得税。以前年度成立的企业在本年度第一季度预缴企业所得税时,如未完成上一纳税年度汇算清缴,无法判断上一纳税年度是否符合小型微利企业条件的,可暂按上一纳税年度第四季度的预缴申报情况判别。

小型微利企业预缴企业所得税时,按照以下规定享受减半征税政策:

(1) 查账征收企业。对上一纳税年度符合条件的小型微利企业、分别按照以下两种规定处理:①按实际利润额预缴的,预缴时本年度累计实际利润额不超过规定标准的,可享受减征税政策;②按上一纳税年度应纳税所得额平均额预缴的,预缴时可以享受减征税政策。

(2) 核定应税所得率征收企业。上一纳税年度符合条件的小型微利企业,预缴时本年度累计应纳税所得额不超过规定标准的,可享受减征税政策。

(3) 核定应纳所得税额征收企业。根据减征税政策规定需要调减定额的,由主管税务机关按程序调整,依规定征收。

(4) 企业预缴时享受了减征税政策,但年度汇算清缴时不符合小型微利企业条件的,应当按规定补缴税款。

思政育人 4-1

打好减税降费"组合拳",做合格纳税人

减税降费,是顶住经济下行压力、促进经济平稳健康运行的关键之举,是助力企业应对疫情冲击、促进生产生活稳步复苏的有效保障,也是应对困难挑战、复杂多变国际环境的重要抓手。

西南财经大学教授、西财智库首席经济学家汤继强认为,需求收缩、供给冲击、预期转弱三重压力下,财税政策的首要目标是提质增效,通过减税降费降低社会生产消费成本,通过财政投资的落实扩大需求,发挥财政资金"四两拨千斤"的作用,有效对接与民间投资。财税

政策正帮助市场主体应对新挑战,顺应新变化,让市场主体在财税政策的指引下动起来,激发和释放经济活力。

"新的组合式减税降费,减的是税增的是信心。"全国政协常委、中国税务学会副会长张连起在接受人民网记者采访时表示,下一步,要认真落实好大规模、组合式减税降费政策,特别是加大对小微企业、个体工商户、制造业等行业企业的支持力度。密切做好政策运行情况的跟踪分析,既要算清纳税人缴费人的红利账,继续扩大推送减税降费红利账单试点,又要算好减税降费政策实施的效应账,进一步提升纳税人缴费人减税降费获得感,增强减税降费综合效应。

从个人层面来讲,我们每个人都是一名纳税人,要树立正确的纳税人意识,成为一名有责任感的纳税人。当我们走出校园、走向社会,也可能从事税务相关工作,或多或少与税务打交道,因此在这之前要对税法树立正确的认识。作为新时代的大学生,在实现第二个百年奋斗目标新征程上,我们要心系国家发展,思考税务规定对人民、对社会的影响,进而未来可以为国家税务体系的发展建言献策。

资料来源:车柯蒙.打好减税降费"组合拳"积极财政政策助力中国经济行稳致远[EB/OL].(2022-05-04)[2023-03-07].http://finance.people.com.cn/n1/2022/0504/c1004-32413745.html.

3. 企业所得税预缴纳税申报表的格式及填制

企业所得税预缴纳税申报表分为A类申报表和B类申报表两种。A200000《中华人民共和国企业所得税月(季)度预缴纳税申报表(A类)》(表4-3)适用于实行查账(核实)征收企业所得税的居民企业纳税人在月(季)度预缴纳税申报时填报,以及跨地区经营汇总纳税企业的分支机构在进行月(季)度预缴申报和年度汇算清缴时填报。B100000《中华人民共和国企业所得税月(季)度预缴和年度纳税申报表(B类)》适用于核定征收企业所得税的居民企业在月(季)度预缴申报和年度汇算清缴申报时填报。扣缴义务人还应填报"扣缴报告表",汇总纳税企业应填报"汇总纳税分支机构分配表"。

表4-3　A200000 中华人民共和国企业所得税月(季)度预缴纳税申报表(A类)

税款所属期间:　年 月 日至 年 月 日

纳税人识别号(统一社会信用代码):

纳税人名称:　　　　　　　　　　　　　　　　　金额单位:人民币元(列至角分)

项　目	一季度		二季度		三季度		四季度		季度平均值
	季初	季末	季初	季末	季初	季末	季初	季末	
从业人数									
资产总额(万元)									
国家限制或禁止行业	□是□否				小型微利企业				□是□否

	附　报　事　项　名　称	金额或选项
事项1	(填写特定事项名称)	
事项2	(填写特定事项名称)	

	预缴税款计算	本年累计
1	营业收入	
2	营业成本	
3	利润总额	
4	加:特定业务计算的应纳税所得额	
5	减:不征税收入	
6	减:资产加速折旧、摊销(扣除)调减额(填写A201020)	
7	减:免税收入、减计收入、加计扣除(7.1+7.2+…)	
7.1	(填写优惠事项名称)	
7.2	(填写优惠事项名称)	
8	减:所得减免(8.1+8.2+…)	
8.1	(填写优惠事项名称)	
8.2	(填写优惠事项名称)	
9	减:弥补以前年度亏损	
10	实际利润额(3+4-5-6-7-8-9)\按照上一纳税年度应纳税所得额平均额确定的应纳税所得额	
11	税率(25%)	
12	应纳所得税额(10×11)	
13	减:减免所得税额(13.1+13.2+…)	

(续表)

		预缴税款计算	本年累计
13.1		（填写优惠事项名称）	
13.2		（填写优惠事项名称）	
14	减：本年实际已缴纳的所得税额		
15	减：特定业务预缴（征）所得税额		
16	本期应补（退）所得税额（12-13-14-15）\ 税务机关确定的本期应纳所得税额		
		汇总纳税企业总分机构税款计算	
17	总机构	总机构本期分摊应补（退）所得税额（18+19+20）	
18		其中：总机构分摊应补（退）所得税额（16×总机构分摊比例 ___%）	
19		财政集中分配应补（退）所得税额（16×财政集中分配比例 ___%）	
20		总机构具有主体生产经营职能的部门分摊所得税额（16×全部分支机构分摊比例 ___%×总机构具有主体生产经营职能部门分摊比例 ___%）	
21	分支机构	分支机构本期分摊比例	
22		分支机构本期分摊应补（退）所得税额	
		实际缴纳企业所得税计算	
23	减：民族自治地区企业所得税地方分享部分：□免征 □减征：减征幅度 ___%		本年累计应减免金额 ［（12-13-15）×40%×减征幅度］
24	实际应补（退）所得税额		

谨声明：本纳税申报表是根据国家税收法律法规及相关规定填报的，是真实的、可靠的、完整的。

纳税人（签章）：　　　年　月　日

经办人：
经办人身份证号：　　　　　　　　　　　　　　受理人：
代理机构签章：　　　　　　　　　　　　　　　受理税务机关（章）：
代理机构统一社会信用代码：　　　　　　　　　受理日期：　年　月　日

国家税务总局监制

三、实验内容及操作步骤

北京盛心山庄餐饮有限公司的基本情况和第一季度利润表如表 4-4 和表 4-5 所示。该公司企业所得税采用据实预缴方式缴纳，无减免所得税，4 月份已预缴所得税 1 458 884.00 元。请根据该公司 2022 年第二季度利润表（表 4-6）于 2022 年 7 月 9 日代为填制 A200000《中华人民共和国企业所得税月（季）度预缴纳税申报表（A 类）》（表 4-7）。

表 4-4　　　　　　　　　　　　　企业基本情况表

企业名称	北京盛心山庄餐饮有限公司		
通信地址	北京市东城区和平里西街6号楼	邮编	100087
统一社会信用代码	91110102032001829		
主管税务机关	国家税务总局北京市东城区税务局		
开户银行	交通银行北京东城支行	账号	14020761103094992 0983
成立时间	2014 年 06 月 13 日	注册资本	人民币壹佰万元整
法定代表人	马小六	相关行业工作年数	5 年
联系人	马小六	联系电话	010-86220736
经营范围 （按营业执照上登记填写）	餐饮服务		
所属行业	□农、林、牧、渔业　□采矿业　□制造业　□建筑业 □电力、燃气及水的生产和供应业　□信息传输、计算机服务和软件业 □交通运输、仓储和邮政业　□批发和零售业 ☑生活服务业　□房地产业　□金融业　□现代服务业　□其他		
主要关联企业名称 （集团公司、母子总分公司，或者同属集团公司的子/分公司）			

表 4-5　　　　　　　　　　　　　　　利润表

编制单位：北京盛心山庄餐饮有限公司　　　　2022年1~3月　　　　　　　　　　单位：元

项目	行次	本期金额	上期金额
一、营业收入	1	44 718 861.00	42 559 317.00
减：营业成本	2	33 414 066.00	31 654 284.40
税金及附加	3	4 127 000.00	1 178 392.15
销售费用	4	317 263.00	2 014 293.25
管理费用	5	198 435.00	965 842.09
研发费用	6		
财务费用	7	826 561.00	22 654.19
其中：利息费用	8	760 000.00	18 000.00
利息收入	9	5 000.00	2 000.00
资产减值损失	10		
加：其他收益	11		
投资收益（损失以"-"号填列）	12		
其中：对联营企业和合营企业的投资收益	13		
公允价值变动收益（损失以"-"号填列）	14		
资产处置收益（损失以"-"号填列）	15		
二、营业利润（亏损以"-"号填列）	16	5 835 536.00	6 723 850.92
加：营业外收入	17		39 674.00
减：营业外支出	18		1 834.00
三、利润总额（亏损总额以"-"号填列）	19	58 355 36.00	6 761 690.92
减：所得税费用	20	14 588 84.00	1 690 422.73
四、净利润（净亏损以"-"号填列）	21	43 766 52.00	5 071 268.19
（一）持续经营净利润（净亏损以"-"号填列）	22	43 766 52.00	5 071 268.19
（二）终止经营净利润（净亏损以"-"号填列）	23		
五、其他综合收益的税后净额	24		
（一）不能重分类进损益的其他综合收益	25		
1．重新计量设定受益计划变动额	26		
2．权益法下不能转损益的其他综合收益	27		
（二）将重分类进损益的其他综合收益	28		
1．权益法下可转损益的其他综合收益	29		
2．可供出售金融资产公允价值变动损益	30		
3．持有至到期投资重分类为可供出售金融资产损益	31		
4．现金流量套期损益的有效部分	32		
5．外币财务报表折算差额	33		
六、综合收益总额	34	4 376 652.00	5 071 268.19
七、每股收益：	35		
（一）基本每股收益	36		
（二）稀释每股收益	37		

单位负责人：马小六　　　主管会计工作负责人：张兮蕾　　　会计机构负责人：刘书梁

表 4-6　　　　　　　　　　　　　　　　利润表

编制单位：北京盛心山庄餐饮有限公司　　　　　2022年4~6月　　　　　　　　　　　单位:元

项目	行次	本期金额	上期金额
一、营业收入	1	40 653 510.00	38 559 303.00
减：营业成本	2	31 822 920.00	30 847 442.40
税金及附加	3	4 589 000.00	1 284 024.79
销售费用	4	335 455.00	1 927 965.15
管理费用	5	237 843.00	1 156 779.09
研发费用	6		
财务费用	7	12 345.00	19 279.65
其中：利息费用	8	10 000.00	16 000.00
利息收入	9	1 100.00	2 100.00
加：其他收益	10		
投资收益（损失以"-"号填列）	11		
其中：对联营企业和合营企业的投资收益	12		
公允价值变动收益（损失以"-"号填列）	13		
资产减值损失（损失以"-"号填列）	14		
资产处置收益（损失以"-"号填列）	15		
二、营业利润（亏损以"-"号填列）	16	3 655 947.00	3 323 811.92
加：营业外收入	17	1 577 803.00	27 529.00
减：营业外支出	18	23 450.00	2 472.00
三、利润总额（亏损总额以"-"号填列）	19	5 210 300.00	3 348 868.92
减：所得税费用	20	1 302 575.00	837 217.23
四、净利润（净亏损以"-"号填列）	21	3 907 725.00	2 511 651.69
（一）持续经营净利润（净亏损以"-"号填列）	22	3 907 725.00	2 511 651.69
（二）终止经营净利润（净亏损以"-"号填列）	23		
五、其他综合收益的税后净额	24		
（一）不能重分类进损益的其他综合收益	25		
1. 重新计量设定受益计划变动额	26		
2. 权益法下不能转损益的其他综合收益	27		
（二）将重分类进损益的其他综合收益	28		
1. 权益法下可转损益的其他综合收益	29		
2. 可供出售金融资产公允价值变动损益	30		
3. 持有至到期投资重分类为可供出售金融资产损益	31		
4. 现金流量套期损益的有效部分	32		
5. 外币财务报表折算差额	33		
六、综合收益总额	34	3 907 725.00	2 511 651.69
七、每股收益：	35		
（一）基本每股收益	36		
（二）稀释每股收益	37		

单位负责人：马小六　　　　主管会计工作负责人：张兮雷　　　　会计机构负责人：刘书梁

表4-7　A200000 中华人民共和国企业所得税月(季)度预缴纳税申报表(A类)

税款所属期间：20220401 至 20220630
纳税人识别号（统一社会信用代码）：911101020320018329
纳税人名称：北京盛心山庄餐饮有限公司
金额单位：人民币元（列至角分）

优惠及附报事项有关信息

项目	一季度		二季度		三季度		四季度		季度平均值
	季初	季末	季初	季末	季初	季末	季初	季末	
从业人数	125	110	110	123					117
资产总额（万元）	4 000	5 000	5 000	6 200					5 050
国家限制或禁止行业	□是　☑否				小型微利企业		□是　☑否		
	附报事项名称						金额或选项		
事项1									
事项2									

预缴税款计算

		本年累计
1	营业收入	85 372 371.00
2	营业成本	65 236 986.00
3	利润总额	11 045 836.00
4	加：特定业务计算的应纳税所得额	
5	减：不征税收入	
6	减：资产加速折旧、摊销（扣除）调减额（填写A201020）	
7	减：免税收入、减计收入、加计扣除（7.1+7.2+…）	0
8	减：所得减免（8.1+8.2+…）	0
9	减：弥补以前年度亏损	
10	实际利润额（3+4-5-6-7-8-9）\按照上一纳税年度应纳税所得额平均额确定的应纳税所得额	11 045 836.00
11	税率（25%）	25%
12	应纳所得税额（10×11）	2 761 459.00
13	减：减免所得税额（13.1+13.2+…）	0
14	减：本年实际已缴纳所得税额	1 458 884.00
15	减：特定业务预缴（征）所得税额	
16	本期应补（退）所得税额（12-13-14-15）\税务机关确定的本期应纳所得税额	1 302 575.00

汇总纳税企业总分机构税款计算

17	总机构	总机构本期分摊应补（退）所得税额（18+19+20）	0
18		其中：总机构分摊应补（退）所得税额（16×总机构分摊比例　　%）	0
19		财政集中分配应补（退）所得税额（16×财政集中分配比例　　%）	0
20		总机构具有主体生产经营职能的部门分摊所得税额（16×全部分支机构分摊比例　　%×总机构具有主体生产经营职能部门分摊比例　　%）	0
21	分支机构	分支机构本期分摊比例	
22		分支机构本期分摊应补（退）所得税额	

实际缴纳企业所得税计算

23	减：民族自治地区企业所得税地方分享部分：□免征　□减征减征幅　　%	本年累计应减免金额[（12-13-15）×40%×减征幅度]	
24	实际应补（退）所得税额		

北京盛心山庄餐饮有限公司信息补充资料：季初从业人员为110人，资产总额为5 000万元；季末从业人数为123人，资产总额为6 200万元。此外，该公司：不属于高新技术企业；不属于科技型中小企业；本年度内未以技术成果投资入股；不属于国家限制或禁止行业。（金额需要四舍五入，保留两位小数）

税法实验

知识拓展 4-1 《中华人民共和国企业所得税月(季)度预缴纳税申报表(A类)》及填表说明

第三节 企业所得税的年度汇算清缴纳税申报

一、实验目的

通过本节课的学习,学生能够了解企业所得税年度汇算清缴的相关规定,掌握企业所得税应纳税额的计算方法,掌握 A100000《中华人民共和国企业所得税年度纳税申报表(A类)》等纳税申报资料的填写方法。

二、理论知识点

1. 企业所得税的汇算清缴

企业所得税汇算清缴,是指纳税人在纳税年度终了之日起 5 个月内,依照税收法规的规定,自行计算本纳税年度应纳税所得额和应纳所得税额,根据月度或季度预缴企业所得税的数额、确定该纳税年度应补或者应退税额,并填写企业所得税年度纳税申报表,向主管税务机关办理企业所得税年度纳税申报、提供税务机关要求提供的有关资料、结清全年企业所得税税款的行为。

凡在纳税年度内从事生产、经营(包括试生产、试经营),或在纳税年度中间终止经营活动的纳税人,不论是否在减税、免税期间,也无论盈利或亏损,均应按税法有关规定进行企业所得税的汇算清缴。

实行查账征收的企业(A类)适用汇算清缴办法,核定定额征收企业所得税的纳税人(B类),不进行汇算清缴。企业进行企业所得税汇算清缴应重点关注:

(1)收入。核查企业收入是否全部入账,特别是往来款项是否还存在该确认为收入而没有入账的。

(2)成本。核查企业成本结转与收入是否匹配,是否真实反映企业成本水平。

(3)费用。核查企业费用支出是否符合税法规定,计提费用项目和税前列支项目是否超过税法规定标准。

(4)税收。核查企业各项税款是否提取并缴纳。

(5)补亏。企业用当年实现的利润对以前年度发生的亏损进行合法弥补(5年内)。

(6)调整。不论是正常纳税的企业,还是依法享受企业所得税减免的企业(事先应在税务机关备案),在企业所得税汇算清缴时,均应在会计账面利润的基础上,依法进行企业所得税纳税调整。这里是一般纳税调整,不对会计记录进行调整,只在纳税申报表中进行调整,因此只影响企业应纳所得税,不影响企业的账面利润。企业对以上项目按税法规定分别进行调增和调减后,依法计算本企业年度应纳税所得额,进而计算本年度实际应纳所得税额和应补(退)所得税额,或者是应减免税额。

2. 企业所得税应纳税所得额的计算

《中华人民共和国企业所得税法》第五条规定,企业每一纳税年度的收入总额,减除不征税收入、免税收入、各项扣除以及允许弥补的以前年度亏损后的余额,为应纳税所得额。因此,应纳税所得额的计算公式可以表示如下:

$$\text{应纳税所得额} = \text{收入总额} - \text{不征税收入} - \text{免税收入} - \text{各项扣除} - \text{允许弥补的以前年度损失}$$

在计算应纳税所得额时,企业财务、会计处理办法与税收法律、行政法规的规定不一致的,应当依照税收法律、行政法规的规定计算。

1) 收入项目

(1) 收入的类型。为防止纳税人将应征税的经济利益排除在应税收入之外,《中华人民共和国企业所得税法》将企业以货币形式和非货币形式取得的收入,都作为收入总额来对待。

《中华人民共和国企业所得税法实施条例》将企业取得收入的货币形式界定为取得的现金、存款、应收账款、应收票据、准备持有至到期的债券投资以及债务的豁免等;将企业取得收入的非货币形式界定为固定资产、生物资产、无形资产、股权投资、存货、不准备持有至到期的债券投资、劳务以及有关权益等。由于企业取得收入的货币形式的金额是确定的,而取得收入的非货币形式的金额是不确定的,企业在计算非货币形式的收入时,必须按一定标准折算为确定的金额,即企业以非货币形式取得的收入,按照公允价值确定收入额。

企业收入总额中的不征税收入包括:财政拨款;依法收取并纳入财政管理的行政事业性收费、政府性基金;国务院规定的其他不征税收入。

企业收入总额中的免税收入包括:国债利息收入;符合条件的居民企业之间的股息、红利等权益性投资收益;在中国境内设立机构、场所的非居民企业从居民企业取得的与该机构、场所有实际联系的股息、红利等权益性投资收益;符合条件的非营利公益组织的收入。

(2) 收入的确认时间。股息、红利等权益性投资收益,是指企业因权益性投资从被投资方取得的收入。股息,红利等权益性投资收益,除了国务院财政、税务主管部门另有规定,按照被投资方作出利润分配决定的日期确认收入的实现。利息收入,是指企业将资金提供他人使用但不构成权益性投资,或者因他人占用本企业资金取得的收入,包括存款利息、贷款利息、债券利息、欠款利息等收入。利息收入,按照合同约定的债务人应付利息的日期确认收入的实现。租金收入,是指企业提供固定资产、包装物或者其他有形资产的使用权取得的收入。按照合同约定的承租人应付租金的日期确认收入的实现。特许权使用费收入,是指企业提供专利权、非专利技术、商标权、著作权以及其他特许权的使用权取得的收入,按照合同约定的特许权使用人应付特许权使用费的日期确认收入的实现。接受捐赠收入,是指企业接受的来自其他企业、组织或者个人无偿给予的货币性资产、非货币性资产。企业按照实际收到捐赠资产的日期确认收入的实现。其他收入,是指企业取得《中华人民共和国企业所得税法》第六条第(一)项至第(八)项规定的收入之外的其他收入,包括企业资产溢余收入、逾期未退包装物押金收入、确实无法偿付的应付款项、已作坏账损失处理后又收回的应收款项、债务重组收入、补贴收入、违约金收入、汇兑收益等。

(3) 分期确认收入的项目。以分期收款方式销售货物的企业,按照合同约定的收款日期确认收入的实现。这是纳税必要资金原则的体现,即在没有纳税必要资金的情况下,可允许企业将资产转让所得递延,直至该资产被最终处置时才确认该所得的实现。

企业受托加工、制造大型机械设备、船舶、飞机等,以及从事建筑、安装、装配工程业务或者提供其他劳务,持续时间超过12个月的,按照纳税年度内完工进度或者完成的工作量确认收入的实现。

企业受托加工、制造大型机械设备、船舶、飞机等，以及从事建筑、安装、装配工程业务或者提供其他劳务，持续时间通常分属于不同的纳税年度，甚至会跨越数个纳税年度，而且涉及的金额一般较大。为了及时反映各纳税年度的应税收入，一般情况下，企业不能等到合同完工时或进行结算时才确认应税收入。企业按照完工进度或者完成的工作量对跨年度的特殊劳务确认收入和扣除进行纳税，也有利于保证跨纳年度的收入在不同纳税年度得到及时确认，保证税收收入的均衡入库。因此，受托加工、制造大型机械设备、船舶等，以及从事建筑、安装、装配工程业务和提供劳务，且持续时间跨越纳税年度的企业，应当按照纳税年度内完工进度或者完成的工作量确认收入。

企业除了受托加工、制造大型机械设备、船舶、飞机等，以及从事建筑、安装、装配工程业务或者提供其他劳务，其他跨纳税年度的经营活动，通常情况下持续时间短、金额小，按照纳税年度内完工进度或者完成的工作量确认应税收入没有实际意义。另外，这些经营活动在纳税年度末的收入和相关的成本费用不易确定，相关的经济利益能否流入企业也不易判断，因此，一般不采用按照纳税年度内完工进度或者完成的工作量确认收入的办法。

2）税前扣除项目

企业根据会计准则规定已经确认的支出，凡未超过税法和有关税收法规规定的税前扣除范围和标准的，可按其实际确认的支出在税前扣除。超过税前扣除范围和标准的，应进行所得税的纳税调整。

（1）税前允许扣除的项目。

第一，企业实际发生的与取得收入有关的、合理的支出，包括成本、费用、税金、损失和其他支出，准予在计算应纳税所得额时扣除。

第二，企业发生的公益性捐赠支出，在年度利润总额12％以内的部分，准予在计算应纳税所得额时扣除。

第三，企业按照规定计算的固定资产折旧费用，准予在计算应纳税所得额时扣除。但下列固定资产不得计算折旧扣除：房屋、建筑物以外未投入使用的固定资产；以经营租赁方式租入的固定资产；以融资租赁方式租出的固定资产；已足额提取折旧但仍继续使用的固定资产；与经营活动无关的固定资产；单独估价作为固定资产入账的土地；其他不得计算折旧扣除的固定资产。税法规定的固定资产折旧年限见表4-8。

表4-8　　　　　　　　　税法规定的固定资产折旧年限

固定资产类别	税法规定最低折旧年限	税法规定的残值率
房屋、建筑物	20年	不超过5％
飞机、火车、轮船、机器、机械和其他生产设备	10年	
与生产、经营活动有关的器具、工具、家具等	5年	
飞机、火车、轮船以外的运输工具	4年	
电子设备	3年	

第四，企业按照规定计算的无形资产摊销费用，准予在计算应纳税所得额时扣除。但下列无形资产不得计算摊销费用扣除：自行开发的支出已在计算应纳税所得额时扣除的无形资产；自创商誉；与经营活动无关的无形资产；其他不得计算摊销费用扣除的无形资产。

第五，企业发生的下列支出，作为长期待摊费用，按照规定摊销的，准予在计算应纳税所得额时扣除：已足额提取折旧的固定资产的改建支出；租入固定资产的改建支出；固定资产的大修理支出；其他应当作为长期待摊费用的支出。

第六，企业使用或者销售存货，按照规定计算的存货成本，准予在计算应纳税所得额时扣除。

第七，企业转让资产，该项资产的净值，准予在计算应纳税所得额时扣除。

第八，企业纳税年度发生的亏损，准予向以后年度结转，用以后年度的所得弥补，但结转年限最长不得超过5年。

（2）税前不得扣除的项目包括：①向投资者支付的股息、红利等权益性投资；②企业所得税税款；③税收滞纳金；④罚金、罚款和被没收财物的损失；⑤《中华人民共和国企业所得税法》第九条规定以外的捐赠支出；⑥赞助支出；⑦未经核定的准备金支出；⑧与取得收入无关的其他支出。

3）弥补亏损

可以弥补的亏损，是企业财务报表中的亏损额经主管税务机关按税法规定核实调整后的金额，不是企业财务报表中反映的亏损额。亏损是指企业依照《中华人民共和国企业所得税法》和《中华人民共和国企业所得税法实施条例》的规定，将每一纳税年度的收入总额减除不征税收入、免税收入和各项扣除后小于零的数额。税法规定，企业某一纳税年度发生的亏损可以用下一年度的所得弥补，下一年度的所得不足以弥补的，可以逐年延续弥补，但最长不得超过5年。自2018年1月1日起，高新技术企业和科技型中小企业的亏损结转年限由5年延长至10年。此外，企业在汇总计算缴纳企业所得税时，其境外营业机构的亏损不得抵减境内营业机构的盈利。

3. 纳税申报

企业在进行企业所得税年度汇算清缴申报时，可将资产损失、应扣未扣支出申报材料和纳税资料作为企业所得税年度纳税申报表的附件一并向税务机关报送。企业资产损失、应扣未扣支出按其申报内容和要求的不同，分为清单申报和专项申报两种申报方式。其中，属于清单申报的，企业可先按会计核算账户进行归类、汇总，再将汇总清单报送税务机关，有关会计核算资料和纳税资料留存备查；属于专项申报的，企业应逐项（或逐笔）报送申请报告，同时附送会计核算资料及其他相关的纳税资料。

企业所得税的年度纳税申报以主表为核心，主表的结构是以企业所得税的间接法原理为基础设计的。企业在填制主表时，以利润表为起点，将财务会计利润按税法规定调整为应纳税所得额，进而计算应纳所得税额，具体包括对利润总额的计算、应纳税所得额的计算、应纳税额的计算三部分。主表中的数据大部分从附表中生成，个别数据从财务报表中取得。纳税申报表的每张附表既独立体现现行企业所得税政策，又与主表密切关联。

企业在计算应纳税所得额及应纳所得税额时，对企业财务、会计处理方法与税法规定不一致的，应当按照税法规定计算。税法规定不明确的，在未作出明确规定之前，企业可以暂按其财务、会计规定计算。

企业在纳税年度内无论盈利还是亏损，均应依照税法规定的期限，向税务机关报送预缴企业所得税纳税申报表、企业所得税年度纳税申报表、财务会计报告和税务机关规定应当报送的其他资料。

为贯彻落实《中华人民共和国企业所得税法》及有关税收政策,国家税务总局于2020年对《中华人民共和国企业所得税年度纳税申报表(A类,2017年版)》部分表单和填报说明进行修订。具体内容包括:第一,对《企业所得税年度纳税申报表填报表单》《企业所得税年度纳税申报基础信息表》(A000000)、《纳税调整项目明细表》(A105000)、《捐赠支出及纳税调整明细表》(A105070)、《资产折旧、摊销及纳税调整明细表》(A105080)、《资产损失税前扣除及纳税调整明细表》(A105090)、《特殊行业准备金及纳税调整明细表》(A105120)、《企业所得税弥补亏损明细表》(A106000)、《所得减免优惠明细表》(A107020)、《减免所得税优惠明细表》(A107040)、《软件、集成电路企业优惠情况及明细表》(A107042)、《境外所得纳税调整后所得明细表》(A108010)的表单样式及填报说明进行修订。其中,《特殊行业准备金及纳税调整明细表》(A105120)调整为《贷款损失准备金及纳税调整明细表》(A105120)。第二,对《中华人民共和国企业所得税年度纳税申报表(A类)》(A100000)、《境外所得税收抵免明细表》(A108000)的填报说明进行修订。修订后的申报表适用于2020年度及以后年度企业所得税汇算清缴申报。

《年度纳税申报表(A类,2017年版)》由37张表单组成,具体包括1张基础信息表、1张主表、6张收入费用明细表、13张纳税调整表、1张亏损弥补表、9张税收优惠表、4张境外所得抵免表和2张汇总纳税表。企业所得税年度纳税申报表填报表单,如表4-9所示。

1)基础信息表

基础信息表反映纳税人的基本信息,包括名称注册地、行业、注册资本、从业人数、股东结构、会计政策、存货办法、对外投资情况等,这些信息既可以替代企业备案资料(如借助资产情况及变化、从业人数,可以判断纳税人是否属于小微企业,而小微企业在享受优惠政策后,就无须再报送其他资料),也是税务机关进行管理所需要的信息资料。

2)主表

主表体现企业所得税纳税流程,即在会计利润的基础上,按照税法进行纳税调整,计算应纳税所得额,扣除税收优惠数额,进行境外税收抵免,最后计算应补(退)税款。

3)收入费用明细表

收入费用明细表主要反映企业按照会计政策所发生的成本、费用情况。这些表格是企业进行纳税调整的主要数据来源。

4)纳税调整表

纳税调整是企业所得税管理的重点和难点。为减轻纳税人填报负担,目前我国共有13张纳税调整表。纳税调整表将所有因税收与会计的差异而需要调整的事项,按照收入、成本和资产三大类,通过表格的方式进行计算反映,这样既便于纳税人填报,又便于税务机关进行纳税评估和分析。

5)亏损弥补表

亏损弥补表反映企业发生亏损如何结转的问题,既准确计算了亏损结转年度和限额,又便于税务机关进行管理。

6)税收优惠表

目前我国共有9张税收优惠表。税收优惠表将目前我国的企业所得税税收优惠项目,按照税基、应纳税所得额、税额扣除等进行分类,通过表格的方式反映税收优惠的情况和计算过程,这样既便于纳税人填报,又便于税务机关掌握税收减免信息,核实优惠的合理性,进行优惠效益分析。

7）境外所得抵免表

境外所得抵免表反映企业缴纳境外所得税后如何抵免和抵免的具体计算问题。

8）汇总纳税表

汇总纳税表反映汇总纳税企业的总、分机构如何分配税额的问题。

表 4-9　　　　　　　　　企业所得税年度纳税申报表填报表单

表单编号	表单名称	是否填报
A000000	企业所得税年度纳税申报基础信息表	☐
A100000	中华人民共和国企业所得税年度纳税申报表（A类）	☐
A101010	一般企业收入明细表	☐
A101020	金融企业收入明细表	☐
A102010	一般企业成本支出明细表	☐
A102020	金融企业支出明细表	☐
A103000	事业单位、民间非营利组织收入、支出明细表	☐
A104000	期间费用明细表	☐
A105000	纳税调整项目明细表	☐
A105010	视同销售和房地产开发企业特定业务纳税调整明细表	☐
A105020	未按权责发生制确认收入纳税调整明细表	☐
A105030	投资收益纳税调整明细表	☐
A105040	专项用途财政性资金纳税调整明细表	☐
A105050	职工薪酬支出及纳税调整明细表	☐
A105060	广告费和业务宣传费跨年度纳税调整明细表	☐
A105070	捐赠支出及纳税调整明细表	☐
A105080	资产折旧、摊销及纳税调整明细表	☐
A105090	资产损失税前扣除及纳税调整明细表	☐
A105100	企业重组及递延纳税事项纳税调整明细表	☐
A105110	政策性搬迁纳税调整明细表	☐
A105120	贷款损失准备金及纳税调整明细表	☐
A106000	企业所得税弥补亏损明细表	☐
A107010	免税、减计收入及加计扣除优惠明细表	☐
A107011	符合条件的居民企业之间的股息、红利等权益性投资收益优惠明细表	☐
A107012	研发费用加计扣除优惠明细表	☐

(续表)

表单编号	表单名称	是否填报
A107020	所得减免优惠明细表	☐
A107030	抵扣应纳税所得额明细表	☐
A107040	减免所得税优惠明细表	☐
A107041	高新技术企业优惠情况及明细表	☐
A107042	软件、集成电路企业优惠情况及明细表	☐
A107050	税额抵免优惠明细表	☐
A108000	境外所得税收抵免明细表	☐
A108010	境外所得纳税调整后所得明细表	☐
A108020	境外分支机构弥补亏损明细表	☐
A108030	跨年度结转抵免境外所得税明细表	☐
A109000	跨地区经营汇总纳税企业年度分摊企业所得税明细表	☐
A109010	企业所得税汇总纳税分支机构所得税分配表	☐
说明：企业应当根据实际情况选择需要填报的表单		

通过填报企业所得税年度纳税申报表，可以揭示企业在税收管理、财务管理中存在的问题，以及正确处理企业所得税会计与财务会计的关系。企业正确填报申报表，是为了履行纳税义务，也是将经营活动中容易忽视的涉税细节问题以表格的形式展现出来，从而有效规划企业涉税事项、防范企业税务风险。

三、实验内容及操作步骤

1. A101010 一般企业收入明细表

2023年2月9日，北京永醇酒业有限公司申报2022年度企业所得税。请根据原始单据，代为填制A101010《一般企业收入明细表》。

【操作步骤】

根据收入类科目余额表（表4-10）填写A101010《一般企业收入明细表》（表4-11）。

表4-10　　　　　　　　　　　收入类科目余额表

编制单位：北京永醇酒业有限公司　　　　　　　　　　　　　　　　　　　　单位：元

总账科目	明细科目	本年累计借方发生额	本年累计贷方发生额	期末余额
主营业务收入	商品收入	8 123 000.00	8 123 000.00	0
其他业务收入	材料收入	78 500.00	78 500.00	0
营业外收入	罚没利得	23 000.00	23 000.00	0
合计		8 224 500.00	8 224 500.00	0

审核：张军　　　　　　　　　　　　　　　　　　　　制表：裴迪

表 4-11　　　　　　A101010 一般企业收入明细表

单位：元

行次	项目	金额
1	一、营业收入 (2+9)	8 201 500.00
2	(一) 主营业务收入 (3+5+6+7+8)	8 123 000.00
3	1.销售商品收入	8 123 000.00
4	其中：非货币性资产交换收入	
5	2.提供劳务收入	
6	3.建造合同收入	
7	4.让渡资产使用权收入	
8	5.其他	
9	(二) 其他业务收入 (10+12+13+14+15)	78 500.00
10	1.销售材料收入	78 500.00
11	其中：非货币性资产交换收入	
12	2.出租固定资产收入	
13	3.出租无形资产收入	
14	4.出租包装物和商品收入	
15	5.其他	
16	二、营业外收入 (17+18+19+20+21+22+23+24+25+26)	23 000.00
17	(一) 非流动资产处置利得	
18	(二) 非货币性资产交换利得	
19	(三) 债务重组利得	
20	(四) 政府补助利得	
21	(五) 盘盈利得	
22	(六) 捐赠利得	
23	(七) 罚没利得	23 000.00
24	(八) 确实无法偿付的应付款项	
25	(九) 汇兑收益	
26	(十) 其他	

2. A102010 一般企业成本支出明细表

2023 年 2 月 9 日，北京永醇酒业有限公司申报 2022 年度企业所得税。请根据原始单据，代为填制 A102010《一般企业成本支出明细表》。

【操作步骤】

根据成本类科目余额表(表 4-12)填写 A102010《一般企业成本支出明细表》(表 4-13)。

表 4-12 成本类科目余额表

编制单位：北京永醇酒业有限公司　　　　　　　　　　　　　　　　　　　　　单位：元

总账科目	明细科目	本年累计借方发生额	本年累计贷方发生额	期末余额
主营业务成本	商品成本	4 078 000.00	4 078 000.00	0
其他业务成本	材料成本	51 000.00	51 000.00	0
营业外支出	捐赠支出	300 000.00	300 000.00	0
合计		4 429 000.00	4 429 000.00	0

审核：张军　　　　　　　　　　　　　　　　　制表：裴迪

表 4-13 A102010 一般企业成本支出明细表

单位：元

行次	项目	金额
1	一、营业成本 (2+9)	4 129 000.00
2	（一）主营业务成本 (3+5+6+7+8)	4 078 000.00
3	1.销售商品成本	4 078 000.00
4	其中：非货币性资产交换成本	
5	2.提供劳务成本	
6	3.建造合同成本	
7	4.让渡资产使用权成本	
8	5.其他	
9	（二）其他业务成本 (10+12+13+14+15)	51 000.00
10	1.销售材料成本	51 000.00
11	其中：非货币性资产交换成本	
12	2.出租固定资产成本	
13	3.出租无形资产成本	
14	4.包装物出租成本	
15	5.其他	
16	二、营业外支出 (17+18+19+20+21+22+23+24+25+26)	300 000.00
17	（一）非流动资产处置损失	
18	（二）非货币性资产交换损失	
19	（三）债务重组损失	
20	（四）非常损失	
21	（五）捐赠支出	300 000.00
22	（六）赞助支出	
23	（七）罚没支出	
24	（八）坏账损失	
25	（九）无法收回的债券股权投资损失	
26	（十）其他	

3. A104000 期间费用明细表

2023 年 2 月 9 日，北京永醇酒业有限公司申报 2022 年度企业所得税。请根据原始单据，代为填制 A104000《期间费用明细表》。

【操作步骤】

根据期间费用科目余额表 1(表 4-14)、期间费用科目余额表 2(表 4-15)填写 A104000

《期间费用明细表》(表 4-16)。(期间费用＝销售(营业)费用＋管理费用＋财务费用)

表 4-14　　　　　　　　　　期间费用科目余额表 1

编制单位：北京永醇酒业有限公司　　　　　　　　　　　　　　　　　　　　　　单位：元

总账科目	明细科目	本年累计借方发生额	本年累计贷方发生额	期末余额
销售费用	职工薪酬	186 391.20	186 391.20	0
销售费用	业务招待费	130 000.00	130 000.00	0
销售费用	广告费和业务宣传费	230 000.00	230 000.00	0
销售费用	资产折旧摊销费	75 999.96	75 999.96	0
销售费用	办公费	7 200.00	7 200.00	0
销售费用	差旅费	54 000.00	54 000.00	0
销售费用	保险费	3 000.00	3 000.00	0
小计		686 591.16	686 591.16	0
管理费用	职工薪酬	1 138 821.12	1 138 821.12	0
管理费用	业务招待费	20 000.00	20 000.00	0
管理费用	资产折旧摊销费	441 588.40	441 588.40	0
管理费用	财产损耗、盘亏及毁损	8 500.00	8 500.00	0
管理费用	办公费	36 000.00	36 000.00	0
管理费用	保险费	6 000.00	6 000.00	0

审核：张军　　　　　　　　　　　　　制表：裴迪

表 4-15　　　　　　　　　　期间费用科目余额表 2

编制单位：北京永醇酒业有限公司　　　　　　　　　　　　　　　　　　　　　　单位：元

总账科目	明细科目	本年累计借方发生额	本年累计贷方发生额	期末余额
管理费用	修理费	4 500.00	4 500.00	0
管理费用	其他	48 100.00	48 100.00	0
小计		1 703 509.52	1 703 509.52	0
财务费用	利息支出	2 688.00	2 688.00	0
财务费用	现金折扣	34 000.00	34 000.00	0
小计		36 688.00	36 688.00	0

审核：张军　　　　　　　　　　　　　制表：裴迪

表 4-16　　　　　　　　　　　A104000 期间费用明细表

单位：元

行次	项目	销售费用	其中：境外支付	管理费用	其中：境外支付	财务费用	其中：境外支付
		1	2	3	4	5	6
1	一、职工薪酬	186 391.20	—	1 138 821.12	—		—
2	二、劳务费					—	
3	三、咨询顾问费						
4	四、业务招待费	130 000.00		20 000.00		—	
5	五、广告费和业务宣传费	230 000.00					
6	六、佣金和手续费						
7	七、资产折旧摊销费	75 999.96	—	441 588.40	—		—
8	八、财产损耗、盘亏及毁损损失			8 500.00			
9	九、办公费	7 200.00		36 000.00			
10	十、董事会费						
11	十一、租赁费						
12	十二、诉讼费						
13	十三、差旅费	54 000.00					
14	十四、保险费	3 000.00		6 000.00			
15	十五、运输、仓储费						
16	十六、修理费			4 500.00			
17	十七、包装费						
18	十八、技术转让费						
19	十九、研究费用						
20	二十、各项税费		—		—		
21	二十一、利息收支	—		—	—	2 688.00	
22	二十二、汇兑差额						
23	二十三、现金折扣					34 000.00	
24	二十四、党组织工作经费	—					
25	二十五、其他			48 100.00			
26	合计(1+2+3+…25)	686 591.16	0	703 509.52	0	36 688.00	0

4. A105050 职工薪酬支出及纳税调整明细表

2023 年 2 月 9 日，北京永醇酒业有限公司申报 2022 年度企业所得税。请根据原始单据，代为填制 A105050《职工薪酬支出及纳税调整明细表》。

 特别提示 4-1

税法关于应付职工薪酬科目的相关规定

1. 企业发生的合理的工资、薪金支出，准予据实扣除。

2. 职工福利费支出，不超过工资薪金总额 14% 的部分，准予扣除；超过部分不得扣除。

3. 职工教育经费支出,不超过工资薪金总额 2.5% 的部分,准予扣除;超过部分准予在以后纳税年度结转扣除。

4. 工会经费支出,不超过工资薪金总额 2% 的部分,准予扣除;超过部分不得扣除。

其中工资薪金总额,是指企业按照第一条规定实际发放的工资薪金总和,不包括企业的职工福利费、职工教育经费、工会经费以及养老保险费、医疗保险费、失业保险费、工伤保险费等社会保险费和住房公积金。属于国有性质的企业,其工资薪金,不得超过政府有关部门给予的限定数额;超过部分,不得计入企业工资薪金总额,也不得在计算企业应纳税所得额时扣除。

5. 企业工资、薪金的扣除时间为实际发放的纳税年度。因此,如果某企业计提了职工的工资,当年没有实际发放,该企业不得在企业所得税税前扣除,但可以在以后实际发放年度申报扣除。

【操作步骤】

根据应付职工薪酬科目余额表(表 4-17)填写 A105050《职工薪酬支出及纳税调整明细表》(表 4-18)。

表 4-17　　　　　　　　　　应付职工薪酬科目余额表

编制单位:北京永醇酒业有限公司　　　　　　　　　　　　　　　　　　　　　　单位:元

总账科目	明细科目	期初余额	本年累计借方发生额	本年累计贷方发生额	期末余额
应付职工薪酬	工资	95 000.00	1 140 000.00	1 140 000.00	95 000.00
	社会保险费		122 812.32	122 812.32	0
	公积金		62 400.00	62 400.00	0
合计		95 000.00	1 325 212.32	1 325 212.32	95 000.00

审核:张军　　　　　　　　　　制表:裴迪

表 4-18　　　　　**A105050 职工薪酬支出及纳税调整明细表**　　　　　单位:元

行次	项目	账载金额	实际发生额	税收规定扣除率	以前年度累计结转扣除额	税收金额	纳税调整金额	累计结转以后年度扣除额
		1	2	3	4	5	6(1−5)	7(2+4−5)
1	一、工资薪金支出	1 140 000.00	1 140 000.00	—	—	1 140 000.00	0	
2	其中:股权激励			—	—		0	
3	二、职工福利费支出			%				
4	三、职工教育经费支出	0	0		0	0	0	0
5	其中:按税收规定比例扣除的职工教育经费			%			0	0
6	按税收规定全额扣除的职工培训费用			%	—		0	—

(续表)

行次	项目	账载金额	实际发生额	税收规定扣除率	以前年度累计结转扣除额	税收金额	纳税调整金额	累计结转以后年度扣除额
		1	2	3	4	5	6(1−5)	7(2+4−5)
7	四、工会经费支出			%	—		0	—
8	五、各类基本社会保障性缴款	122 812.32	122 812.32	—	—	122 812.32	0	—
9	六、住房公积金	62 400.00	62 400.00	—	—	62 400.00	0	—
10	七、补充养老保险			%			0	—
11	八、补充医疗保险			%			0	—
12	九、其他							
13	合计(1+3+4+7+8+9+10+11+12)	1 325 212.32	1 325 212.32	—	0	1 325 212.32	0	0

工资薪金支出＝1 140 000−1 140 000＝0
职工福利费支出的调整额＝0
职工教育经费支出的调整额＝0
工会经费支出的调整额＝0
各类基本社会保障性缴款＝122 812.32(元)
住房公积金＝62 400(元)

5. A105060 广告费和业务宣传费跨年度纳税调整明细表

2023年2月9日,北京永醇酒业有限公司申报2022年度企业所得税。请根据原始单据及A101010《一般企业收入明细表》,代为填制A105060《广告费和业务宣传费跨年度纳税调整明细表》。

【操作步骤】

根据期间费用科目余额表1(表4-14)填写A105060《广告费和业务宣传费跨年度纳税调整明细表》(表4-19)。

税法规定,企业发生的符合条件的广告费和业务宣传费支出,除了国务院财政、税务主管部门另有规定,不超过当年销售(营业)收入15%的部分,准予扣除;超过部分,准予在以后纳税年度结转扣除。因此,必须是实际发生的广告费和业务宣传费支出,在限额内才可以扣除。

表4-19　　　　A105060 广告费和业务宣传费跨年度纳税调整明细表

单位:元

行次	项　　目	广告费和业务宣传费	保险企业手续费及佣金支出
1	一、本年支出	230 000.00	
2	减:不允许扣除的支出		

视频 4-2
A105060《广告费和业务宣传费跨年度纳税调整明细表》

(续表)

行次	项 目	广告费和业务宣传费	保险企业手续费及佣金支出
3	二、本年符合条件的支出(1-2)	230 000.00	0
4	三、本年计算扣除限额的基数	8 201 500.00	0
5	乘:税收规定扣除率	15%	%
6	四、本企业计算的扣除限额(4×5)	1 230 225.00	0
7	五、本年结转以后年度扣除额(3>6,本行=3-6;3≤6,本行=0)	0	0
8	加:以前年度累计结转扣除额		
9	减:本年扣除的以前年度结转额[3>6,本行=0;3≤6,本行=8 或(6-3)孰小值]	0	0
10	六、按照分摊协议归集至其他关联方的(10≤3 或 6 孰小值)		*
11	按照分摊协议从其他关联方归集至本企业的金额		*
12	七、本年支出纳税调整金额(3>6,本行=2+3-6+10-11;3≤6,本行=2+10-11-9)	0	0
13	八、累计结转以后年度扣除额(7+8-9)	0	0

6. A105070 捐赠支出及纳税调整明细表

2023年2月9日,北京永醇酒业有限公司申报2022年度企业所得税。请根据原始单据及 A100000《中华人民共和国企业所得税年度纳税申报表(A类)》,代为填制 A105070《捐赠支出及纳税调整明细表》。

【操作步骤】

根据收款收据(图4-1)、成本类科目余额表(表4-20)、公益事业捐赠统一票据(图4-2)填写 A105070《捐赠支出及纳税调整明细表》(表4-21)。

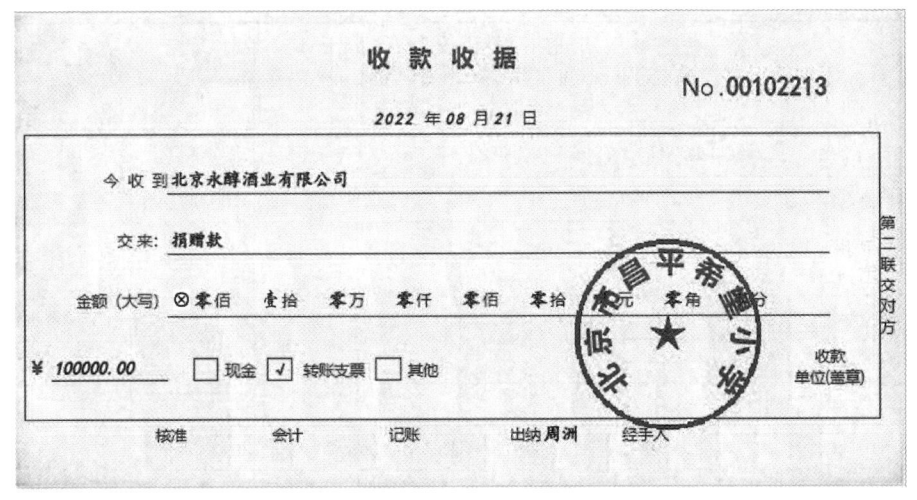

图4-1 收款收据

税法规定,企业当年发生及以前年度结转的公益性捐赠支出,不超过年度利润总额12%的部分,在计算应纳税所得额时准予扣除;超过年度利润总额12%的部分,准予在以后3年内计算应纳税所得额时结转扣除。

纳税人用于非公益、救济性捐赠,以及超过年度利润总额12%的部分的捐赠,不允许扣除。

表4-20　　　　　　　　　　　成本类科目余额表

编制单位:北京永醇酒业有限公司　　　　　　　　　　　　　　　　　　　单位:元

总账科目	明细科目	本年累计借方发生额	本年累计贷方发生额	期末余额
主营业务成本	商品成本	4 078 000.00	4 078 000.00	0
其他业务成本	材料成本	51 000.00	51 000.00	0
营业外支出	捐赠支出	300 000.00	300 000.00	0
合计		4 429 000.00	4 429 000.00	0

审核:张军　　　　　　　　　　　　　　　　制表:裴迪

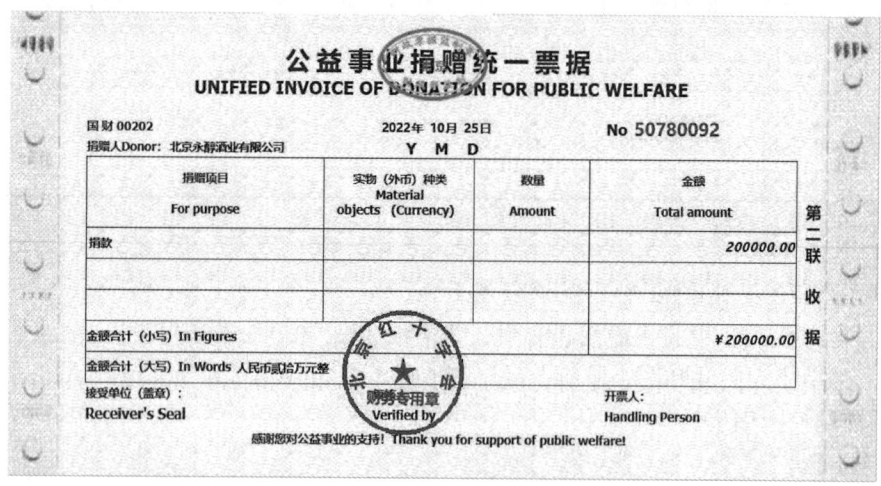

图4-2　公益事业捐赠统一票据

表4-21　　　　　　　A105070捐赠支出及纳税调整明细表　　　　　　　单位:元

行次	项目	账载金额	以前年度结转可扣除的捐赠额	按税收规定计算的扣除限额	税收金额	纳税调增金额	纳税调减金额	可结转以后年度扣除的捐赠额
		1	2	3	4	5	6	7
1	一、非公益性捐赠	100 000.00	—	—	—	100 000.00	—	—
2	二、限额扣除的公益性捐赠(3+4+5+6)	200 000.00	0	157 349.99	157 349.99	42 650.01	0	42 650.01
3	前三年度(2019年)	—	—	—	—	—	—	—
4	前二年度(2020年)	—	—	—	—	—	—	—
5	前一年度(2021年)	—	—	—	—	—	—	—
6	本年(2022年)	200 000.00		157 349.99	157 349.99	42 650.01		42 650.01
7	三、全额扣除的公益性捐赠							

(续表)

行次	项目	账载金额	以前年度结转可扣除的捐赠额	按税收规定计算的扣除限额	税收金额	纳税调增金额	纳税调减金额	可结转以后年度扣除的捐赠额
		1	2	3	4	5	6	7
8		—	—					—
9		—	—					—
10		—	—					—
11	合计(1+2+7)	300 000.00	0	157 349.99	157 349.99	142 650.01	0	42 650.01
附列资料	2015年度至本年发生的公益性扶贫捐赠合计金额		—	—		—	—	—

7. A105080 资产折旧、摊销及纳税调整明细表

2023年2月9日,北京永醇酒业有限公司申报2022年度企业所得税。请根据原始单据,代为填制 A105080《资产折旧、摊销及纳税调整明细表》。

【操作步骤】

根据固定资产折旧明细表(表4-22)、无形资产摊销明细表(表4-23)填写 A105080《资产折旧、摊销及纳税调整明细表》(表4-24)。

表4-22　　固定资产折旧明细表

编制单位:北京永醇酒业有限公司　　　　　　　　　　　　　　　　　金额单位:元

名称	购买日期	单位	数量	原值	预计使用年限	残值	已折旧月份	月折旧额	累计折旧
办公楼	2017.12.06	栋	1	5 000 000.00	20	250 000.00	60	19 791.67	1 187 500.20
设备	2017.12.25	台	2	300 000.00	10	15 000.00	60	2 375.00	142 500.00
空调	2020.12.22	台	6	30 000.00	5	1 500.00	24	475.00	11 400.00
会议桌椅	2020.12.20	套	2	72 000.00	5	3 600.00	24	1 140.00	27 360.00
商务车	2021.12.22	辆	1	300 000.00	4	15 000.00	12	5 937.50	71 250.00
皮卡车	2020.12.03	辆	1	90 000.00	4	4 500.00	24	1 781.25	42 750.00
电脑	2020.12.13	台	50	125 000.00	3	6 250.00	24	3 298.61	79 166.64
合计				5 917 000.00		295 850.00		34 799.03	1 561 926.84

审核:张军　　　　　　　　　　　　　　　　　　　制表:裴迪

表4-23　　无形资产摊销明细表

编制单位:北京永醇酒业有限公司　　　　　　　　　　　　　　　　　金额单位:元

名称	购买日期	金额	预计摊销年限	年摊销额	累计摊销
专利权	2021.01.12	1 000 000.00	10	100 000.00	200 000.00
合计				100 000.00	200 000.00

审核:张军　　　　　　　　　　　　　　　　　　　制表:裴迪

表 4-24　A105080 资产折旧、摊销及纳税调整明细表

单位:元

行次	项目	账载金额			税收金额				纳税调整金额
		资产原值	本年折旧、摊销额	累计折旧、摊销额	资产计税基础	税收折旧、摊销额	享受加速折旧政策的资产按一般税收规定计算的折旧、摊销额	加速折旧、摊销统计额	累计折旧、摊销额
		1	2	3	4	5	6	7=5-6	6
									9(2-5)
1	一、固定资产(2+3+4+5+6+7)	5 917 000.00	417 588.36	1 561 926.84	5 917 000.00	417 588.36	—	—	0
2	（一）房屋、建筑物	5 000 000.00	237 500.04	1 187 500.20	5 000 000.00	237 500.04	—	—	0
3	（二）飞机、火车、轮船、机器、机械和生产设备	300 000.00	28 500.00	142 500.00	300 000.00	28 500.00	—	—	0
4	（三）与生产经营活动有关的器具、工具、家具等	102 000.00	19 380.00	38 760.00	102 000.00	19 380.00	—	—	0
5	（四）飞机、火车、轮船以外的运输工具	390 000.00	92 625.00	114 000.00	390 000.00	92 625.00	—	—	0
6	（五）电子设备	125 000.00	39 583.32	79 166.64	125 000.00	39 583.32	—	—	0
7	（六）其他								
8	其中:享受固定资产加速折旧及一次性扣除政策的资产加速折旧额大于一般折旧额的部分（一）重要行业固定资产加速折旧(不含一次性扣除)				0	0	—	0	—
9	（二）其他行业研发设备加速折旧				0	0	—	0	—
10	（三）特定地区企业固定资产加速折旧(10.1+10.2)	0	0	0	0	0	—	0	—

(续表)

行次	项目	账载金额			税收金额				纳税调整金额
		资产原值	本年折旧、摊销额	累计折旧、摊销额	资产计税基础	税收折旧、摊销额	享受加速折旧政策的资产按一般规定计算的折旧、摊销额	加速折旧、摊销统计额	
		1	2	3	4	5	6	7=5-6	9(2-5)
10.1	1. 海南自由贸易港企业固定资产加速折旧							0	
10.2	2. 其他特定地区企业固定资产加速折旧							0	—
11	（四）500万元以下设备器具一次性扣除							0	—
12	（五）疫情防控重点保障物资生产企业单价500万元以上设备一次性扣除							0	—
13	（六）特定地区固定资产一次性扣除(13.1+13.2)	0	0	0	0	0	0	0	—
13.1	1. 海南自由贸易港企业固定资产一次性扣除							0	—
13.2	2. 其他特定地区企业固定资产一次性扣除							0	—
14	（七）技术进步、更新换代固定资产加速折旧							0	—
15	（八）常年强震动、高腐蚀固定资产加速折旧							0	—
16	（九）外购软件加速折旧							0	—
17	（十）集成电路企业生产设备加速折旧							0	—

其中：享受固定资产加速折旧及一次性扣除额大于一般折旧额的部分

(续表)

行次	项目	账载金额			税收金额				纳税调整金额
		资产原值	本年折旧、摊销额	累计折旧、摊销额	资产计税基础	税收折旧、摊销额	享受加速折旧政策的资产按税收一般规定计算的折旧、摊销额	加速折旧、摊销统计额	
		1	2	3	4	5	6	7=5-6	9(2-5)
18	二、生产性生物资产(19+20)	0	0	0	0	0	—	—	0
19	(一)技术类						—	—	0
20	(二)畜类						—	—	0
21	三、无形资产(22+23+24+25+26+27+28+29)	1 000 000.00	1 000 000.00	200 000.00	1 000 000.00	1 000 000.00	—	—	0
22	所有无形资产 (一)专利权	1 000 000.00	1 000 000.00	200 000.00	1 000 000.00	1 000 000.00	—	—	0
23	(二)商标权						—	—	0
24	(三)著作权						—	—	0
25	(四)土地使用权						—	—	0
26	(五)非专利技术						—	—	0
27	(六)特许权使用费						—	—	0
28	(七)软件						—	—	0
29	(八)其他						—	0	0

（续表）

行次	项目	账载金额			税收金额					纳税调整金额
		资产原值	本年折旧、摊销额	累计折旧、摊销额	资产计税基础	税收折旧、摊销额	享受加速折旧政策的资产按一般规定计算的折旧、摊销额	加速折旧、摊销统计额	累计折旧、摊销额	
		1	2	3	4	5	6	7=5-6	8	9=(2-5)
	其中:享受无形资产加速摊销政策的资产摊销额及一次性摊销额较大于一般摊销的部分									
30	（一）企业外购软件加速摊销	0	0	0	0	0	0	0	0	—
31	（二）特定地区企业无形资产加速摊销（31.1+31.2）		0			0	0	0		—
31.1	1.海南自由贸易港企业无形资产加速摊销		0			0	0	0		—
31.2	2.其他特定地区企业无形资产加速摊销		0			0	0	0		—
32	（三）特定地区企业无形资产一次性摊销		0			0	0	0		—
32.1	1.海南自由贸易港企业无形资产一次性摊销		0			0	—	—		—
32.2	2.其他特定地区企业无形资产一次性摊销						—	—		—
33	四、长期待摊费用（34+35+36+37+38）		0			0		0		0
34	（一）已足额提取折旧的固定资产的改建支出		0			0		—		0
35	（二）租入固定资产的改建支出							—		0
36	（三）固定资产的大修理支出							—		0

(续表)

行次	项目	账载金额			税收金额					纳税调整金额
		资产原值	本年折旧、摊销额	累计折旧、摊销额	资产计税基础	税收折旧、摊销额	享受加速折旧政策的资产按一般规定计算的折旧、摊销额	加速折旧、摊销统计额	累计折旧、摊销额	
		1	2	3	4	5	6	7=5−6	6	9(2−5)
37	（四）开办费									
38	（五）其他									
39	五、油气勘探投资					—	—	—	—	0
40	六、油气开发投资					—	—	—	—	0
41	合计(1+18+21+33+39+40)	6 917 000.00	517 588.36	1 761 926.84	6 917 000.00	517 588.36	0	0	1 761 926.84	0
附列资料	全民所有制企业公司制改制资产评估增值政策资产					—	—	—	—	0

8. A106000 企业所得税弥补亏损明细表

2023年2月9日,北京永醇酒业有限公司申报2022年度企业所得税。请根据原始单据及A100000《中华人民共和国企业所得税年度纳税申报表(A类)》,代为填制A106000《企业所得税弥补亏损明细表》。(提示:弥补亏损企业类型为100,且企业所得均为我国境内所得)

【操作步骤】

根据以前年度纳税调整所得(表4-25)填写A106000《企业所得税弥补亏损明细表》(表4-26)。

表4-25　　　　　　　　　　以前年度纳税调整所得

编制单位:北京永醇酒业有限公司　　　　　　　　　　　　　　　　　　　　　　单位:元

年度	纳税调整后所得	年度	纳税调整后所得
2017年	−140 000.00	2020年	500 000.00
2018年	−80 000.00	2021年	1 000 000.00
2019年	250 000.00		

审核:张军　　　　　　　　　制表:裴迪

表4-26　　　　　　A106000 企业所得税弥补亏损明细表　　　　　　　　单位:元

行次	项目	年度	当年境内所得额	分立转出的亏损额	合并、分立转入的亏损额			弥补亏损企业类型	当年亏损额	当年待弥补的亏损额	用本年度所得额弥补的以前年度亏损额		当年可结转以后年度弥补的亏损额
					可弥补年限5年	可弥补年限8年	可弥补年限10年				使用境内所得弥补	使用境外所得弥补	
		1	2	3	4	5	6	7	8	9	10	11	12
1	前十年度	2012											0
2	前九年度	2013											
3	前八年度	2014											
4	前七年度	2015											
5	前六年度	2016											
6	前五年度	2017	−140 000.00					100	−140 000.00				
7	前四年度	2018	−80 000.00					100	−80 000.00				
8	前三年度	2019	250 000.00					100					
9	前二年度	2020	500 000.00					100					
10	前一年度	2021	1 000 000.00					100					
11	本年度	2022	1 562 892.43					100			0	0	
12	可结转以后年度弥补的亏损额合计												0

特别提示 4-2

税法关于弥补亏损的规定

1. 亏损不是企业财务报表中的亏损额,而是收入总额减除不征税收入、免税收入和各项扣除后小于零的数额。

2. 企业某一纳税年度发生的亏损可以用下一年度的所得弥补,下一年度的所得不足以弥补的,可以逐年延续弥补,但最长不得超过 5 年。

3. 企业在汇总计算缴纳企业所得税时,其境外营业机构的亏损不得抵减境内营业机构的盈利。

9. A105000 纳税调整项目明细表

2023 年 2 月 9 日,北京永醇酒业有限公司申报 2022 年度企业所得税。请根据原始单据及其他申报表,代为填制 A105000《纳税调整项目明细表》。原始单据包括:收入类科目余额表(表 4-10)、成本类科目余额表(表 4-12)、期间费用科目余额表 1(表 4-14)、期间费用科目余额表 2(表 4-15)、应付职工薪酬科目余额表(表 4-17)、固定资产折旧明细表(表 4-22)、无形资产摊销明细表(表 4-23)、部分科目余额表(表 4-27)。

表 4-27　　　　　　　　　部分科目余额表

编制单位:北京永醇酒业有限公司　　　　　　　　　　　　　　　　单位:元

总账科目	明细科目	本年累计借方发生额	本年累计贷方发生额
税金及附加	地方税费	57 461.40	57 461.40

审核:张军　　　　　　　　　　　　　　　　制表:裴迪

【操作步骤】

根据企业原始单据填写 A105000《纳税调整项目明细表》(表 4-28)。

表 4-28　　　　　　　　A105000 纳税调整项目明细表

单位:元

行次	项目	账载金额	税收金额	调增金额	调减金额
		1	2	3	4
1	一、收入类调整项目 (2+3+4+5+6+7+8+10+11)	—	—	0	0
2	(一)视同销售收入(填写A105010)			0	
3	(二)未按权责发生制原则确认的收入(填写A105020)			0	0
4	(三)投资收益(填写A105030)			0	
5	(四)按权益法核算长期股权投资对初始投资成本调整确认收益				
6	(五)交易性金融资产初始投资调整				
7	(六)公允价值变动净损益			0	0
8	(七)不征税收入	—	—		
9	其中:专项用途财政性资金(填写A105040)				
10	(八)销售折扣、折让和退回			0	0
11	(九)其他			0	0
12	二、扣除类调整项目 (13+14+15+16+17+18+19+20+21+22+23+24+26+27+28+29+30)	—	—	251 642.51	0

（续表）

行次	项目	账载金额 1	税收金额 2	调增金额 3	调减金额 4
13	（一）视同销售成本（填写A105010）	—	—	—	0
14	（二）职工薪酬（填写A105050）	1 325 212.32	1 325 212.32	0	0
15	（三）业务招待费支出	150 000.00	41 007.50	108 992.50	—
16	（四）广告费和业务宣传费支出（填写A105060）				
17	（五）捐赠支出（填写A105070）	300 000.00	157 349.99	142 650.01	
18	（六）利息支出	2 688.00	2 688.00	0	0
19	（七）罚金、罚款和被没收财物的损失			0	—
20	（八）税收滞纳金、加收利息			0	—
21	（九）赞助支出			0	—
22	（十）与未实现融资收益相关在当期确认的财务费用			0	0
23	（十一）佣金和手续费支出（保险企业填写A105060）				
24	（十二）不征税收入用于支出所形成的费用			—	—
25	其中：专项用途财政性资金用于支出所形成的费用（填写A105040）				
26	（十三）跨期扣除项目			0	0
27	（十四）与取得收入无关的支出			0	—
28	（十五）境外所得分摊的共同支出	—	—		
29	（十六）党组织工作经费			0	0
30	（十七）其他			0	0
31	三、资产类调整项目（32+33+34+35）	—	—	0	0
32	（一）资产折旧、摊销（填写A105080）	517 588.36	517 588.36	0	0
33	（二）资产减值准备金			0	0
34	（三）资产损失（填写A105090）				
35	（四）其他			0	0
36	四、特殊事项调整项目（37+38+39+40+41+42+43）				
37	（一）企业重组及递延纳税事项（填写A105100）				
38	（二）政策性搬迁（填写A105110）				
39	（三）特殊行业准备金（39.1+39.2+39.4+39.5+39.6+39.7）			0	0
39.1	1.保险公司保险保障基金			0	0
39.2	2.保险公司准备金			0	0
39.3	其中：已发生未报案未决赔款准备金			0	0
39.4	3.证券行业准备金			0	0
39.5	4.期货行业准备金			0	0
39.6	5.中小企业融资（信用）担保机构准备金			0	0
39.7	6.金融企业、小额贷款公司准备金（填写A105120）				
40	（四）房地产开发企业特定业务计算的纳税调整额（填写A105010）			0	0
41	（五）合伙企业法人合伙人应分得的应纳税所得额			0	
42	（六）发行永续债利息支出			0	0
43	（七）其他	—	—		
44	五、特别纳税调整应税所得				
45	六、其他				
46	合计（1+12+31+36+44+45）	—	—	251 642.51	0

特别提示 4-3

关于业务招待费税前扣除标准的规定

企业实际发生的与生产、经营活动有关的业务招待费，按照实际发生额的60%扣除，但最高不得超过当年销售（营业）收入额（含视同销售收入额）的5‰。

10. A100000 中华人民共和国企业所得税年度纳税申报表(A 类)

2023 年 2 月 9 日,北京永醇酒业有限公司申报 2022 年度企业所得税。请根据原始单据及其他申报表,代为填制 A100000《中华人民共和国企业所得税年度纳税申报表(A 类)》。原始单据包括:电子缴税付款凭证(第一季度)(图 4-3)、电子缴税付款凭证(第二季度)(图 4-4)、电子缴税付款凭证(第三季度)(图 4-5)、电子缴税付款凭证(第四季度)(图 4-6)。

【操作步骤】

根据企业原始单据填写 A100000《中华人民共和国企业所得税年度纳税申报表(A 类)》(表 4-29)。

(1) 营业收入＝8 201 500.00(元)(填写 A101010)。

(2) 营业成本＝4 129 000.00(元)(填写 A102010)。

(3) 税金及附加＝57 461.40(元)(详见部分科目余额表)。

(4) 销售费用＝686 591.16(元)(填写 A104000)。

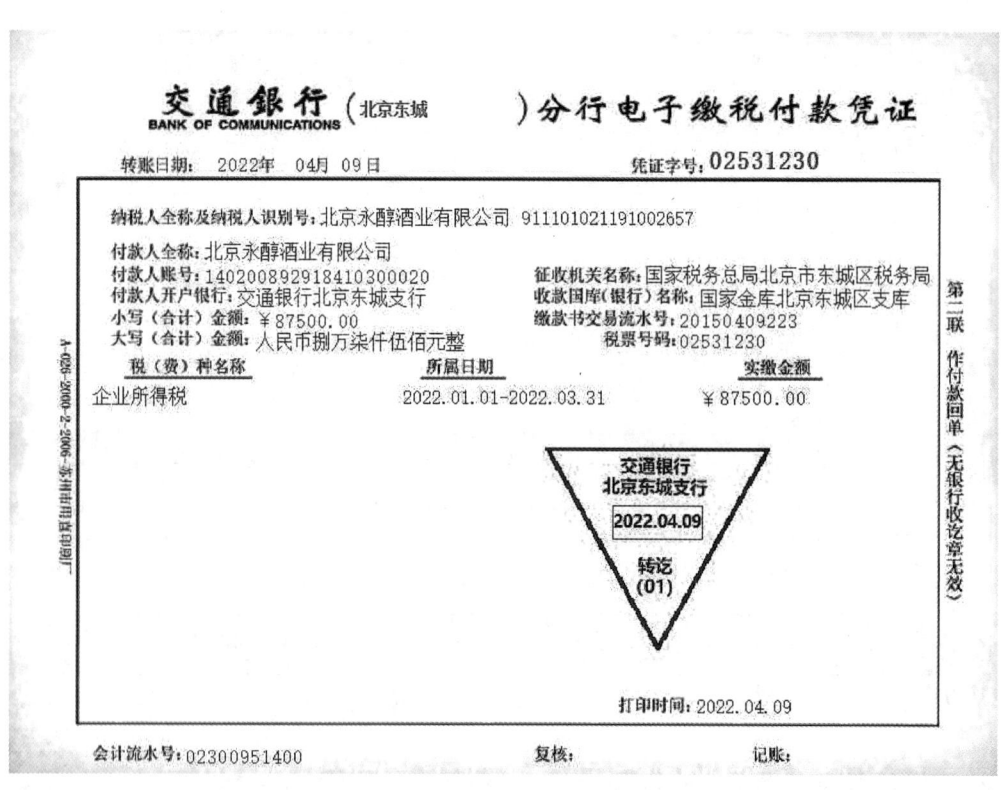

图 4-3 电子缴税付款凭证(第一季度)

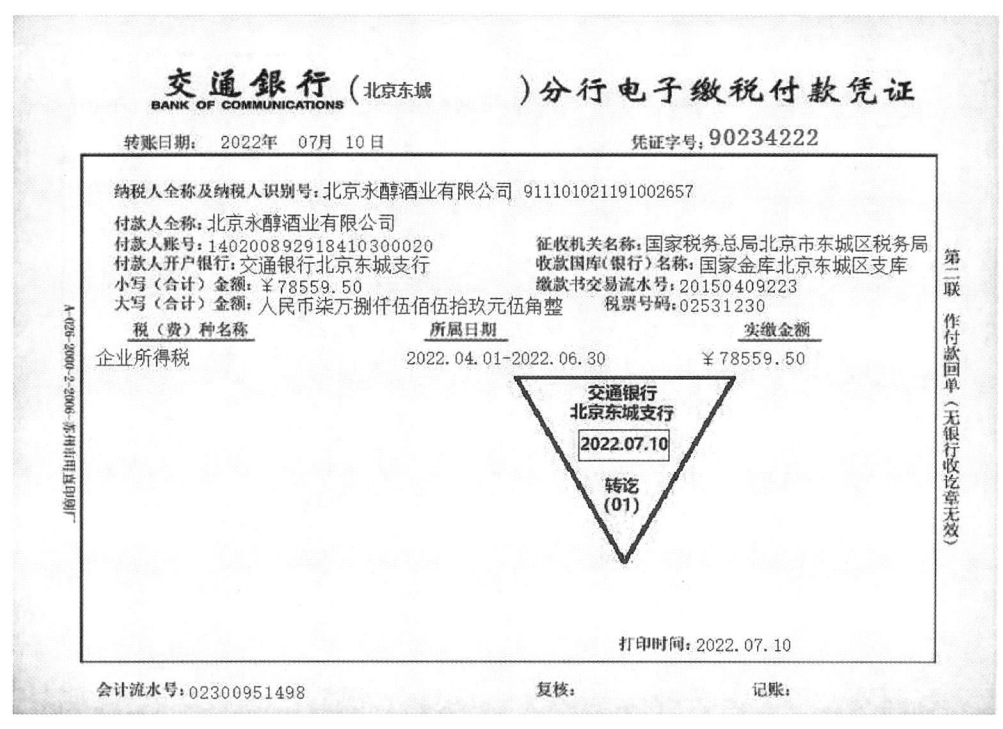

图4-4 电子缴税付款凭证(第二季度)

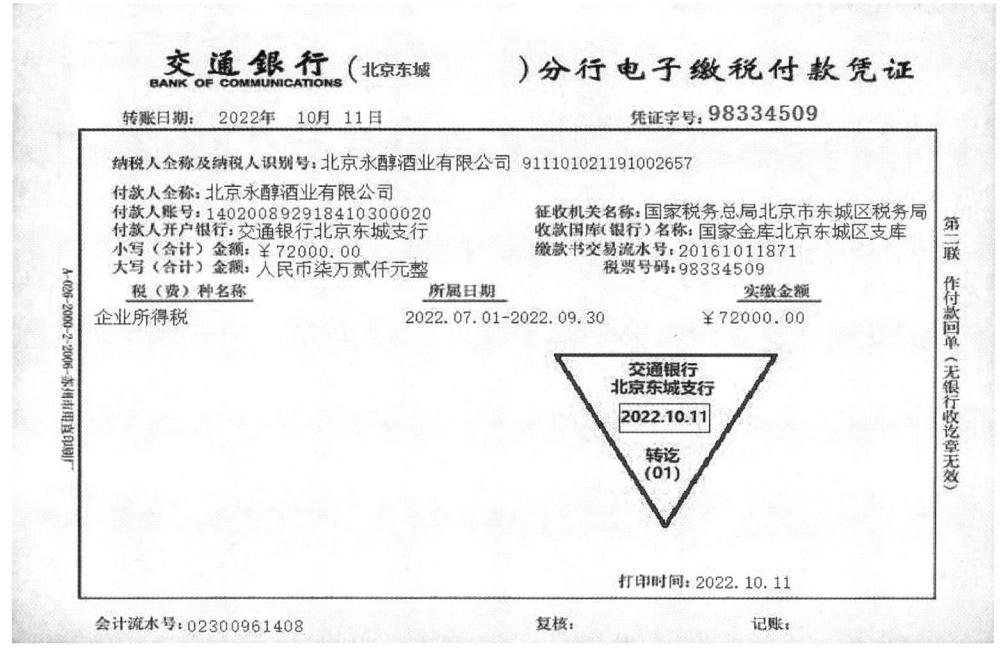

图4-5 电子缴税付款凭证(第三季度)

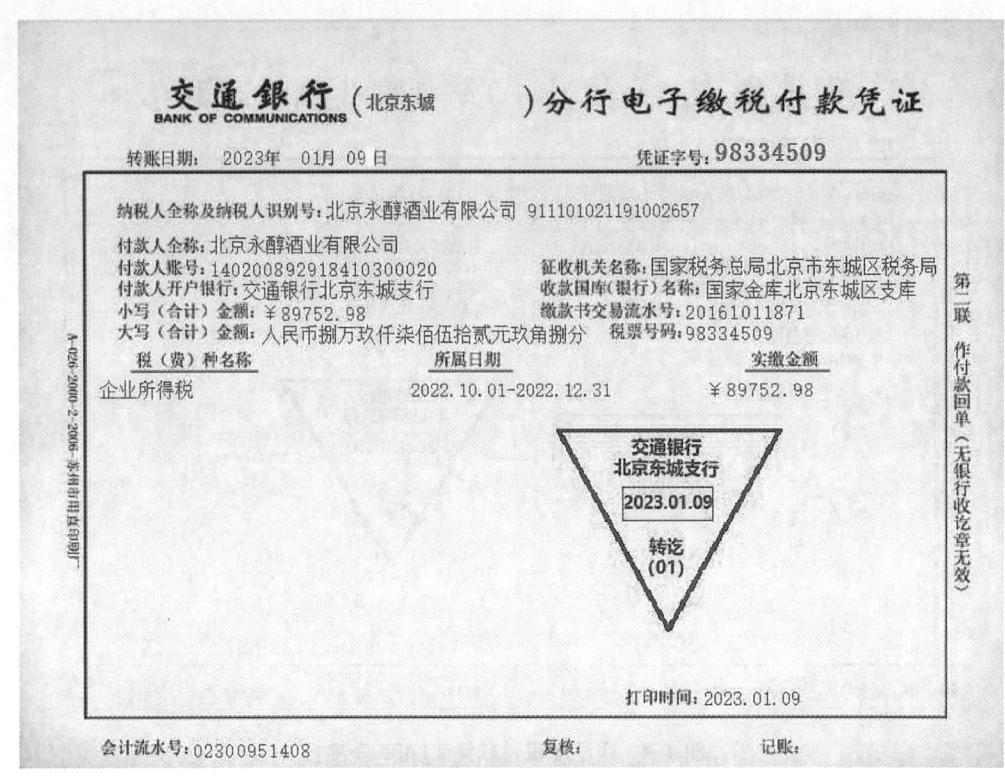

图4-6 电子缴税付款凭证(第四季度)

管理费用＝1 703 509.52(元)(填写A104000)。

财务费用＝36 688.00(元)(填写A104000)。

(5) 营业利润＝1 588 249.92(元)(系统自动计算生成)。

营业外收入＝23 000.00(元)(填写A101010)。

营业外支出＝300 000.00(元)(填写A102010)。

(6) 利润总额＝1 311 249.92(元)(系统自动计算生成)。

(7) 纳税调整增加额＝251 642.51(元)(填写A105000第45行第3列)。

(8) 纳税调整后所得＝1 562 892.43(元)(系统自动计算生成)。

(9) 应纳税所得额＝1 562 892.43(元)(系统自动计算生成)。

(10) 应纳所得税额＝390 723.11(元)(系统自动计算生成)。

(11) 本年度无减免所得税、抵免所得税事项发生，以及无境外所得。实际应纳所得税额＝应纳税额＝应纳所得税额＝390 723.11(元)(系统自动计算生成)。

(12) 本年累计实际已缴纳的所得税额＝327 812.48(元)(详见电子缴税回单)。

(13) 本年应补(退)所得税额＝62 910.63(元)(系统自动计算生成)。

表 4-29　　A100000 企业所得税年度纳税申报表(A 类)

纳税人识别号:911101021191002657　　纳税人名称:北京永醇酒业有限公司
所属时期:20220101　至20221231　　填表日期:20230209　　金额单位:元(列至角分)

行次	类别	项目	金额
1	利润总额计算	一、营业收入(填写A101010\101020\103000)	8 201 500.00
2		减：营业成本(填写A102010\102020\103000)	4 129 000.00
3		减：税金及附加	57 461.40
4		减：销售费用(填写A104000)	686 591.16
5		减：管理费用(填写A104000)	1 703 509.52
6		减：财务费用(填写A104000)	36 688.00
7		减：资产减值损失	
8		加：公允价值变动收益	
9		加：投资收益	
10		二、营业利润	1 588 249.92
11		加：营业外收入(填写A101010\101020\103000)	23 000.00
12		减：营业外支出(填写A102010\102020\103000)	300 000.00
13		三、利润总额(10+11-12)	1 311 249.92
14	应纳税所得额计算	减：境外所得(填写A108010)	
15		加：纳税调整增加额(填写A105000)	251 642.51
16		减：纳税调整减少额(填写A105000)	
17		减：免税、减计收入及加计扣除(填写A107010)	
18		加：境外应税所得抵减境内亏损(填写A108000)	
19		四、纳税调整后所得(13-14+15-16-17+18)	1 562 892.43
20		减：所得减免(填写A107020)	
21		减：弥补以前年度亏损(填写A106000)	
22		减：抵扣应纳税所得额(填写A107030)	
23		五、应纳税所得额(19-20-21-22)	1 562 892.43
24		税率(25%)	25%
25		六、应纳所得税额(23×24)	390 723.11
26		减：减免所得税额(填写A107040)	
27		减：抵免所得税额(填写A107050)	
28		七、应纳税额(25-26-27)	390 723.11
29	应纳税额计算	加：境外所得应纳所得税额(填写A108000)	
30		减：境外所得抵免所得税额(填写A108000)	
31		八、实际应纳所得税额(28+29-30)	390 723.11
32		减：本年累计实际已缴纳的所得税额	327 812.48
33		九、本年应补(退)所得税额(31-32)	62 910.63
34		其中：总机构分摊本年应补(退)所得税额(填写A109000)	
35		财政集中分配本年应补(退)所得税额(填写A109000)	
36		总机构主体生产经营部门分摊本年应补(退)所得税额(填写A109000)	
37	实际应纳税额计算	减：民族自治地区企业所得税地方分享部分：( )免征 ( )减征:减征幅度____%	
38		十、本年实际应补(退)所得税额(33-37)	62 910.63

特别提示 4-4

企业所得税年度纳税申报表(A 类)数据来源

主表的正表由以下三部分组成：
(1) 行次1至13：数据来源于财务会计账载金额(利润表)。
(2) 行次14至23：数据来源于各附表。

（3）行次 24 至 36：计算填列，部分数据来源于各附表，其中明细科目金额为全年发生额合计。

延伸阅读 4-1

利用税收优惠政策进行税务筹划

税收优惠政策是国家利用税收杠杆，将一部分应收的税款无偿地折让给纳税人，以体现政府的政策导向。税收优惠政策的形式主要有税收减免、加计扣除、减计收入、税收抵免、加速折旧和优惠税率等。纳税人应对税收优惠政策认真加以研究，以用好、用足优惠政策，达到税收筹划的目的。

第一，企业可以利用研究开发费加扣政策进行税务筹划。企业为开发新技术、新产品、新工艺发生的研究开发费用，未形成无形资产计入当期损益的，在按照规定据实扣除的基础上，按照研究开发费用的 50% 加计扣除；形成无形资产的，按照无形资产成本的 150% 摊销。

例如，某企业单独核算研究人员工资等研究开发费用，未能享受技术开发费的加计扣除。2×22 年该企业不仅单独设立了技术研发部门，并且单独核算研究开发费用，向税务机关报送了相关资料。如果该企业 2×22 年的技术开发费用为 800 万元，所得税税率为 25%，则其可以享受加计扣除，减少所得税 150 万元（800×75%×25%）。

除了开发新技术、新产品、新工艺发生的研究开发费用，安置残疾人员及国家鼓励安置的其他就业人员所支付的工资，也可以在计算应纳税所得额时加计扣除。

第二，企业可以利用广告费和业务宣传费的税收政策进行税务筹划。企业发生的符合条件的广告费和业务宣传费支出，除了国务院财政、税务主管部门另有规定，不超过当年销售（营业）收入 15% 的部分，准予扣除；超过部分，准予在以后纳税年度结转扣除。广告费和业务宣传费支出是以销售（营业）收入为基数计算扣除限额的，如果纳税人将企业的销售部门设立成一个独立核算的销售公司，并将企业产品销售给该独立销售公司，再由该独立销售公司对外销售，这样就多核算了一次营业收入，从集团整体来看，也就会扩大广告费和业务宣传费支出的计提基数。

企业实施不具有合理商业目的的安排，而减少其应纳税收入或者所得额的，税务机关有权按照合理方法进行纳税调整。因此，企业要在充分考虑商业目的的基础上，运用设立销售公司的税务筹划方案，并进一步在关联公司之间合理分摊广告费和业务宣传费进行税务筹划。

企业设立销售公司除了可以节税，对于扩大产品销售市场及加强销售管理均具有重要意义，但也会因此增加一些管理成本。纳税人应根据企业规模的大小及产品的具体特点，兼顾成本与效益原则，从长远利益考虑，决定是否设立分公司。

资料来源：国家税务总局. 国家税务总局关于进一步落实研发费用加计扣除政策有关问题的公告[EB/OL].（2021-9-13）[2023-03-07]. http://www.chinatax.gov.cn/chinatax/n810341/n810825/c101434/c5169007/content.html.

第五章　个人所得税的纳税申报

知识框架

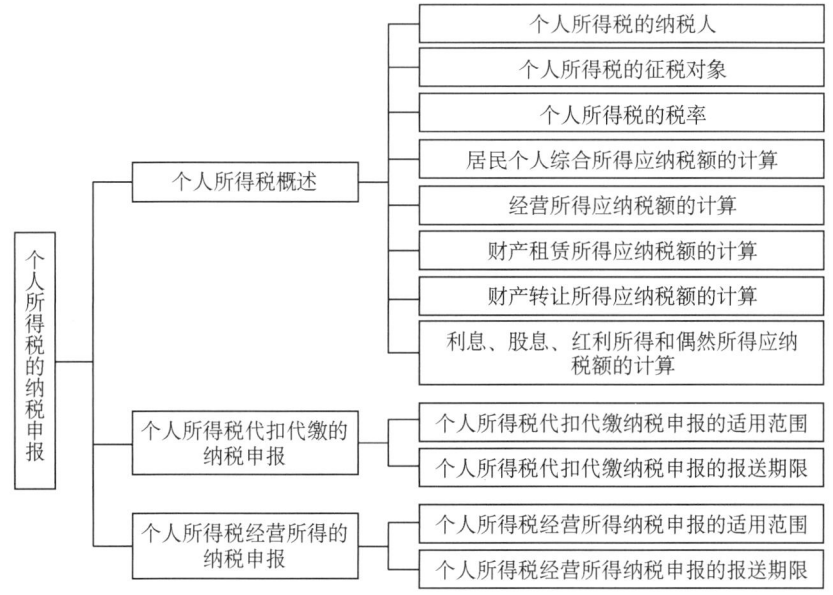

第一节　个人所得税概述

一、实验目的

通过本节课的学习,学生能够比较系统、全面地掌握个人所得税的纳税人、个人所得税的征税对象、个人所得税的税率;掌握居民个人综合所得应纳税额的计算、经营所得应纳税额的计算;了解财产租赁所得应纳税额的计算、财产转让所得应纳税额的计算,以及利息、股息、红利和偶然所得应纳税额的计算。

二、理论知识点

(一) 个人所得税的纳税人

个人所得税是指以自然人取得的各项应税所得为征税对象所征收的一种所得税,是政府利用税收对个人收入进行调节的一种手段。1980 年 9 月 10 日第五届全国人民代表大会第三次会议审议通过并公布实施了《中华人民共和国个人所得税法》(以下简称《个人所得税法》),1993 年 10 月 31 日第八届全国人民代表大会常务委员会第四次会议公布了修改后的

《个人所得税法》,并自 1994 年 1 月 1 日起施行。多年来,《个人所得税法》通过了多次修改,目前适用的《个人所得税法》是 2018 年 8 月 31 日第十三届全国人民代表大会常务委员会第五次会议修改通过并公布的,并自 2019 年 1 月 1 日起施行。

个人所得税的纳税人,依据住所和居住时间两个标准分为居民个人和非居民个人。

1. 居民个人

在中国境内有住所,或者无住所而一个纳税年度内在中国境内居住累计满 183 天的个人,为居民个人。居民个人从中国境内和境外取得的所得,依照《个人所得税法》的规定缴纳个人所得税。

2. 非居民个人

在中国境内无住所又不居住,或者无住所而一个纳税年度内在中国境内居住累计不满 183 天的个人,为非居民个人。非居民个人从中国境内取得的所得,依照《个人所得税法》的规定缴纳个人所得税。

(二) 个人所得税的征税对象

1. 工资、薪金所得

工资、薪金所得是指个人因任职或受雇而取得的工资、薪金、奖金、年终加薪、劳动分红、津贴、补贴,以及与任职或受雇有关的其他所得。

2. 劳务报酬所得

劳务报酬所得是指个人独立从事各种非雇佣的劳务所取得的所得。

3. 稿酬所得

稿酬所得是指个人因其作品以图书、报刊形式出版、发表而取得的所得。

4. 特许权使用费所得

特许权使用费所得是指个人提供专利权、商标权、著作权、非专利技术以及其他特许权的使用权取得的所得。

5. 经营所得

经营所得是指:

(1) 个体工商户从事生产、经营活动取得的所得,个人独资企业投资人、合伙企业的个人合伙人来源于境内注册的个人独资企业、合伙企业生产、经营的所得。

(2) 个人依法从事办学、医疗、咨询以及其他有偿服务活动取得的所得。

(3) 个人对企业、事业单位承包经营、承租经营以及转包、转租取得的所得。

(4) 个人从事其他生产、经营活动取得的所得。

6. 利息、股息、红利所得

利息、股息、红利所得是指个人拥有债权、股权等而取得的利息、股息、红利所得。利息是指个人拥有债权而取得的利息,包括存款利息、贷款利息和各种债券的利息。

7. 财产租赁所得

财产租赁所得是指个人出租建筑物、土地使用权、机器设备、车船以及其他财产取得的所得。

8. 财产转让所得

财产转让所得是指个人转让有价证券、股权、建筑物、土地使用权、机器设备、车船以及其他财产取得的所得。

9. 偶然所得

偶然所得是指个人得奖、中奖、中彩以及其他偶然性质的所得。

(三) 个人所得税的税率

《个人所得税法》分别就不同个人所得项目规定了超额累进税率和比例税率两种税率形式。其中超额累进税率分为7级超额累进税率和5级超额累进税率。

1. 综合所得项目(包括工资、薪金所得,劳务报酬所得,稿酬所得和特许权使用费所得)的适用税率

综合所得适用7级超额累进税率,税率为3%~45%,如表5-1所示。

表5-1　　　　　　　　　个人所得税税率表(综合所得适用)

级数	全年应纳税所得额	税率	速算扣除数
1	不超过36 000元的部分	3%	0
2	超过36 000元至144 000元的部分	10%	2 520
3	超过144 000元至300 000元的部分	20%	16 920
4	超过300 000元至420 000元的部分	25%	31 920
5	超过420 000元至660 000元的部分	30%	52 920
6	超过660 000元至960 000元的部分	35%	85 920
7	超过960 000元的部分	45%	181 920

2. 经营所得项目(包括个体工商户的生产、经营所得和对企事业单位的承包经营、承租经营所得)的适用税率

经营所得适用5级超额累进税率,税率为5%~35%,如表5-2所示。

表5-2　　　　　　　　　个人所得税税率表(经营所得适用)

级数	全年应纳税所得额	税率	速算扣除数
1	不超过30 000元的部分	5%	0
2	超过30 000元至90 000元的部分	10%	1 500
3	超过90 000元至300 000元的部分	20%	10 500
4	超过300 000元至500 000元的部分	30%	40 500
5	超过500 000元的部分	35%	65 500

3. 其他所得项目的适用税率

利息、股息、红利所得,财产租赁所得,财产转让所得,偶然所得适用20%的比例税率。

(四) 居民个人综合所得应纳税额的计算

1. 居民个人综合所得应纳税所得额的预扣预缴方法

扣缴义务人在向居民个人支付工资、薪金所得,劳务报酬所得,稿酬所得,特许权使用费所得时,应按以下方法预扣预缴个人所得税,并向主管税务机关报送《个人所得税扣缴申报表》。年度预扣预缴税额与年度应纳税额不一致的,由居民个人于次年3月1日至6月30日向主管税务机关办理综合所得年度汇算清缴,税款多退少补。

(1) 工资、薪金所得预扣预缴税款的计算。扣缴义务人在向居民个人支付工资、薪金所得时,应当按照累计预扣法计算预扣税款,并按月办理全员全额扣缴申报。累计预扣法是指扣缴义务人在一个纳税年度内预扣预缴税款时,以纳税人在本单位截至当前月份工资、薪金所得的累计收入额减除累计免税收入、累计减除费用、累计专项扣除、累计专项附加扣除和累计依法确定的其他扣除后的余额为累计预扣预缴应纳税所得额,适用《个人所得税预扣率表一》(表5-3),计算累计应预扣预缴税额,再减除累计减免税额和累计已预扣预缴税额,其余额为本期应预扣预缴税额。当余额为负值时,暂不退税。如果在纳税年度终了后余额仍为负值,由纳税人办理综合所得年度汇算清缴,税款多退少补。具体计算公式如下:

$$\text{本期应预扣预缴税额} = \left(\text{累计预扣预缴应纳税所得额} \times \text{预扣率} - \text{速算扣除数}\right) - \text{累计减免税额} - \text{累计已预扣预缴税额}$$

$$\text{累计预扣预缴应纳税所得额} = \text{累计收入} - \text{累计免税收入} - \text{累计减除费用} - \text{累计专项扣除} - \text{累计专项附加扣除} - \text{累计依法确定的其他扣除}$$

其中,累计减除费用按照5 000元/月乘以纳税人当年截至本月在本单位的任职受雇月份数计算。也就是说,如果纳税人当年5月入职,则扣缴义务人在发放5月工资并扣缴税款时,减除费用按5 000元计算,在发放6月工资并扣缴税款时,减除费用按10 000元计算,以此类推。

表5-3　　　　　　　　　　个人所得税预扣率表一

(居民个人工资、薪金所得预扣预缴适用)

级数	累计预扣预缴应纳税所得额	预扣率	速算扣除数
1	不超过36 000元的部分	3%	0
2	超过36 000元至144 000元的部分	10%	2 520
3	超过144 000元至300 000元的部分	20%	16 920
4	超过300 000元至420 000元的部分	25%	31 920
5	超过420 000元至660 000元的部分	30%	52 920
6	超过660 000元至960 000元的部分	35%	85 920
7	超过960 000元的部分	45%	181 920

应纳税所得额的确定:

第一,费用扣除。居民个人的工资、薪金所得实行按月预扣的方法,每月可以减除费用5 000元。

第二,专项扣除和专项附加扣除。在按月计算居民个人工资、薪金所得的应纳税所得额时,可以扣除居民个人按照国家规定的范围和标准缴纳的基本养老保险、基本医疗保险、失业保险等社会保险费和住房公积金等。

此外,在按月计算居民个人工资、薪金所得的应纳税所得额时,可以扣除居民个人的子女教育、继续教育、住房贷款利息、住房租金以及赡养老人、3岁以下婴幼儿照护等专项附加扣除。居民个人向扣缴义务人提供专项附加扣除信息的,扣缴义务人应当按照规定在工资、薪金所得按月预扣预缴税款时予以扣除,不得拒绝。

第三,依法确定的其他扣除。依法确定的其他扣除包括个人缴付符合国家规定的企业年金、职业年金，个人购买符合国家规定的商业健康保险、税收递延型商业养老保险的支出，以及国务院规定可以扣除的其他项目。

延伸阅读 5-1

视频 5-1
个税专项附加扣除项目

个税专项附加扣除项目

1. 子女教育支出

	学前教育支出	学历教育支出
扣除范围	满3周岁至小学入学前（不包括0~3岁阶段）	义务教育（小学、初中教育）、高中阶段教育（普通高中、中等职业、技工教育）、高等教育（大学专科、大学本科、硕士研究生、博士研究生教育）
扣除方式	定额扣除	定额扣除
扣除标准	1 000元/月/每个子女	
扣除主体	父母（法定监护人）各扣除50%	
	父母（法定监护人）选择一方全额扣除	
注意事项	(1) 子女在境内学校或境外学校接受教育，在公办学校或民办学校接受教育均可享受 (2) 子女已经不再接受全日制学历教育的不可以填报子女教育专项附加扣除 (3) 具体扣除方式在一个纳税年度内不能变更 (4) 纳税人子女在中国境外接受教育的，纳税人应当留存境外学校录取通知书、留学签证等相关教育的证明资料备查	

2. 继续教育支出

	学历继续教育支出	技能人员职业资格继续教育支出	专业技术人员职业资格继续教育支出
扣除范围	境内学历（学位）教育期间	取得证书的年度	
扣除方式	定额扣除	定额扣除	
扣除标准	400/月 最长不超过48个月	3 600元	
扣除主体	本人扣除； 个人接受本科（含）以下学历（学位）继续教育，可以选择由其父母扣除	本人扣除	
注意事项	(1) 对同时接受多个学历继续教育，或者同时取得多个职业资格证书的，只需填报其中一个即可。但如果同时存在学历继续教育、职业资格继续教育两类继续教育情形，则每一类都要填写 (2) 纳税人接受技能人员职业资格继续教育、专业技术人员职业资格继续教育的，应当留存相关证书等资料备查		

3. 大病医疗支出

扣除范围	基本医保相关医药费除去医保报销后发生的支出； 个人负担（医保目录范围内的自付部分）累计超过15 000元的部分

(续表)

扣除方式	限额内据实扣除
扣除标准	每年在 80 000 元限额内据实扣除
扣除主体	医药费用支出可以选择由本人或者其配偶扣除； 未成年子女发生的医药费用支出可以选择由其父母一方扣除
注意事项	（1）次年汇算清缴时享受扣除 （2）纳税人应当留存大病患者医药服务收费及医保报销相关票据原件或复印件，或者医疗保障部门出具的纳税年度医药费用清单等资料备查
温馨提示	可通过手机下载"国家医保服务平台"App 并注册、登录、激活医保电子凭证后，通过首页的"年度费用汇总查询"模块查询大病医疗相关数额

4. 住房贷款利息支出

扣除范围	纳税人本人或其配偶单独或共同使用商业银行或住房公积金个人住房贷款为本人或其配偶购买中国境内住房，发生的首套住房贷款利息支出； 实际发生贷款利息的年度（不超过 240 个月）
扣除方式	定额扣除
扣除标准	1 000 元/月
扣除主体	经夫妻双方约定，可以选择由其中一方扣除，具体扣除方式在一个纳税年度内不能变更； 夫妻双方婚前分别购买住房发生的首套住房贷款利息，婚后可选择其中一套房，由购买方按扣除标准的 100% 扣除，或对各自购买住房分别按扣除标准的 50% 扣除，具体扣除方式在一个纳税年度内不能变更
注意事项	（1）所称首套住房贷款是指购买住房享受首套住房贷款利率的住房贷款 （2）纳税人应当留存住房贷款合同、贷款还款支出凭证备查

5. 住房租金支出

扣除范围	纳税人及其配偶在主要工作城市没有自有住房而发生的住房租金支出		
	直辖市、省会（首府）城市、计划单列市以及国务院确定城市	市辖区户籍人口＞100 万	市辖区户籍人口≤100 万
扣除方式	定额扣除		
扣除标准	1 500 元/月	1 100 元/月	800 元/月
扣除主体	签订租赁合同的承租人； 夫妻双方主要工作城市相同：只能由一方（即承租人）扣除； 夫妻双方主要工作城市不同，且各自在其主要工作城市都没有住房的：分别扣除		
注意事项	（1）纳税人及其配偶在一个纳税年度内不能同时分别享受住房贷款利息和住房租金专项附加扣除 （2）纳税人应当留存住房租赁合同、协议等有关资料备查		

6. 赡养老人支出

扣除范围	纳税人赡养一位及以上被赡养人的赡养支出。被赡养人是指年满60周岁(含)的父母,以及子女均已去世的年满60周岁的祖父母、外祖父母	
	独生子女	非独生子女
扣除方式	定额扣除	定额扣除
扣除标准	2 000元/月	每人不超过1 000元/月(分摊每月2 000元的扣除额度)
扣除主体	本人扣除	平均分摊:赡养人平均分摊; 约定分摊:赡养人自行约定分摊比例; 指定分摊:由被赡养人指定分摊比例
注意事项	(1) 指定分摊及约定分摊必须签订书面协议 (2) 指定分摊优先于约定分摊 (3) 具体分摊方式和额度在一个纳税年度内不能变更	

7. 婴幼儿照护支出

扣除范围	纳税人照护3岁以下婴幼儿的相关支出; 从婴幼儿出生的当月至年满3周岁的前一个月
扣除方式	定额扣除
扣除标准	1 000元/月/每孩
扣除主体	父母(监护人)可以选择由其中一方按扣除标准的100%扣除; 父母(监护人)也可以选择由双方分别按扣除标准的50%扣除
注意事项	(1) 具体扣除方式在一个纳税年度内不能变更 (2) 纳税人需要留存子女的出生医学证明等资料备查

温馨提示:①这里的父母,是指生父母、继父母、养父母。这里的子女,是指婚生子女、非婚生子女、继子女、养子女。父母之外的其他人担任未成年人的监护人的,比照执行;②纳税人首次享受专项附加扣除,应当将专项附加扣除相关信息提交扣缴义务人或者税务机关,扣缴义务人应当及时将相关信息报送税务机关,纳税人对所提交信息的真实性、准确性、完整性负责。专项附加扣除信息发生变化的,纳税人应当及时向扣缴义务人或者税务机关提供相关信息;③个人所得税专项附加扣除额一个纳税年度扣除不完的,不能结转以后年度扣除;④纳税人需要留存备查的相关资料应当自法定汇算期结束后保存5年,扣缴义务人需要留存备查的相关资料应当自预扣预缴年度的次年起保存5年。

(2) 劳务报酬所得、稿酬所得、特许权使用费所得预扣预缴税款的计算。扣缴义务人向居民个人支付劳务报酬所得、稿酬所得、特许权使用费所得,按次或者按月预扣预缴个人所得税。具体预扣预缴方法如下:

第一,劳务报酬所得、稿酬所得、特许权使用费所得以收入减除费用后的余额为收入额。其中,稿酬所得的收入额减按70%计算。

第二,减除费用。劳务报酬所得、稿酬所得、特许权使用费所得每次收入不超过4 000元的,减除费用按800元计算;每次收入4 000元以上的,减除费用按收入的20%计算。

第三,应纳税所得额。劳务报酬所得、稿酬所得、特许权使用费所得,以每次收入额为预扣预缴应纳税所得额,计算应预扣预缴税额。劳务报酬所得适用20%~40%的超额累进预扣率(表5-4)。稿酬所得、特许权使用费所得适用20%的比例预扣率。

表5-4 个人所得税预扣率表二
(居民个人劳务报酬所得预扣预缴适用)

级数	累计预扣预缴应纳税所得额	预扣率	速算扣除数
1	不超过20 000元的部分	20%	0
2	超过20 000元至50 000元的部分	30%	2 000
3	超过50 000元的部分	40%	7 000

2. 居民个人综合所得应纳税额的计算及汇算清缴

劳务报酬所得、稿酬所得、特许权使用费所得,以收入减除20%费用后的余额为收入额。其中,稿酬所得的收入额减按70%计算。个人(包括居民个人和非居民个人)将其所得对教育、扶贫、济困等公益慈善事业进行捐赠,捐赠额未超过纳税人申报的应纳税所得额30%的部分,可以从其应纳税所得额中扣除;国务院规定对公益慈善事业捐赠实行全额税前扣除的,从其规定。

居民个人的综合所得,以每一纳税年度的收入额减除费用6万元以及专项扣除、专项附加扣除和依法确定的其他扣除后的余额,为应纳税所得额。

专项扣除包括居民个人按照国家规定的范围和标准缴纳的基本养老保险、基本医疗保险、失业保险等社会保险费和住房公积金等。专项附加扣除包括子女教育、继续教育、大病医疗、住房贷款利息或者住房租金、赡养老人等支出,具体范围、标准和实施步骤由国务院确定,并报全国人民代表大会常务委员会备案。

专项扣除、专项附加扣除和依法确定的其他扣除,以居民个人一个纳税年度的应纳税所得额为限额;一个纳税年度扣除不完的,不结转以后年度扣除。

(五) 经营所得应纳税额的计算

1. 经营所得应纳税所得额的确定

经营所得,以每一纳税年度的收入总额减除成本、费用以及损失后的余额,为应纳税所得额。

对于取得经营所得的个人,如果没有综合所得,计算其每一纳税年度的应纳税所得额时,应当减除费用6万元、专项扣除、专项附加扣除以及依法确定的其他扣除。其中,专项附加扣除在办理汇算清缴时减除。

2. 经营所得应纳税额的计算公式

经营所得应纳税额的计算公式如下:

应纳税额=应纳税所得额×适用税率-速算扣除数
　　　　=(全年收入总额-成本-费用-损失)×适用税率-速算扣除数

(六) 财产租赁所得应纳税额的计算

1. 财产租赁所得应纳税所得额的确定

财产租赁所得的费用扣除计算方法与劳务报酬所得、稿酬所得、特许权使用费所得的费用扣除计算方法相同。财产租赁所得以1个月内取得的收入为一次。

对于财产租赁所得来说,每次收入不超过4 000元的,减除费用为800元;在4 000元以上的,减除20%的费用,其余额为应纳税所得额。在确定财产租赁的应纳税所得额时,纳税人在出租财产过程中缴纳的税金和教育费附加,可持完税(缴款)凭证,从其财产租赁收入中扣除。此外,准予扣除的项目除了规定费用和有关税费,还准予扣除能够提供有效、准确凭证,证明由纳税人负担的该出租财产实际开支的修缮费用。

2. 财产租赁所得应纳税额的计算公式

每次(月)收入不超过4 000元的,财产租赁所得应纳税额的计算公式如下:

应纳税额=每次(月)收入额−准予扣除项目−修缮费用(800元为限)−800元

每次(月)收入超过4 000元的,财产租赁所得应纳税额的计算公式如下:

应纳税额=[每次(月)收入额−准予扣除项目−修缮费用(800元为限)]×(1−20%)

(七) 财产转让所得应纳税额的计算

1. 财产转让所得应纳税所得额的确定

财产转让所得,以转让财产的收入额减除财产原值和合理费用后的余额,为应纳税所得额。

2. 财产转让所得应纳税额的计算公式

财产转让所得应纳税额的计算公式如下:

$$应纳税额=应纳税所得额×适用税率$$
$$=(收入总额−财产原值−合理税费)×20\%$$

(八) 利息、股息、红利所得和偶然所得应纳税额的计算

1. 利息、股息、红利所得和偶然所得应纳税所得额的确定

利息、股息、红利所得和偶然所得按次征收个人所得税。利息、股息、红利所得,以支付利息、股息、红利时取得的收入为一次。偶然所得,以每次取得该项收入为一次。因此,利息、股息、红利所得和偶然所得的应纳税所得额为每次收入额。

2. 利息、股息、红利所得和偶然所得应纳税额的计算公式

利息、股息、红利所得和偶然所得应纳税额的计算公式如下:

$$应纳税额=应纳税所得额(每次收入额)×适用税率$$
$$=应纳税所得额(每次收入额)×20\%$$

延伸阅读 5-2

个人所得税的筹划思路

个人所得税税收筹划的方式有许多种,以下列举几种比较常见的方式。

1. 分清收入构成

首先,认定收入性质。例如,综合所得和财产性所得由于收入性质不同,计税政策也不同,因此缴纳的税款之间也存在一定差异。我们可以通过转换收入的形式让其适用的税率

降低从而达到减少税款缴纳的效果。其次,注意收入的发放时间。例如,发放月度奖和年终一次性奖金,就存在计税时间的差异。最后,要注意区分需要缴纳个人所得税的收入和不需要缴纳个人所得税的收入。

2. 准确把握扣减项目

除了基本养老保险、基本医疗保险、基本生育保险、住房公积金不征收个人所得税,其他保险也是实现个人所得税税收筹划的重要手段。例如,个人在规定范围内购买的符合规定的商业健康保险支出,应在当月或当年计算应纳税所得额时予以税前扣除。

3. 契约变化

经济契约关系、合同模式的改变,一般会引起税收的变化。这一原理证明了合同条款的重要性。例如,个人投资者向企业借款,根据《财政部 国家税务总局关于规范个人投资者个人所得税征收管理的通知》(财税〔2003〕158号)的规定,纳税年度内个人投资者从其投资的企业(个人独资企业、合伙企业除外)借款,在该纳税年度终了后既不归还,又未用于企业生产、经营的,其未归还的借款被认定为企业分配给个人投资者的分红,并对此进行征税。然而个人投资者如果采用合理的税收筹划手段,则可以减轻税负。例如,个人投资者向董事长个人借款,让其在次年筹备周转资金时还上,然后在下一个年度再通过签订借款合同借出该笔款项。这种处理模式要求董事长每年都要签订借款协议,使借款期限控制在1个纳税年度。此外,个人投资者还可以采用更换借款人的方法,即在借款时转变当事人(契约方),让董事长的朋友(非股东身份)办理个人借款,从而摆脱上述政策的约束,即使借款超过1个纳税年度也不用缴纳任何税款。

4. 利用公益捐赠支出

个人将其所得通过中国境内的社会团体、国家机关向教育和其他社会公益事业以及遭受严重自然灾害地区、贫困地区进行捐赠,金额未超过纳税人申报的应纳税所得额30%的部分,可以从其应纳税所得额中扣除。

5. 取得合规发票

凡是以现金形式发放各种补贴(通信补贴、交通费补贴、午餐补贴)的,视为工资、薪金所得,计算缴纳个人所得税。凡是根据经济业务发生并取得合法发票实报实销的,属于企业正常经营费用,不需要缴纳个人所得税。也就是说,如果纳税人直接收到公司以上类别的现金补贴,则需要缴纳个人所得税,如果以合理的票据进行报销,则不需要缴纳个人所得税。

需要说明的是,税收筹划不同于偷税、逃税,它不是对法律的违背和践踏,而是以尊重税法、遵守税法为前提,以对法律和税收的详尽理解、分析和研究为基础,是对现有税法的优惠政策的合理利用。对纳税人来说,合法避税并不断进行实践,不仅可以直接给纳税人带来经济利益,还可以帮助纳税人树立正确的法制观念和依法纳税的意识,从而提高纳税人的素质。

资料来源:张熙庭会计之音. 个人所得税,又有新的筹划方法了. 附:案例分析[EB/OL]. (2020-05-25)[2022-10-22]. https://mp.weixin.qq.com/s/3PNjfqRUUYdm-s2XagnIOw.

第二节 个人所得税代扣代缴的纳税申报

一、实验目的

通过本节课的学习,学生能够了解个人所得税扣缴的纳税知识;重点掌握《个人所得税扣缴申报表》的编制。

二、理论知识点

1. 个人所得税代扣代缴纳税申报的适用范围

个人所得税代扣代缴的纳税申报适用于扣缴义务人向居民个人支付工资、薪金所得,劳务报酬所得,稿酬所得和特许权使用费所得的个人所得税全员全额预扣预缴申报;向非居民个人支付工资、薪金所得,劳务报酬所得,稿酬所得和特许权使用费所得的个人所得税全员全额扣缴申报;以及向纳税人(居民个人和非居民个人)支付利息、股息、红利所得,财产租赁所得,财产转让所得和偶然所得的个人所得税全员全额扣缴申报。

2. 个人所得税代扣代缴纳税申报的报送期限

扣缴义务人应当在每月或者每次预扣、代扣税款的次月15日内,将已扣税款缴入国库,并向税务机关报送《个人所得税扣缴申报表》。

视频 5-2 个税 App 汇算申报操作全流程

思政育人 5-1

国家税务总局坚决支持依法严肃查处黄薇(薇娅)偷逃税案件

浙江省杭州市税务局稽查局查明,网络主播黄薇(网名:薇娅)在2019年至2020年,通过隐匿个人收入、虚构业务转换收入性质虚假申报等方式偷逃税款6.43亿元,其他少缴税款0.6亿元,依法对黄薇作出税务行政处理处罚决定,追缴税款、加收滞纳金并处罚款共计13.41亿元。

由此可见,我国对各种偷逃税行为,坚持依法严查严处,坚决维护国家税法权威,促进社会公平正义。

资料来源:藏可为.国家税务总局坚决支持依法严肃查处网络主播薇娅偷逃税案件[EB/OL].(2021-12-20)[2023-04-17].http://www.chinatax.gov.cn/chinatax/n810219/c102025/c5171508/content.html.

三、实验内容及操作步骤

北京利群广告有限公司发放2022年4月工资并申报,请代为扣缴个人所得税,并填制《个人所得税扣缴申报表》(表5-5)。(假设该公司每月收入、专项扣除、专项附加扣除均相同)

北京利群广告有限公司——个人所得税扣缴申报表参考资料

【操作步骤】

根据"工资汇总表"(见二维码)依次填写,以"工资汇总表"中第一个员工"王百灵"为例。

(1)姓名:王百灵。

工资汇总表

表 5-5

个人所得税扣缴申报表

税款所属期：　年　月　日至　年　月　日

金额单位：人民币元（列至角分）

扣缴义务人名称：

扣缴义务人纳税人识别号（统一社会信用代码）：□□□□□□□□□□□□□□□□□□

序号	姓名	身份证件类型	身份证件号码	纳税人识别号	是否为非居民个人	所得项目	收入额计算			本月（次）情况										累计情况												税款计算					备注
							收入	免税收入	减除费用	专项扣除					其他扣除						累计收入额	累计减除费用	累计专项扣除	累计专项附加扣除						累计其他扣除	减按计税比例	准予扣除的捐赠额	应纳税所得额	税率/预扣率	速算扣除数	应纳税额	减免税额	已缴税额	应补/退税额	
										基本养老保险费	基本医疗保险费	失业保险费	住房公积金	年金	商业健康保险	税延养老保险	财产原值	允许扣除的税费	其他				子女教育	继续教育	住房贷款利息	住房租金	赡养老人	3岁以下婴幼儿照护										
	1	2	3	4	5	6	7	8	9	10	11	12	13	14	15	16	17	18	19	20	21	22	23	24	25	26	27	28	29	30	31	32	33	34	35	36	37	38	39	40	41
合计																																									

谨声明：本表是根据国家税收法律法规及相关规定填报的，是真实的、可靠的、完整的。

经办人签字：

经办人身份证件号码：

代理机构签章：

代理机构统一社会信用代码：

扣缴义务人（签章）：

受理人：

受理税务机关（章）：

受理日期：　年　月　日

国家税务总局监制

(2) 身份证件类型:身份证。

(3) 身份证号码:130683197811063271。

(4) 纳税人识别号:130683197811063271。

(5) 是否为非居民个人:否或不填。

(6) 所得项目:工资、薪金所得。

(7) 收入:12 680.00。提示:依据"工资汇总表"中的"应付工资"填列。

(8) 费用:无需填列。

(9) 免税收入:无需填列。

(10) 减除费用:5 000。

(11) 专项扣除中的基本养老保险费、基本医疗保险费、失业保险费、住房公积金依据"工资汇总表"中的"养老保险(个人)""医疗保险(个人)""失业保险(个人)""住房公积金(个人)"填列,分别为 1 014.40、253.60、126.80、634.00。

(12) 其他扣除分别填写按规定允许扣除的项目金额,北京利群广告有限公司未发放该项目,故无需填列。

(13) 累计情况:该列仅适用于居民个人取得工资、薪金所得预扣预缴的情形,工资、薪金所得以外的项目无须填写。具体各列,按照纳税年度内居民个人在该任职受雇单位截至当前月份累计情况填报:①累计收入额:50 720。此列应填写 2022 年 1 月至 4 月每月的收入额合计,由于北京利群广告有限公司每个月的收入相同,故用 12 680×4=50 720;②累计减除费用:20 000(5 000×4);③累计专项扣除:8 115.2[(1 014.4+253.6+126.8+634)×4];④累计专项附加扣除:其一,子女教育:0。其二,继续教育:0。其三,住房贷款利息:1 000(4×250)。其四,住房租金:0。其五,赡养老人:0。其六,3 岁以下婴幼儿照护:0;⑤累计其他扣除:0。

(14) 减按计税比例:100%。

(15) 准予扣除的捐赠额:无需填列。

(16) 税款计算:①"应纳税所得额""税率/预扣率""速算扣除数""应纳税额"自动计算填列;②减免税额:0;③已缴税额:418.61;④应补/退税额自动计算填列。

延伸阅读 5-3

《个人所得税扣缴申报表》填表说明

一、表头项目

1. "税款所属期":填写扣缴义务人代扣税款当月的第 1 日至最后 1 日。例如,2019 年 3 月 20 日发放工资时代扣的税款,税款所属期填写"2019 年 3 月 1 日至 2019 年 3 月 31 日"。

2. "扣缴义务人名称":填写扣缴义务人的法定名称全称。

3. "扣缴义务人纳税人识别号(统一社会信用代码)":填写扣缴义务人的纳税人识别号或统一社会信用代码。

二、表内各栏

1. 第 2 列"姓名":填写纳税人姓名。

2. 第 3 列"身份证件类型":填写纳税人有效的身份证件名称。中国公民有中华人民共和国居民身份证的,填写居民身份证;没有居民身份证的,填写中国港澳居民来往内地通行证或中国港澳居民居住证、中国台湾居民通行证或中国台湾居民居住证、外国人永久居留身份证、外国人工作许可证或者护照等。

3. 第4列"身份证件号码":填写纳税人有效身份证件上载明的证件号码。

4. 第5列"纳税人识别号":有中国公民身份号码的,填写中华人民共和国居民身份证上载明的"公民身份号码";没有中国公民身份号码的,填写税务机关赋予的纳税人识别号。

5. 第6列"是否为非居民个人":纳税人为非居民个人的填"是",为居民个人的填"否"。不填默认为"否"。

6. 第7列"所得项目":填写纳税人取得的个人所得税法第二条规定的应税所得项目名称。同一纳税人取得多项或多次所得的,应分行填写。

7. 第8~21列"本月(次)情况":填写扣缴义务人当月(次)支付给纳税人的所得,以及按规定各所得项目当月(次)可扣除的减除费用、专项扣除、其他扣除等。其中,工资、薪金所得预扣预缴个人所得税时扣除的专项附加扣除,按照纳税年度内纳税人在该任职受雇单位截至当月可享受的各专项附加扣除项目的扣除总额,填写至"累计情况(工资薪金)"中第25~29列相应栏,本月情况中则无须填写。

(1) "收入额计算":包含"收入""费用""免税收入"。

具体计算公式为:收入额=收入-费用-免税收入

其一,第8列"收入":填写当月(次)扣缴义务人支付给纳税人所得的总额。其二,第9列"费用":仅限支付劳务报酬、稿酬、特许权使用费三项所得时填写,取得其他各项所得时无须填写本列。预扣预缴居民个人支付上述三项所得的个人所得税时,每次收入不超过4 000元的,费用填写800元;每次收入4 000元以上的,费用按收入的20%填写。扣缴非居民个人支付上述三项所得的个人所得税时,费用按收入的20%填写。其三,第10列"免税收入":填写纳税人各所得项目收入总额中,包含的税法规定的免税收入金额。其中,税法规定"稿酬所得的收入额减按70%计算",对稿酬所得的收入额减计的30%部分,填入本列。

(2) 第11列"减除费用":按税法规定的减除费用标准填写。例如,2019年纳税人取得工资、薪金所得按月申报时,填写5 000元。纳税人取得财产租赁所得,每次收入不超过4 000元的,填写800元;每次收入4 000元以上的,按收入的20%填写。

(3) 第12~15列"专项扣除":分别填写按规定允许扣除的基本养老保险费、基本医疗保险费、失业保险费、住房公积金(以下简称三险一金)的金额。

(4) 第16~21列"其他扣除":分别填写按规定允许扣除的项目金额。

8. 第22~30列"累计情况(工资、薪金)":本栏仅适用于居民个人取得工资、薪金所得预扣预缴的情形,工资、薪金所得以外的项目无须填写。具体各列,按照纳税年度内居民个人在该任职受雇单位截至当前月份累计情况填报。

(1) 第22列"累计收入额":填写本纳税年度截至当前月份,扣缴义务人支付给纳税人的工资、薪金所得的累计收入额。

(2) 第23列"累计减除费用":按照5 000元/月乘以纳税人当年在本单位的任职受雇月份数计算。

(3) 第24列"累计专项扣除":填写本年度截至当前月份,按规定允许扣除的三险一金的累计金额。

(4) 第25~30列"累计专项附加扣除":分别填写截至当前月份,纳税人按规定可享受的子女教育、赡养老人、住房贷款利息或住房租金、继续教育、3岁以下婴幼儿照护扣除的累计金额。大病医疗扣除由纳税人在年度汇算清缴时办理,此处无须填报。

(5) 第31列"累计其他扣除":填写本年度截至当前月份,按规定允许扣除的年金(包括企业年金、职业年金)、商业健康保险、税延养老保险及其他扣除项目的累计金额。

9. 第32列"减按计税比例":填写按规定实行应纳税所得额减计税收优惠的减计比例。无减计规定的,可不填,系统默认为100%。例如,某项税收政策实行减按60%计入应纳税所得额,则本列填60%。

10. 第33列"准予扣除的捐赠额":是指按照税法及相关法规、政策规定,可以在税前扣除的捐赠额。

11. 第34~40列"税款计算":填写扣缴义务人当月扣缴个人所得税款的计算情况。

(1) 第34列"应纳税所得额":根据相关列次计算填报。

①居民个人取得工资、薪金所得,填写累计收入额减除累计减除费用、累计专项扣除、累计专项附加扣除、累计其他扣除、准予扣除的捐赠额后的余额。②非居民个人取得工资、薪金所得,填写收入额减去减除费用、准予扣除的捐赠额后的余额。③居民个人或非居民个人取得劳务报酬所得、稿酬所得、特许权使用费所得,填写本月(次)收入额减除可以扣除的税费、准予扣除的捐赠额后的余额。④居民个人或非居民个人取得利息、股息、红利所得和偶然所得,填写本月(次)收入额减除准予扣除的捐赠额后的余额。⑤居民个人或非居民个人取得财产租赁所得,填写本月(次)收入额减除允许扣除的税费、准予扣除的捐赠额后的余额。⑥居民个人或非居民个人取得财产转让所得,填写本月(次)收入额减除财产原值、允许扣除的税费、准予扣除的捐赠额后的余额。

其中,适用"减按计税比例"的所得项目,其应纳税所得额按上述方法计算后乘以减按计税比例的金额填报。

(2) 第35~36列"税率/预扣率"和"速算扣除数":填写各所得项目按规定适用的税率(或预扣率)和速算扣除数。没有速算扣除数的,则不填。

(3) 第37列"应纳税额":根据相关列次计算填报。

具体计算公式为:应纳税额=应纳税所得额×税率(预扣率)-速算扣除数

(4) 第38列"减免税额":填写符合税法规定可减免的税额。居民个人工资、薪金所得,填写本年度累计减免税额;居民个人取得工资、薪金以外的所得或非居民个人取得各项所得,填写本月(次)减免税额。

(5) 第39列"已缴税额":填写本年或本月(次)纳税人同一所得项目,已由扣缴义务人实际扣缴的税款金额。

(6) 第40列"应补(退)税额":根据相关列次计算填报。

具体计算公式为:应补(退)税额=应纳税额-减免税额-已缴税额

三、其他栏次

1. "声明":需由扣缴义务人签字或签章。

2. "经办人":由办理扣缴申报的经办人签字,并填写经办人身份证件号码。

3. "代理机构":代理机构代为办理扣缴申报的,应当填写代理机构统一社会信用代码,并加盖代理机构签章。

第三节 个人所得税经营所得的纳税申报

一、实验目的

通过本节课的学习,学生能够了解个人所得税经营所得纳税申报的知识;重点掌握《个人所得税经营所得纳税申报表(B表)》的编制。

二、理论知识点

1. 个人所得税经营所得纳税申报的适用范围

《个人所得税经营所得纳税申报表(B表)》适用于个体工商户业主、个人独资企业投资人、合伙企业个人合伙人、承包承租经营者个人以及其他从事生产、经营活动的个人在中国境内取得经营所得,且实行查账征收的,在办理个人所得税汇算清缴纳税申报时,向税务机关报送。

特别提示 5-1

合伙企业有两个或者两个以上个人合伙人的,应分别填报《个人所得税经营所得纳税申报表(B表)》。

2. 个人所得税经营所得纳税申报的报送期限

纳税人在取得经营所得的次年3月31日前,向税务机关办理汇算清缴。

三、实验内容及操作步骤

北京凯利商贸有限公司于2022年1月1日将公司承包给吴元华经营。年底结算时该公司将2022年度净利润扣除承包费后付给吴元华。请代为填制《个人所得税经营所得纳税申报表(B表)》(表5-6)。

【操作步骤】

根据原始单据"企业基本情况表""企业经营承包合同""简易利润表""经营所得个税税率表"填写。(上述资料见二维码)

(1)"收入总额":1 683 497.11。依据"简易利润表"中"营业收入"和"营业外收入"填写。

(2)"营业成本""营业费用""管理费用""财务费用""税金""损失":依据"简易利润表"中对应的项目信息分别填写。

(3)"其他支出":1 000。依据"简易利润表"中"营业外支出"填写。

(4)"纳税调整增加额"中不存在"超过规定标准的扣除项目金额",支付给投资者的工资薪金,属于"不允许扣除的项目金额"。依据"企业经营承包合同"可知,北京凯利商贸有限公司每月支付承包方8 000元的工资作为日常生活费用,一年共支付8 000×12=96 000(元)。

(5)"纳税调整减少额":216 874.28。依据"简易利润表"中"所得税费用"填写。

(6)"投资者减除费用":60 000。对于取得经营所得的个人,如果没有综合所得,在计算

企业基本情况表

企业经营承包合同

简易利润表

经营所得个税税率表

其每一纳税年度的应纳税所得额时,应当减除费用(6万元)。

(7)"投资抵扣":500 000。依据"企业经营承包合同"可知,承包方于2021年12月31日交50万元整。

(8)依据计算出的"应纳税所得额"判断个人所得税税率为20%,速算扣除数为10 500。

表 5-6   个人所得税经营所得纳税申报表(B表)

税款所属期: 年 月 日至   年 月 日
纳税人姓名:
纳税人识别号:□□□□□□□□□□□□□□□□□□   金额单位:人民币元(列至角分)

被投资单位信息	名称		纳税人识别号 (统一社会信用代码)	
项 目			行次	金额/比例
一、收入总额			1	
其中:国债利息收入			2	
二、成本费用(3=4+5+6+7+8+9+10)			3	
(一)营业成本			4	
(二)营业费用			5	
(三)管理费用			6	
(四)财务费用			7	
(五)税金			8	
(六)损失			9	
(七)其他支出			10	
三、利润总额(11=1-2-3)			11	
四、纳税调整增加额(12=13+27)			12	
(一)超过规定标准的扣除项目金额(13=14+15+16+17+18+19+20+21+22+23+24+25+26)			13	
1. 职工福利费			14	
2. 职工教育经费			15	
3. 工会经费			16	
4. 利息支出			17	
5. 业务招待费			18	
6. 广告费和业务宣传费			19	
7. 教育和公益事业捐赠			20	
8. 住房公积金			21	

(续表)

项 目	行次	金额/比例
9. 社会保险费	22	
10. 折旧费用	23	
11. 无形资产摊销	24	
12. 资产损失	25	
13. 其他	26	
(二)不允许扣除的项目金额(27＝28＋29＋30＋31＋32＋33＋34＋35＋36)	27	
1. 个人所得税税款	28	
2. 税收滞纳金	29	
3. 罚金、罚款和被没收财物的损失	30	
4. 不符合扣除规定的捐赠支出	31	
5. 赞助支出	32	
6. 用于个人和家庭的支出	33	
7. 与取得生产经营收入无关的其他支出	34	
8. 投资者工资薪金支出	35	
9. 其他不允许扣除的支出	36	
五、纳税调整减少额	37	
六、纳税调整后所得(38＝11＋12－37)	38	
七、弥补以前年度亏损	39	
八、合伙企业个人合伙人分配比例	40	
九、允许扣除的个人费用及其他扣除(41＝42＋43＋48＋55)	41	
(一)投资者减除费用	42	
(二)专项扣除(43＝44＋45＋46＋47)	43	
1. 基本养老保险费	44	
2. 基本医疗保险费	45	
3. 失业保险费	46	
4. 住房公积金	47	
(三)专项附加扣除(48＝49＋50＋51＋52＋53＋54)	48	
1. 子女教育	49	
2. 继续教育	50	
3. 大病医疗	51	

(续表)

项 目	行次	金额/比例
4. 住房贷款利息	52	
5. 住房租金	53	
6. 赡养老人	54	
（四）依法确定的其他扣除(55＝56＋57＋58＋59)	55	
1. 商业健康保险	56	
2. 税延养老保险	57	
3.	58	
4.	59	
十、投资抵扣	60	
十一、准予扣除的个人捐赠支出	61	
十二、应纳税所得额(62＝38－39－41－60－61)或[62＝(38－39)×40－41－60－61]	62	
十三、税率	63	
十四、速算扣除数	64	
十五、应纳税额(65＝62×62－64)	65	
十六、减免税额(附报《个人所得税减免税事项报告表》)	66	
十七、已缴税额	67	
十八、应补/退税额(68＝65－66－67)	68	

谨声明：本表是根据国家税收法律法规及相关规定填报的，是真实的、可靠的、完整的。

纳税人签字：　　　　　年　月　日

经办人： 经办人身份证件号码： 代理机构签章： 代理机构统一社会信用代码：	受理人： 受理税务机关(章)： 受理日期：　　　年　月　日

国家税务总局监制

延伸阅读 5-4

《个人所得税经营所得纳税申报表(B表)》填表说明

一、表头项目

1. 税款所属期：填写纳税人取得经营所得应纳个人所得税款的所属期间，应填写具体的起止年月日。

2. 纳税人姓名:填写自然人纳税人姓名。

3. 纳税人识别号:有中国公民身份号码的,填写中华人民共和国居民身份证上载明的"公民身份号码";没有中国公民身份号码的,填写税务机关赋予的纳税人识别号。

二、被投资单位信息

1. 名称:填写被投资单位法定名称的全称。

2. 纳税人识别号(统一社会信用代码):填写被投资单位的纳税人识别号或统一社会信用代码。

三、表内各行填写

1. 第1行"收入总额":填写本年度从事生产经营以及与生产经营有关的活动取得的货币形式和非货币形式的各项收入总金额。收入包括:销售货物收入、提供劳务收入、转让财产收入、利息收入、租金收入、接受捐赠收入、其他收入。

2. 第2行"国债利息收入":填写本年度已计入收入的因购买国债而取得的应予免税的利息金额。

3. 第3~10行"成本费用":填写本年度实际发生的成本、费用、税金、损失以及其他支出的总额。

(1) 第4行"营业成本":填写在生产经营活动中发生的销售成本、销货成本、业务支出以及其他耗费的金额。

(2) 第5行"营业费用":填写在销售商品和材料、提供劳务的过程中发生的各种费用。

(3) 第6行"管理费用":填写为组织和管理企业生产经营发生的管理费用。

(4) 第7行"财务费用":填写为筹集生产、经营所需资金等发生的筹资费用。

(5) 第8行"税金":填写在生产经营活动中发生的除个人所得税和允许抵扣的增值税以外的各项税金及其附加。

(6) 第9行"损失":填写生产经营活动中发生的固定资产和存货的盘亏、毁损、报废损失,转让财产损失,坏账损失,自然灾害等不可抗力因素造成的损失以及其他损失。

(7) 第10行"其他支出":填写除成本、费用、税金、损失外,生产经营活动中发生的与之有关的、合理的支出。

4. 第11行"利润总额":根据相关行次计算填报。第11行=第1行-第2行-第3行。

5. 第12行"纳税调整增加额":根据相关行次计算填报。第12行=第13行+第27行。

6. 第13行"超过规定标准的扣除项目金额":填写扣除的成本、费用和损失中,超过税法规定的扣除标准应予调增的应纳税所得额。

7. 第27行"不允许扣除的项目金额":填写按规定不允许扣除但被投资单位已将其扣除的各项成本、费用和损失,应予调增应纳税所得额的部分。

8. 第37行"纳税调整减少额":填写在计算利润总额时已计入收入或未列入成本费用,但在计算应纳税所得额时应予扣除的项目金额。

9. 第38行"纳税调整后所得":根据相关行次计算填报。第38行=第11行+第12行-第37行。

10. 第39行"弥补以前年度亏损":填写本年度可在税前弥补的以前年度亏损额。

11. 第40行"合伙企业个人合伙人分配比例":纳税人为合伙企业个人合伙人的,填写本栏;其他则不填。分配比例按照合伙协议约定的比例填写;合伙协议未约定或不明确的,按合伙人协商决定的比例填写;协商不成的,按合伙人实缴出资比例填写;无法确定出资比例的,按合伙人平均分配。

12. 第41行"允许扣除的个人费用及其他扣除":填写按税法规定可以税前扣除的各项费用、支出,包括:

(1) 第42行"投资者减除费用":填写按税法规定的减除费用金额。

(2) 第43~47行"专项扣除":分别填写本年度按规定允许扣除的基本养老保险费、基本医疗保险费、失业保险费、住房公积金的合计金额。

(3) 第48~54行"专项附加扣除":分别填写本年度纳税人按规定可享受的子女教育、继续教育、大病医疗、住房贷款利息、住房租金、赡养老人等专项附加扣除的合计金额。

(4) 第55~59行"依法确定的其他扣除":分别填写按规定允许扣除的商业健康保险、税延养老保险,以及国务院规定其他可以扣除项目的合计金额。

13. 第60行"投资抵扣":填写按照税法规定可以税前抵扣的投资金额。

14. 第61行"准予扣除的个人捐赠支出":填写本年度按照税法及相关法规、政策规定,可以在税前扣除的个人捐赠合计额。

15. 第62行"应纳税所得额":根据相关行次计算填报。

(1) 纳税人为非合伙企业个人合伙人的:第62行=第38行-第39行-第41行-第60行-第61行。

(2) 纳税人为合伙企业个人合伙人的:第62行=(第38行-第39行)×第40行-第41行-第60行-第61行。

16. 第63~64行"税率""速算扣除数":填写按规定适用的税率和速算扣除数。

17. 第65行"应纳税额":根据相关行次计算填报。第65行=第62行×第63行-第64行。

18. 第66行"减免税额":填写符合税法规定可以减免的税额,并附报《个人所得税减免税事项报告表》。

19. 第67行"已缴税额":填写本年度累计已预缴的经营所得个人所得税金额。

20. 第68行"应补/退税额":根据相关行次计算填报。第68行=第65行-第66行-第67行。

第六章　其他税种的纳税申报

知识框架

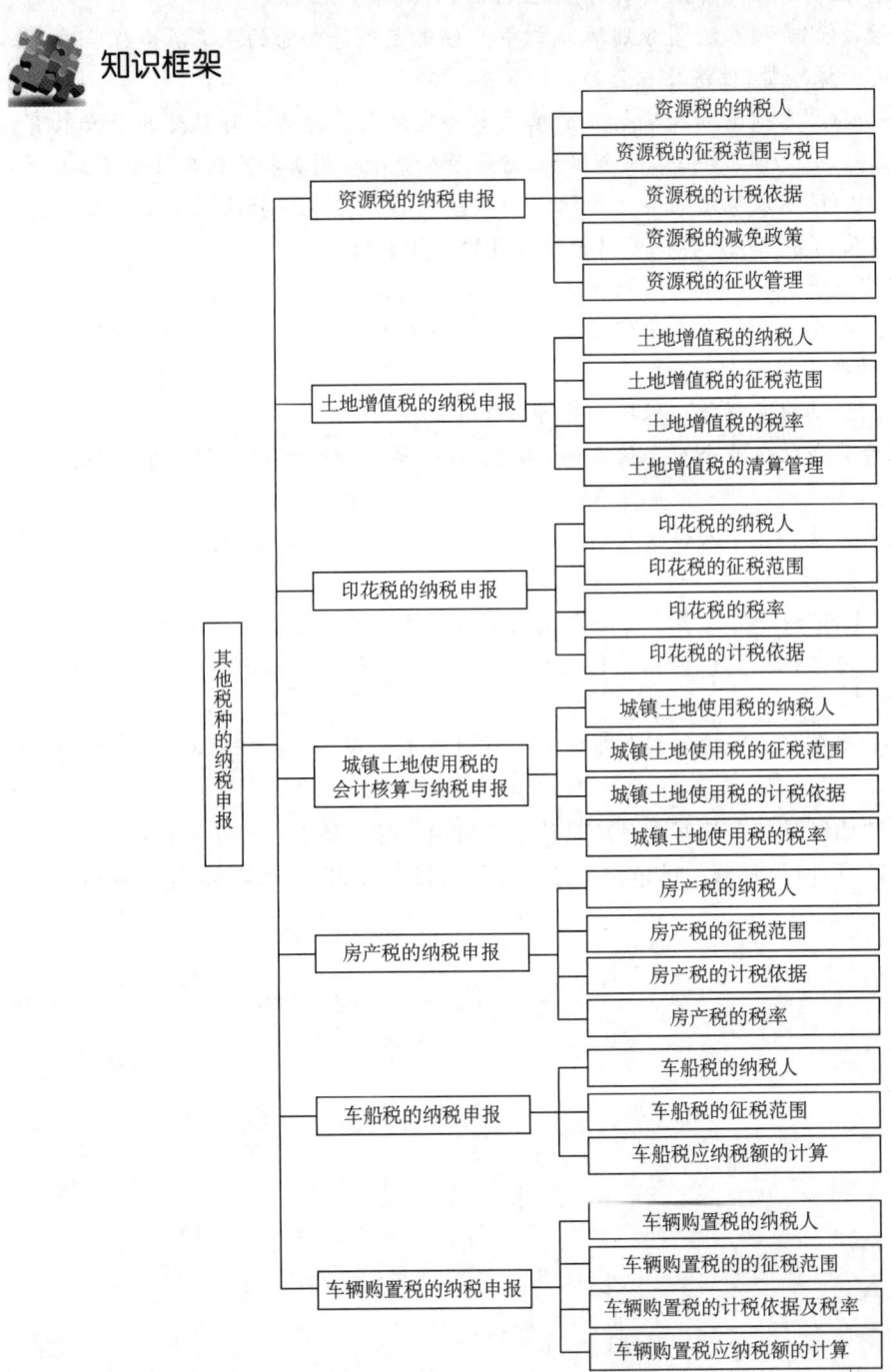

第一节 资源税的纳税申报

视频 6-1
财产和行为
税合并申报

一、实验目的

通过本节课的学习,学生能够了解资源税的纳税人、征税范围与税目;熟悉资源税的计税依据、税收减免政策和征收管理;掌握资源税的纳税申报。

二、理论知识点

1. 资源税的纳税人

资源税的纳税人,是指在中华人民共和国领域和中华人民共和国管辖的其他海域开发应税资源的单位和个人。这里所称单位,是指国有企业、集体企业、私营企业、股份制企业、其他企业和行政单位、事业单位、军事单位、社会团体及其他单位。这里所称个人,是指个体工商户和其他有经营行为的个人。

中外合作开采陆上、海上石油资源的企业依法缴纳资源税。但在 2011 年 11 月 1 日前已依法订立中外合作开采陆上、海上石油资源合同的,在该合同有效期内,继续依照国家有关规定缴纳矿区使用费,不缴纳资源税;合同期满后,依法缴纳资源税。

2. 资源税的征税范围与税目

我国资源税的征税范围由《资源税法》所附《资源税税目税率表》(以下简称《税目税率表》)确定,包括能源矿产、金属矿产、非金属矿产、水气矿产、盐类 5 大类,各税目的征税对象包括原矿或选矿。具体包括:

(1) 能源矿产,包括原油;天然气、页岩气、天然气水合物;煤;煤成(层)气;铀、钍;油页岩、油砂、天然沥青、石煤;地热。

(2) 金属矿产,包括黑色金属和有色金属。黑色金属,包括铁、锰、铬、钒、钛。有色金属,包括铜、铅、锌、锡、镍、锑、镁、钴、铋、汞、铝土矿、钨、钼、金、银、铂、钯、钌、锇、铱、铑、轻稀土、中重稀土、铍、锂、锆、锶、铷、铯、铌、钽、锗、镓、铟、铊、铪、铼、镉、硒、碲。

(3) 非金属矿产,包括矿物类、岩石类、宝玉石类。矿物类,包括高岭土、石灰岩、磷、石墨、萤石、硫铁矿、自然硫、天然石英砂、脉石英、粉石英、水晶、工业用金刚石、冰洲石、蓝晶石、硅线石(矽线石)、长石、滑石、刚玉、菱镁矿、颜料矿物、天然碱、芒硝、钠硝石、明矾石、砷、硼、碘、溴、膨润土、硅藻土、陶瓷土、耐火黏土、铁矾土、凹凸棒石黏土、海泡石黏土、伊利石黏土、累托石黏土、叶蜡石、硅灰石、透辉石、珍珠岩、云母、沸石、重晶石、毒重石、方解石、蛭石、透闪石、工业用电气石、白垩、石棉、蓝石棉、红柱石、石榴子石、石膏、其他黏土。岩石类,包括大理岩、花岗岩、白云岩、石英岩、砂岩、辉绿岩、安山岩、闪长岩、板岩、玄武岩、片麻岩、角闪岩、页岩、浮岩、凝灰岩、黑曜岩、霞石正长岩、蛇纹岩、麦饭石、泥灰岩、含钾岩石、含钾砂页岩、天然油石、橄榄岩、松脂岩、粗面岩、辉长岩、辉石岩、正长岩、火山灰、火山渣、泥炭、砂石。宝玉石类,包括宝石、玉石、宝石级金刚石、玛瑙、黄玉、碧玺。

(4) 水气矿产,包括二氧化碳气、硫化氢气、氦气、氡气、矿泉水。

(5) 盐类,包括钠盐、钾盐、镁盐、锂盐、天然卤水、海盐。

3. 资源税的计税依据

资源税按照《税目税率表》实行从价计征或者从量计征,以纳税人开发应税资源产品的销售额或者销售数量为计税依据。

《税目税率表》中规定可以选择实行从价计征或者从量计征的,具体计征方式由省、自治区、直辖市人民政府提出,报同级人民代表大会常务委员会决定,并报全国人民代表大会常务委员会和国务院备案。

实行从价计征的,应纳税额按照应税资源产品(以下简称应税产品)的销售额乘以具体适用税率计算。实行从量计征的,应纳税额按照应税产品的销售数量乘以具体适用税率计算。

应税产品为矿产品的,包括原矿和选矿产品。

纳税人开采或者生产不同税目应税产品的,应当分别核算不同税目应税产品的销售额或者销售数量;未分别核算或者不能准确提供不同税目应税产品的销售额或者销售数量的,从高适用税率。

4. 资源税的减免政策

有下列情形之一的,减征或者免征资源税:

(1) 开采原油过程中用于加热、修井的原油,免征资源税。

(2) 对在油田范围内运输原油过程中用于加热的原油、天然气,免征资源税。

(3) 纳税人开采或者生产应税产品过程中,因意外事故或者自然灾害等原因遭受重大损失的,由省、自治区、直辖市人民政府酌情决定减征或者免征资源税。

(4) 对符合条件的采用充填开采方式采出的矿产资源,资源税减征50%;对符合条件的衰竭期矿山开采的矿产资源,资源税减征30%。

(5) 对鼓励利用的低品位矿、废石、尾矿、废渣、废水、废气等提取的矿产品,由省级人民政府根据实际情况确定是否减征或免征资源税,并制定具体办法。

(6) 国务院规定的其他减征、免征资源税项目。

为促进页岩气开发利用,有效增加天然气供给,经国务院同意,自2018年4月1日至2021年3月31日,对页岩气资源税(按6%的规定税率)减征30%。

纳税人的减税、免税项目,应当单独核算销售额或者销售数量;未单独核算或者不能准确提供销售额或者销售数量的,不予减税或者免税。

思政育人 6-1

诚实守信,弘扬依法纳税好风尚

税收是国家财政收入的主要形式,为国家各项职能的正常运转提供财力支持。同时,国家通过税收对国民收入进行再分配,能够缩小贫富差距,促进社会公平,实现宏观调控国内经济发展的重要作用。因此,依法诚信纳税是企业信用的最好体现,也是企业最好的市场名片。广大纳税人要以诚信纳税人为榜样,把守法经营、依法纳税作为企业生产、经营活动的"生命线",牢固树立依法诚信纳税理念,认真履行纳税义务,争做诚信纳税模范,以良好的纳税信用赢得社会的尊重。为保障依法纳税,全体纳税义务人应认真研究各项税收政策法规,学税法、知税法、懂税法、守税法,从而加强税收数据的及时性、准确性,以及保障依法纳税的实效性、真实性。

资料来源:知乎.诚实守信正能量,依法纳税好风尚[EB/OL].(2022-03-23)[2022-11-23]. https://zhuanlan.zhihu.com/p/482082172.

5. 资源税的征收管理

1) 纳税义务发生时间

纳税人销售应税产品,纳税义务发生时间为收讫销售款或者取得索取销售款凭据的当日;自用应税产品的,纳税义务发生时间为移送应税产品的当日。

资源税由税务机关征收管理。海上开采的原油和天然气资源税由海洋石油税务管理机构征收管理。

2) 纳税期限

资源税按月或者按季申报缴纳;不能按固定期限计算缴纳的,可以按次申报缴纳。纳税人申报资源税时,应当填报《资源税纳税申报表》。纳税人享受资源税优惠政策,实行"自行判别、申报享受、有关资料留存备查"的办理方式,另有规定的除外。纳税人对资源税优惠事项留存材料的真实性和合法性承担法律责任。

纳税人按月或者按季申报缴纳的,应当自月度或者季度终了之日起15日内,向税务机关办理纳税申报并缴纳税款;按次申报缴纳的,应当自纳税义务发生之日起15日内,向税务机关办理纳税申报并缴纳税款。

3) 纳税地点

纳税人开采或者生产资源税应税产品,应当依法向矿产品的开采地或者海盐生产地主管税务机关申报缴纳资源税。

延伸阅读 6-1

关于《国家税务总局关于简并税费申报有关事项的公告》的解读

为深入贯彻党的十九届五中全会和中央经济工作会议精神,落实党中央、国务院关于深化"放管服"改革、优化营商环境的部署,贯彻落实中办、国办印发的《关于进一步深化税收征管改革的意见》,按照《国家税务总局关于开展2021年"我为纳税人缴费人办实事暨便民办税春风行动"的意见》(税总发〔2021〕14号)要求,国家税务总局发布《关于简并税费申报有关事项的公告》,决定全面推行财产和行为税合并申报。

财产和行为税是现有税种中财产类和行为类税种的统称。财产和行为税合并申报,通俗讲就是"简并申报表,一表报多税",纳税人在申报多个财产和行为税税种时,不再单独使用分税种申报表,而是在一张纳税申报表上同时申报多个税种。对纳税人而言,可简化报送资料、减少申报次数、缩短办税时间。财产和行为税合并申报的税种范围包括城镇土地使用税、房产税、车船税、印花税、耕地占用税、资源税、土地增值税、契税、环境保护税、烟叶税等10个税种。

纳税申报时,各税种统一采用《财产行为税纳税申报表》。该申报表由一张主表和一张减免税附表组成,主表为纳税情况,附表为申报享受的各类减免税情况。纳税申报前,需先维护税源信息。税源信息没有变化的,确认无变化后直接进行纳税申报;税源信息有变化的,通过填报《税源明细表》进行数据更新维护后再进行纳税申报。

纳税人可以自由选择维护税源信息的时间,既可以在申报期之前,也可以在申报期内。

为确保税源信息和纳税申报表逻辑一致,减轻纳税人填报负担,征管系统将根据各税种税源信息自动生成新申报表,纳税人审核确认后即可完成申报。无论选择何种填报方式,纳税人申报时,系统都会根据已经登记的《税源明细表》自动生成申报表。

合并申报不强制要求一次性申报全部税种,纳税人可以自由选择一次性或分别申报当期税种。例如,纳税人7月应申报城镇土地使用税、房产税、印花税和资源税等4个税种,7月5日申报时只申报了城镇土地使用税、房产税、印花税等3个税种,遗漏了资源税,则可在申报期结束前单独申报资源税,不用更正此前的申报。

资料来源:国家税务总局办公厅.关于《国家税务总局关于简并税费申报有关事项的公告》的解读[EB/OL].(2021-04-16)[2022-11-12]. http://www.chinatax.gov.cn/chinatax/n810341/n810760/c5163488/content.html.

三、实验内容及操作步骤

1. 石油业资源税的纳税申报

2022年7月4日,北京丰赢油田股份有限公司申报6月份的资源税。请根据原始单据,代为填制《资源税税源明细表》和《财产和行为税纳税申报表》。(原油和天然气的适用税率均为6%)

【操作步骤】

1) 填写资源税税源明细表(原矿类税目适用)

根据原矿销售单汇总表(品名:原油)(表6-1)和原矿销售单汇总表(品名:天然气)(表6-2)中的销售额及销售数量,填写《资源税税源明细表》(表6-3)。

表6-1　　　　　　　　　　原矿销售单汇总表(品名:原油)

编制单位:北京丰赢油田股份有限公司　　　　2022年06月30日

序号	销售单编号	销售日期	销售额(元)	销售数量(吨)
001	000334551	2022-06-06	5 800 000.00	2 320.00
002	000334553	2022-06-09	11 600 000.00	4 640.00
003	000334555	2022-06-13	8 700 000.00	3 480.00
004	000334556	2022-06-13	8 700 000.00	3 480.00
005	000334558	2022-06-15	11 600 000.00	4 640.00
006	000334559	2022-06-16	11 600 000.00	4 640.00
007	000334560	2022-06-22	5 800 000.00	2 320.00
008	000334561	2022-06-23	20 300 000.00	8 120.00
009	合计	—	84 100 000.00	33 640.00

审核:熊英　　　　　　　　　　制表:康威

表 6-2   原矿销售单汇总表(品名:天然气)

编制单位:北京丰赢油田股份有限公司   2022年06月30日

序号	销售单编号	销售日期	销售额(元)	销售数量(立方米)
001	000334559	2022-06-16	2 250 000.00	900 000.00
002	000334562	2022-06-17	2 700 000.00	1 080 000.00
003	000334563	2022-06-18	2 700 000.00	1 080 000.00
004	000334564	2022-06-19	2 700 000.00	1 080 000.00
005	000334566	2022-06-19	2 700 000.00	1 080 000.00
006	000334570	2022-06-21	2 700 000.00	1 080 000.00
007	000334571	2022-06-21	4 500 000.00	1 080 000.00
008	000334572	2022-06-22	13 500 000.00	5 400 000.00
009	合计	—	33 750 000.00	13 500 000.00

审核:熊英   制表:康威

表 6-3   资源税税源明细表

税款所属期限:自 2022-06-01 至 2022-06-30

纳税人识别号(统一社会信用代码):911101029210200399

纳税人名称:北京丰赢油田股份有限公司   金额单位:人民币元(列至角分)

申报计算明细									
序号	税目	子目	计量单位	销售数量	准予扣减的外购应税产品购进数量	计税销售数量	销售额	准予扣除的运杂费	准予扣减的外购应税产品购进金额	计税销售额
	1	2	3	4	5	6=4-5	7	8	9	10=7-8-9
1	原油		吨	33 640.00		33 640.00	84 100 000.00			84 100 000.00
2	天然气		立方米	13 500 000.00		13 500 000.00	33 750 000.00			33 750 000.00
合计	—	—	—	13 533 640.00	0	13 533 640.00				117 850 000.00

减免税计算明细									
序号	税目	子目	减免性质代码和项目名称	计量单位	减免税销售数量	减免税销售额	适用税率	减征比例	本期减免税额
	1	2	3	4	5	6	7	8	9①=5×7×8
									9②=6×7×8
合计	—	—	—	—	0	0			0

2) 填写财产和行为税纳税申报表

根据《资源税税源明细表》(表6-3)中填写的内容及背景资料中提供的信息,填写《财产和行为税纳税申报表》(表6-4)。(注意:《财产和行为税纳税申报表》为部分样表,后文同)

表6-4　　　　　　　　　　　　　财产和行为税纳税申报表

纳税人识别号(统一社会信用代码):911101029210200399
纳税人名称:北京丰赢油田股份有限公司　　　　　　　　　　　　　　　金额单位:人民币元(列至角分)

序号	税种	税目	税款所属期起	税款所属期止	计税依据	税率	应纳税额	减免税额	已缴税额	应补(退)税额
1	原油		2022-06-01	2022-06-30	84 100 000.00	6%	5 046 000.00			5 046 000.00
2	天然气		2022-06-01	2022-06-30	33 750 000.00	6%	2 025 000.00			2 025 000.00
—	合计	—	—	—	—	—	7 071 000.00	0	0	7 071 000.00

2. 矿业资源税的纳税申报

2022年6月,北京百宝矿业有限公司开采并销售铁矿石和精矿。铁矿石销售单价为3 000元/吨,精矿销售单价为7 500元/吨,资源税税率为5‰。2022年7月2日,北京百宝矿业有限公司申报6月份的资源税。请根据原始单据,代为填制《资源税税源明细表》及《财产和行为税纳税申报表》。

【操作步骤】

1) 填写资源税税源明细表(精矿类税目适用)

根据销售汇总表(铁矿石)(表6-5)和销售汇总表(精矿)(表6-6)中的销售数量及背景资料中提供的信息,填写《资源税税源明细表》(表6-7)。

表6-5　　　　　　　　　　　　　销售汇总表(铁矿石)

编制单位:北京百宝矿业有限公司　　　　　　　　2022年06月30日

序号	销售单编号	销售日期	销售数量(吨)
001	000337050	2022-06-02	10 000.00
002	000337052	2022-06-09	10 000.00
003	000337053	2022-06-13	8 000.00
004	000337055	2022-06-19	8 000.00
005	000337057	2022-06-23	10 000.00
006	000337059	2022-06-28	10 000.00
007	合计	—	56 000.00

审核:何珂骏　　　　　　　　　　　　　　制表:沈彩丽

表6-6 销售汇总表(精矿)

编制单位:北京百宝矿业有限公司　　　2022年06月30日

序号	销售单编号	销售日期	销售数量(吨)
001	000337051	2022-06-06	5 000.00
002	000337054	2022-06-15	6 000.00
003	000337056	2022-06-21	8 000.00
004	000337058	2022-06-26	5 000.00
005	合计	—	24 000.00

审核:何珂骏　　　　　　　　　制表:沈彩丽

表6-7 资源税税源明细表

税款所属期限:自2022-06-01至2022-06-30
纳税人识别号(统一社会信用代码):911101034049532550
纳税人名称:北京百宝矿业有限公司
金额单位:人民币元(列至角分)

申报计算明细

序号	税目	子目	计量单位	销售数量	准予扣减的外购应税产品购进数量	计税销售数量	销售额	准予扣除的运杂费	准予扣减的外购应税产品购进金额	计税销售额
	1	2	3	4	5	6=4-5	7	8	9	10=7-8-9
1	铁矿	铁矿石	吨	56 000.00		56 000.00	168 000 000.00			168 000 000.00
2	铁矿	精矿	吨	24 000.00		24 000.00	180 000 000.00			180 000 000.00
合计				80 000.00	0	80 000.00				348 000 000.00

减免税计算明细

序号	税目	子目	减免性质代码和项目名称	计量单位	减免税销售数量	减免税销售额	适用税率	减征比例	本期减免税额
	1	2	3	4	5	6	7	8	9①=5×7×8
									9②=6×7×8
合计	—	—	—			0			0

2)填写财产和行为税纳税申报表

根据《资源税税源明细表》(表6-7)中填写的内容及背景资料中提供的相关信息,填写《财产和行为税纳税申报表》(表6-8)。

表6-8 财产和行为税纳税申报表

纳税人识别号(统一社会信用代码):911101034049532550
纳税人名称:北京百宝矿业有限公司
金额单位:人民币元(列至角分)

序号	税种	税目	税款所属期起	税款所属期止	计税依据	税率	应纳税额	减免税额	已缴税额	应补(退)税额
1	资源税	铁矿	2022-06-01	2022-06-30	348 000 000.00	5%	17 400 000.00			17 400 000.00
	合计						17 400 000.00	0	0	17 400 000.00

答案解析6-1
《资源税税源明细表》的填写说明

答案解析6-2
《财产和行为税纳税申报表》的填写说明

四、实验业务训练

煤炭资源税的纳税申报如下。

2022年7月4日,北京煤业化工集团有限责任公司申报6月份的煤炭资源税,所需资料分别见表 6-9 和表 6-10。

要求：请根据背景资料,填制《资源税税源明细表》(表 6-11)及《财产和行为税纳税申报表》(表 6-12)。

表 6-9　　　　　　　　　　　　销售汇总表(原煤)

编制单位:北京煤业化工集团有限责任公司　　2022 年 06 月 30 日

序号	销售单编号	销售日期	销售额(元)
001	00667544	2022-06-03	20 000.00
002	00667547	2022-06-11	35 000.00
003	00667551	2022-06-19	20 000.00
004	00667553	2022-06-25	25 000.00
005	合计	—	100 000.00

审核:陈安明　　　　　　　　　　　　制表:江阳

表 6-10　　　　　　　　　　　　销售汇总表(洗选煤)

编制单位:北京煤业化工集团有限责任公司　　2022 年 06 月 30 日

序号	销售单编号	销售日期	销售额(元)
001	00667545	2022-06-04	10 000.00
002	00667546	2022-06-07	30 000.00
003	00667548	2022-06-13	20 000.00
004	00667550	2022-06-18	10 000.00
005	00667552	2022-06-24	10 000.00
006	合计	—	80 000.00

审核:陈安明　　　　　　　　　　　　制表:江阳

【操作步骤】

1) 填写资源税税源明细表(煤炭类税目适用)

表 6-11　　　　　　　　　　　　资源税税源明细表

税款所属期限:自 2022-06-01 至 2022-06-30

纳税人识别号(统一社会信用代码):911101022020922010

纳税人名称:北京煤业化工集团有限责任公司　　　　　　　金额单位:人民币元(列至角分)

序号	税目	子目	计量单位	销售数量	准予扣减的外购应税产品购进数量	计税销售数量	销售额	准予扣除的运杂费	准予扣减的外购应税产品购进金额	计税销售额
1	2	3	4	5	6=4-5	7	8	9	10=7-8-9
1	煤炭	原煤				0				0

(续表)

申报计算明细									
序号	税目	子目	计量单位	销售数量	准予扣减的外购应税产品购进数量	计税销售数量	销售额	准予扣除的运杂费	准予扣减的外购应税产品购进金额	计税销售额
	1	2	3	4	5	6=4-5	7	8	9	10=7-8-9
2	煤炭	洗选煤				0				0
合计	—	—		0	0	0				0

减免税计算明细									
序号	税目	子目	减免性质代码和项目名称	计量单位	减免税销售数量	减免税销售额	适用税率	减征比例	本期减免税额
	1	2	3	4	5	6	7	8	9①=5×7×8 / 9②=6×7×8
合计	—	—	—	—	0	0	—	—	0

2）填写财产和行为税纳税申报表

表 6-12　　　　　财产和行为税纳税申报表

纳税人识别号（统一社会信用代码）：911101022020922010
纳税人名称：北京煤业化工集团有限责任公司　　　　　　　　　　　　　　　金额单位：人民币元（列至角分）

序号	税种	税目	税款所属期起	税款所属期止	计税依据	税率	应纳税额	减免税额	已缴税额	应补(退)税额
1	资源税	煤炭	2022-06-01	2022-06-30		5%				
—	合计	—	—	—				0	0	

知识拓展6-1 《财产和行为税纳税申报表》及填表说明

第二节 土地增值税的纳税申报

一、实验目的

通过本节课的学习,学生能够了解土地增值税的纳税人、征税范围及税率;熟悉土地增值税的清算管理;掌握土地增值税的纳税申报。

二、理论知识点

1. 土地增值税的纳税人

土地增值税的纳税人,是指在中华人民共和国境内转让国有土地使用权、地上建筑物及其附着物并取得收入的单位和个人。也就是说,无论是法人还是自然人,无论是外资企业还是内资企业,无论是中国公民还是外籍个人,只要在中华人民共和国境内有偿转让房地产,就是土地增值税的纳税人。

2. 土地增值税的征税范围

土地增值税的征税范围包括所有有偿转让国有土地使用权、地上建筑物及其附着物并取得增值收入的行为,或者说,对转让国有土地使用权和出售房地产的行为征税。

这里所称国有土地,是指按国家法律规定属于国家所有的土地。这里所称地上建筑物,是指建于土地上的一切建筑物,包括地上、地下的各种附属设施。这里所称附着物,是指附着于土地上的不能移动或一经移动就遭损坏的物品。

土地增值税的征税范围不包括国有土地使用权出让所取得的收入。国有土地使用权出让,是指国家以土地所有者的身份将土地使用权在一定年限内让与土地使用者,并由土地使用者向国家支付土地使用权出让金的行为,属于土地买卖的一级市场。

> **特别提示 6-1**
>
> 国有土地使用权的转让属于土地买卖的二级市场,属于土地增值税的征税范围。国有土地使用权的出让属于土地买卖的一级市场,国家作为土地使用权出让的出让方,凭借土地的所有权向土地使用者收取土地的租金,出让的目的是实现国有土地的有偿使用制度,从而合理开发、利用、经营土地。因此,土地使用权的出让不属于土地增值税的征税范围。

3. 土地增值税的税率

土地增值税实行四级超率累进税率,具体税率如下:

(1) 土地增值额未超过扣除项目金额50%的部分,税率为30%。

(2) 土地增值额超过扣除项目金额50%,但未超过扣除项目金额100%的部分,税率为40%。

(3) 土地增值额超过扣除项目金额100%,但未超过扣除项目金额200%的部分,税率为50%。

(4) 土地增值额超过扣除项目金额200%的部分,税率为60%。

上述四级超率累进税率每级"增值额未超过准予扣除项目金额"的比例,均包括本比例数。

4. 土地增值税的清算管理

1) 土地增值税的清算单位

土地增值税以国家有关部门审批的房地产开发项目为单位进行清算,对于分期开发的项目,以分期项目为单位清算。

开发项目中同时包含普通住宅和非普通住宅的,应分别计算增值额。

2) 土地增值税的清算条件

符合下列条件之一的,纳税人应进行土地增值税的清算:①房地产开发项目全部竣工、完成销售的;②整体转让未竣工决算房地产开发项目的;③直接转让土地使用权的。

符合下列情形之一的,主管税务机关可要求纳税人进行土地增值税清算:①已竣工验收的房地产开发项目,已转让的房地产建筑面积占整个项目可售建筑面积的比例在85%以上,或该比例虽未超过85%,但剩余的可售建筑面积已经出租或自用的;②取得销售(预售)许可证满3年仍未销售完毕的;③纳税人申请注销税务登记但未办理土地增值税清算手续的;④省(自治区、直辖市、计划单列市)税务机关规定的其他情况。

纳税人办理土地增值税清算应报送以下资料:①房地产开发企业清算土地增值税书面申请、土地增值税纳税申报表;②项目竣工决算报表、取得土地使用权所支付的地价款凭证、国有土地使用权出让合同、银行贷款利息结算通知单、项目工程合同结算单、商品房购销合同统计表等与转让房地产的收入、成本和费用有关的证明资料;③主管税务机关要求报送的其他与土地增值税清算有关的证明资料等。此外,纳税人委托中介机构审核鉴证的清算项目,还应报送中介机构出具的《土地增值税清算税款鉴证报告》。

三、实验内容及操作步骤

1. 房地产企业土地增值税的计算

2022年8月31日,北京全和房地产开发有限公司计算8月份售出的住宅楼应纳土地增值税(增值额与扣除项目金额的比率用百分数表示,保留百分号前2位小数)。背景资料如下:

北京全和房地产开发有限公司(统一社会信用代码:91110108182848583O),在北京市丰台区南华乡新开发地段建造一幢普通住宅楼,该开发项目于2020年5月开始,共占地10 000平方米。该住宅楼于2022年5月完工并于同年8月全部售出,销售价格为每平方米7 000元(不含增值税),该公司共开具10张增值税普通发票。

北京全和房地产开发有限公司为此应纳的增值税税率为9%,城市维护建设税税率为7%,教育费附加征收率为3%,地方教育附加征收率为2%。该写字楼开发成本为每平方米3 297元,开发成本共计3 297万元,土地出让金为200万元。

北京全和房地产开发有限公司同时建造别的商品房,不能按房地产项目计算分摊银行贷款利息支出,当地政府确定的房地产开发费用扣除比率为10%。

要求：请根据背景资料及发票使用情况明细表（表6-13）、土地使用权出让合同（图6-1）、楼房开发成本明细表（表6-14），填制土地增值税计算表（表6-15）。

表6-13　　　　　　　　　　　发票使用情况明细表

编制单位：北京全和房地产开发有限公司　　　　　2022年08月　　　　　　　　　　单位：元

发票号码	开票日期	付款方名称	项目及摘要	开票金额
33028271	2022-08-03	北京凯恩斯广告有限公司	房地产货币收入（不含税）	7 000 000.00
33028272	2022-08-05	北京利群广告有限公司	房地产货币收入（不含税）	7 000 000.00
33028273	2022-08-06	北京凯利商贸有限公司	房地产货币收入（不含税）	7 000 000.00
33028274	2022-08-08	北京聚力制造有限公司	房地产货币收入（不含税）	7 000 000.00
33028275	2022-08-09	北京茂林木材有限公司	房地产货币收入（不含税）	7 000 000.00
33028276	2022-08-11	北京顺丰运输有限公司	房地产货币收入（不含税）	7 000 000.00
33028277	2022-08-13	北京洛伊服装有限公司	房地产货币收入（不含税）	7 000 000.00
33028278	2022-08-16	北京建群化工有限公司	房地产货币收入（不含税）	7 000 000.00
33028279	2022-08-23	北京华能电器有限公司	房地产货币收入（不含税）	7 000 000.00
33028280	2022-08-24	北京诚毅机械股份有限公司	房地产货币收入（不含税）	7 000 000.00
合计	—		—	70 000 000.00

审核：艾博　　　　　　　　　　　　　制表：陈仙居

土地使用权出让合同

出让方（以下简称甲方）：北京市国土资源局
法人代表：张大阳
受让方（以下简称乙方）：北京全和房地产开发有限公司
法人代表：史鑫鑫
根据有关法律法规，甲乙双方经过友好协商一致达成如下条款，以供遵守。
第一条　土地基本情况
1. 甲方出让给乙方的土地位于：北京市丰台区南华乡
2. 出让的总面积工10 000平方米。
第二条　期限、用途
1. 该土地使用权出让年限为70年。
2. 土地用途：居住用地。
第三条　本合同地价款包括土地使用出让金及契税。受让方在签订土地出让合同时，一次性向出让方缴纳土地出让金及契税共计贰佰万元整。
……
第十条　本合同正本两份，合同双方各一份；本合同副本两份，市全和房屋土地管理部门各一份。
甲方（签章）★　　　　　　　　　　　　　乙方（签章）★
法定代表人：张大阳　　　　　　　　　　　法人代表：史鑫鑫
签约日期：2020年02月　日　　　　　　　　签约日期：2020年02月24日

图6-1　土地使用权出让合同

表 6-14　　　　　　　　　　　　楼房开发成本明细表

编制单位：北京全和房地产开发有限公司　　2022年08月31日　　　　　　　项目：郁金花园

成本费用明细项目	金额（元）	成本费用明细项目	金额（元）
一、土地征用及拆迁补偿费	5 300 000.00	3.供气	220 000.00
二、前期工程费		4.通讯、网络	423 043.00
1.项目可行性研究	94 400.00	5.有线电视	433 500.00
2.设计勘查	188 800.00	6.人防	216 487.00
3.审图费	47 200.00	7.室外总体	367 599.00
4.三通一平	201 100.00	8.环卫设施	148 880.00
5.报建费用	220 000.00	9.消防	268 408.00
6.其他	48 500.00	10.智能化	190 045.00
合计	800 000.00	11.验收测量等	207 387.00
三、建筑安装工程费用		12.其他	15 883.00
1.基础工程	3 321 810.00	合计	3 000 000.00
2.主体工程	5 823 420.00	五、公共配套设施费用	
3.水电安装	2 132 520.00	1.公建配套	4 685 008.00
4.加工材料	2 199 503.00	2.水泵房	2 995 300.00
5.其他	192 747.00	3.门卫	770 637.00
合计	13 670 000.00	4.会所	1 749 055.00
四、基础设施费用		合计	10 200 000.00
1.供电	254 368.00	总计	32 970 000.00
2.供水	254 400.00		

审核：艾博　　　　　　　　　　　　　　　　制表：陈仙居

表 6-15　　　　　　　　　　　　土地增值税计算表

编制单位：北京全和房地产开发有限公司　　2022 年 08 月 31 日　　　　　　　单位：元

1	收入		
		项目	金额
2	准予扣除项目	地价款	
		房地产开发成本	
		房地产开发费用	
		转让房地产有关税金	

答案解析 6-3
土地增值税计算表

(续表)

		项目	金额
2	准予扣除项目	从事房地产开发加计扣除金额	
	总计		
3	增值额		
4	增值额与扣除项目金额的比率		
5	应纳土地增值税		

审核:艾博　　　　　　　　　　　　　　制表:陈仙居

2. 房地产企业土地增值税预缴申报

北京三元房地产有限公司于 2022 年 6 月收到项目华天大厦(写字楼一幢)预收款 32 700 000.00 元,土地增值税的预征率是 6%。请代为申报土地增值税。(企业坐落于城市,申报时保留两位小数,该笔预收款已按 3% 的预征率预缴增值税)

【操作步骤】

1) 填写土地增值税税源明细表

根据企业基本情况表(表 6-16)和交通银行电子回单凭证(图 6-2)中的信息及背景资料中提供的内容,填写《土地增值税税源明细表》(部分样表,表 6-17)。

表 6-16　　　　　　　　　　　企业基本情况表

企业名称	北京三元房地产有限公司		
通信地址	北京市东城区东波街耕耘路 80 号	邮编	100023
统一社会信用代码	911101014496367791		
主管税务机关	国家税务总局北京市东城区税务局		
开户银行	交通银行北京东城支行	账号	416168585961730425000
成立时间	2017 年 09 月 12 日	注册资本	人民币壹仟万元整
法定代表人	史大名	相关行业工作年数	10 年
联系人	史大名	联系电话	010-82678605
经营范围 (按营业执照上登记填写)	房地产开发与经营,物业管理,房产租赁		
所属行业	□农、林、牧、渔业　□采矿业　□制造业　□建筑业 □电力、燃气及水的生产和供应业　□信息传输、计算机服务和软件业 □交通运输、仓储和邮政业　□批发和零售业 □生活服务业　☑房地产业　□金融业　□现代服务业　□其他		
主要关联企业名称 (集团公司、母子总分公司,或者同属集团公司的子/分公司)			

其他税种的纳税申报 第六章

交通银行电子回单凭证

回单编号：668309921146	回单类型：网银业务		业务名称：
凭证种类：	凭证号码：	借贷标志：贷记	回单格式码：S
账号：416168585961730425000	开户行名称：交通银行北京东城支行		
户名：北京三元房地产有限公司			
对方账号：140200010400041073423	开户行名称：交通银行北京朝阳支行		
对方户名：北京万佳投资有限公司			
币种：人民币	金额：32700000.00	金额大写：叁仟贰佰柒拾万元整	
兑换信息：	币种：	金额：	牌价： 币种： 金额：
摘要：预收款			
附加信息：			
打印次数：1次	记账日期：2022-06-12	会计流水号：EEZ9111006612113	
记账机构：05113789136	经办柜员：EEZ0019	记账柜员：EEZ0019	复核柜员： 授权柜员：
打印机构：65113781206	打印柜员：AEZI001		批次号：

图 6-2　交通银行电子回单凭证

表 6-17　　　　　　　　　　土地增值税税源明细表

税款所属期限：自 2022-06-01 至 2022-06-30
纳税人识别号（统一社会信用代码）：911101014496367791
纳税人名称：北京三元房地产有限公司　　　　　　　　　　　　　金额单位：人民币元（列至角分），面积单位：平方米

土地增值税项目登记表（从事房地产开发的纳税人适用）

项目名称	华天大厦		项目地址	北京市东城区东波街耕耘路80号
土地使用权受让（行政划拨）合同号			受让（行政划拨）时间	
建设项目起迄时间	2020-01-01	总预算成本	单位预算成本	
项目详细坐落地点	北京市东城区东波街耕耘路80号			
开发土地总面积	13000	开发建筑总面积	13000	房地产转让合同名称
转让次序	转让土地面积（按次填写）	转让建筑面积（按次填写）	转让合同签订日期（按次填写）	
第1次				
第2次				
……				
备注				

土地增值税申报计算及减免信息

申报类型：
1.从事房地产开发的纳税人预缴适用 ✓
2.从事房地产开发的纳税人清算适用 □
3.从事房地产开发的纳税人按核定征收方式清算适用 □
4.纳税人整体转让在建工程适用 □
5.从事房地产开发的纳税人清算后尾盘销售适用 □
6.转让旧房及建筑物的纳税人适用 □
7.转让旧房及建筑物的纳税人核定征收适用 □

项目名称	华天大厦	项目编码	110229449
项目地址	北京市东城区东波街耕耘路80号		
项目总可售面积		自用和出租面积	
已售面积	其中：普通住宅已售面积	其中：非普通住宅已售面积	其中：其他类型房地产已售面积
清算时已售面积		清算后剩余可售面积	

申报类型	项目		序号	金额			
				普通住宅	非普通住宅	其他类型房地产	总额
1.从事房地产开发的纳税人预缴适用	一、房产类型子目		1				0
	二、应税收入		2=3+4+5	0	0	31 800 000.00	31 800 000.00
		1.货币收入	3			31 800 000.00	31 800 000.00
		2.实物收入及其他收入	4				0
		3.视同销售收入	5				0
	三、预征率		6			6%	6%

2) 填写财产和行为税纳税申报表

根据土地增值税税源明细表(部分样表,表 6-17)中填写的内容及背景资料中提供的相关信息,填写《财产和行为税纳税申报表》(表 6-18)。

表 6-18　　　　　　　　　财产和行为税纳税申报表

纳税人识别号(统一社会信用代码):911101014496367791

纳税人名称:北京三元房地产有限公司　　　　　　　　　　　　　金额单位:人民币元(列至角分)

序号	税种	税目	税款所属期起	税款所属期止	计税依据	税率	应纳税额	减免税额	已缴税额	应补(退)税额
1	土地增值税	预缴	2022-06-01	2022-06-30	31 800 000.00	6%	1 908 000.00			1 908 000.00
—	合计	—	—	—	—	—	1 908 000.00	0	0	1 908 000.00

相关思考 6-1

会计问题还是法律问题

央视曾在一则报道中指控地产企业万科欠缴土地增值税达到 44 亿元人民币。随后,万科的强势回应,令关于土地增值税的话题收获巨量舆论关注,相关人士众说纷纭,莫衷一是。

争论缘于央视曾报道称,万科在吉林市、广州市的多个项目已达到清缴土地增值税的条件,但企业并未主动申报,当地税务主管部门也并未要求企业清缴;仅万科一家企业,至 2012 年年底就存在 44.35 亿元的"应付未付土地增值税"。万科则反驳称,提取土地增值税清算准备金,只是"企业会计处理程序,与企业现时纳税义务无关",并宣称"公司不存在应交未交的土地增值税"。

也就是说,央视对万科提出了法律上的指控,而万科则以"这只不过是一个会计问题"来回应。

那么,万科的观点正确吗? 很明显,万科把义务的履行和义务的发生,混为一谈了。实际上,税务部门在清算时才能要求企业补缴土地增值税,并不等于企业的纳税义务直到税务部门请求缴纳时才存在。

土地增值税的纳税义务发生时点,是获得土地增值的过程完成之时,即在转让房地产并取得收入时。因此,土地增值税纳税义务发生时点的确定,仅根据两个条件,第一是房地产转让,第二是取得收入。一旦这两个行为得以完成,土地增值税纳税义务就产生了,而不是必须等到清算时才发生。

资料来源:东方早报.央视大战万科:"土地增值税"之争孰是孰非![EB/OL].(2014-01-08)[2022-10-18]. https://house.ifeng.com/news/2014_01_08—42821357_0.shtml.

知识拓展 6-2 《财产和行为税减免税明细申报附表》及填表说明

第三节 印花税的纳税申报

一、实验目的

通过本节课的学习,学生能够了解印花税的纳税人、征税范围;熟悉印花税的税率、计税依据;掌握印花税的纳税申报。

二、理论知识点

1. 印花税的纳税人

在中华人民共和国境内书立、领受、使用《中华人民共和国印花税暂行条例》(以下简称《印花税暂行条例》)所列举凭证的单位和个人,都是印花税的纳税人,应当按照规定缴纳印花税。印花税的纳税人包括:

(1) 立合同人。立合同人是指签订合同的当事人,或者对凭证负有直接权利、义务关系的单位和个人,但不包括合同的担保人、证人、鉴定人。各类合同的纳税人是立合同人。各类合同包括购销合同、加工承揽合同、建设工程勘察设计合同、建筑安装工程承包合同、财产租赁合同、货物运输合同、仓储保管合同、借款合同、财产保险合同、技术合同或者具有合同性质的凭证。

(2) 立据人。产权转移书据的纳税人是立据人,是指土地、房屋等权属转移过程中买卖双方的单位和个人。

(3) 立账簿人。营业账簿的纳税人是立账簿人,是指设立并使用营业账簿的单位和个人。

(4) 领受人。权利、许可证照的纳税人是领受人,是指领取或接受并持有该项凭证的单位和个人。

(5) 使用人。在中华人民共和国境外书立、领受,但在中华人民共和国境内使用的应税凭证,其纳税人是使用人。

(6) 各类电子应税凭证的签订人,即以电子形式签订的各类应税凭证的当事人。

对应税凭证,凡由两方或两方以上当事人共同书立的应税凭证,其当事人各方都是印花税的纳税人,应就其所持凭证的计税金额各自履行纳税义务。

2. 印花税的征税范围

(1) 经济合同,包括买卖合同、借款合同、融资租赁合同、租赁合同、承揽合同、建设工程合同、运输合同、技术合同、保管合同、仓储合同及财产保险合同11大类合同。

(2) 产权转移书据,是指单位和个人产权的买卖、继承、赠与、交换、分割等所立的书据,包括土地使用权出让和转让书据,以及房屋等建筑物、构筑物所有权、股权(不包括上市和挂牌公司股票)、商标专用权、著作权、专利权、专有技术使用权转让书据。

(3) 营业账簿,是指单位或者个人记载生产、经营活动的财务会计核算账簿,包括资金账簿和其他营业账簿。

(4) 权利、许可证照,包括政府部门颁发的不动产权证书、营业执照、商标注册证、专利证书。

(5) 证券交易,是指在依法设立的证券交易所上市交易或者在国务院批准的其他证券交易场所转让公司股票和以股票为基础发行的存托凭证。

3. 印花税的税率

印花税的税率有两种形式,即比例税率和定额税率。

1) 比例税率

在印花税的15个税目中,各类合同以及具有合同性质的凭证、产权转移书据、营业账簿、证券交易,适用比例税率。

(1) 借款合同、融资租赁合同适用税率为0.05‰。

(2) 营业账簿适用税率为0.25‰。

(3) 买卖合同、承揽合同、建设工程合同、运输合同、技术合同等,适用税率为0.3‰。

(4) 土地使用权出让和转让书据;房屋等建筑物、构筑物所有权、股权(不包括上市和挂牌公司股票)、商标专用权、著作权、专利权、专有技术使用权转让书据,适用税率为0.5‰。

(5) 租赁合同、保管合同、仓储合同、财产保险合同、证券交易适用税率为1‰。

2) 定额税率

为了简化征管手续、便于操作,对无法计算金额的凭证,采用定额税率,即以件为单位缴纳一定数额的税款。不动产权证书、营业执照、商标注册证、专利证书,均为按件贴花,单位税额为每件5元。

4. 印花税的计税依据

(1) 应税合同的计税依据,为合同列明的价款或者报酬,不包括增值税税款;合同中价款或者报酬与增值税税款未分开列明的,按照合计金额确定。价款或者报酬具体包括买卖合同和建设工程合同中的支付价款、承揽合同中的支付报酬、租赁合同和融资租赁合同中的租金、运输合同中的运输费用、保管合同中的保管费、仓储合同中的仓储费、借款合同中的借款金额、财产保险合同中的保险费以及技术合同中的支付价款、报酬或者使用费等。

(2) 应税产权转移书据的计税依据,为产权转移书据列明的价款,不包括增值税税款;产权转移书据中价款与增值税税款未分开列明的,按照合计金额确定。应税合同、产权转移书据未列明价数或者报酬的,按照下列方法确定计税依据:①按照订立合同、产权转移书据时市场价格确定;依法应当执行政府定价的,按照其规定确定;②不能按照上述规定的方法确定的,按照实际结算的价款或者报酬确定。

(3) 应税营业账簿的计税依据,为营业账簿记载的实收资本(股本)、资本公积合计金额。

(4) 应税权利、许可证照的计税依据,按件确定。

(5) 证券交易的计税依据,为成交金额。以非集中交易方式转让证券时无转让价格的,按照办理过户登记手续前一个交易日收盘价计算确定计税依据;办理过户登记手续前一个交易日无收盘价的,按照证券面值计算确定计税依据。

同一应税凭证载有两个或者两个以上经济事项并分别列明价款或者报酬的,按照各自适用税目税率计算应纳税额;未分别列明价款或者报酬的,按税率高的计算应纳税额。同一应税凭证由两方或者两方以上当事人订立的,应当按照各自涉及的价款或者报酬分别计算应纳税额。

纳税人有以下情形的,税务机关有权核定纳税人印花税的计税依据:①未按规定建立印花税应税凭证登记簿,或未如实登记和完整保存应税凭证的;②拒不提供应税凭证或不如实提供应税凭证致使计税依据明显偏低的;③采用按期汇总缴纳办法的,未按税务机关规定的期限报送汇总缴纳印花税情况报告,经税务机关责令限期报告,逾期仍不报告的或者税务机关在检查中发现纳税人有未按规定汇总缴纳印花税情况的。

三、实验内容及操作步骤

1. 按比例税率纳税申报项目

北京温然建筑工程有限公司为增值税一般纳税人,该公司于 2022 年 9 月发生以下业务:

(1) 签订了 1 份易货合同。

(2) 签订了 1 份购销合同,但因不可抗力最后未能履行。

(3) 签订了 1 份建筑合同,之后又将工程的部分项目转包给其他公司。

请代为申报印花税。(该公司坐落于城市,属于同一税目的一律汇总申报,无减免税或抵扣的不必填写)

【操作步骤】

根据企业基本情况表(表 6-19)和合同管理登记表(表 6-20)中提供的资料及数据,填写《财产和行为税纳税申报表》(表 6-21)。

表 6-19　　　　　　　　　　　企业基本情况表

企业名称	北京温然建筑工程有限公司		
通信地址	北京市东城区河浜街永吉路 92 号	邮编	100018
统一社会信用代码	911101016062039689		
主管税务机关	国家税务总局北京市东城区税务局		
开户银行	交通银行北京东城支行	账号	417975310880321591000
成立时间	2012 年 09 月 14 日	注册资本	人民币柒拾万元整
法定代表人	陈霸天	相关行业工作年数	5 年
联系人	陈霸天	联系电话	010-46421009
经营范围 (按营业执照上登记填写)	工业与民用建筑施工,桩基工程,销售建筑材料		
所属行业	□农、林、牧、渔业　□采矿业　□制造业　☑建筑业 □电力、燃气及水的生产和供应业　□信息传输、计算机服务和软件业 □交通运输、仓储和邮政业　□批发和零售业 □生活服务业　□房地产业　□金融业　□现代服务业　□其他		
主要关联企业名称 (集团公司、母子总分公司,或者同属集团公司的子/分公司)			

表 6-20 合同管理登记表

编制单位:北京温然建筑工程有限公司

序号	合同编号	合同名称	对方单位	合同金额(元)	签订时间	终止日期	履行情况	合同签约人	合同经办人	签收人	用章批准人	备注
001	GY2016030l	建筑安装工程承包合同	勇能光电有限公司	10 000 000.00	2022-09-01	2023-11-02		陈霸天	顾明辉	陈天才	陈霸天	总包合同
002	YY2016035	建筑安装工程承包合同	云研建筑有限公司	2 000 000.00	2022-09-05	2023-10-03		陈霸天	王安乐	陈天才	陈霸天	分包合同
003	YJJC2016421	购销合同	永靖建材有限公司	2 300 000.00	2022-09-21	2022-09-31	因不可抗力最后未能履行	陈霸天	华帝	陈天才	陈霸天	
004	GH2C16012	易货合同	光华建筑材料公司	—	2022-09-23	2022-09-26		陈霸天	李英华	陈天才	陈霸天	以5 300 000元的建筑材料交换4 800 000元的建筑材料

表 6-21 财产和行为税纳税申报表

纳税人识别号(统一社会信用代码):91110106062039689
纳税人名称:北京温然建筑工程有限公司
金额单位:人民币元(列至角分)

序号	税种	税目	税款所属期起	税款所属期止	计税依据	税率	应纳税额	减免税额	已缴税额	应补(退)税额
1	印花税	买卖合同	2022-09-01	2022-09-30	12 400 000.00	0.3‰	3 720.00			3 720.00
2	印花税	建设工程合同	2022-09-01	2022-09-30	12 000 000.00	0.3‰	3 600.00			3 600.00
—	合计	—	—	—	—	—	7 320.00	0	0	7 320.00

特别提示 7-2

根据《印花税暂行条例》第七条的规定,纳税凭证应当于书立或者领受时贴花。《印花税暂行条例实施细则》第十四条规定,本条例第七条所说的书立或者领受时贴花,是指在合同签订时、书据立据时、账簿启用时和证照领受时贴花。因此,就合同而言,只要双方签订了应税合同,那么就应该在合同签订后申报缴纳印花税,而与该合同的作废以及是否履行无关。也就是说,合同在没有履行的情况下也必须缴纳印花税。

2. 特殊业务纳税申报项目

北京如意来金属制造有限公司是增值税一般纳税人,该公司于2022年8月签订一项境外销货合同,另外签订一项专利技术转让合同。请代为申报印花税。(申报时保留两位小数,属于同一税目的一律汇总申报,无抵扣的不必填写)

【操作步骤】

根据合同管理登记表(表6-22)、企业基本情况表(表6-23),以及美元/人民币汇率表(表6-24)中提供的资料及数据,填写《财产和行为税纳税申报表》(表6-25)。

表6-22　　　　　　　　　　合同管理登记表

编制单位:北京如意来金属制造有限公司

序号	合同编号	合同名称	对方单位	合同金额	签订日期	终止日期	履行情况	合同签约人	合同经办人	签收人	用章批准人
001	CX20160419	购销合同	Hirsch & Pipe Supply	5 000 000美元	2022-08-19	2022-09-20		陈晓明	陈天	郭小涛	郭小涛
002	ZL20160407	专利权转让合同	广润有色金属厂	10 000元	2022-08-07	2027-12-31		陈晓明	陈天	郭小涛	郭小涛

审核:蒋小宝　　　　　　　　　　　　制表:潘丽萍

表6-23　　　　　　　　　　企业基本情况表

企业名称	北京如意来金属制造有限公司		
通信地址	北京市东城区创业街八字路66号	邮编	100093
统一社会信用代码	911101013855026281		
主管税务机关	国家税务总局北京市东城区税务局		
开户银行	交通银行北京东城支行	账号	4187135834659150770000
成立时间	2014年12月12日	注册资本	人民币壹仟万元整
法定代表人	陈晓明	相关行业工作年数	8年
联系人	陈晓明	联系电话	010-74807781
经营范围 (按营业执照上登记填写)	锈钢制品、汽车配件、矿山机械配件、机械零部件、模具等		
所属行业	☐ 农、林、牧、渔业　☐ 采矿业　☑ 制造业　☐ 建筑业 ☐ 电力、燃气及水的生产和供应业　☐ 信息传输、计算机服务和软件业 ☐ 交通运输、仓储和邮政业　☐ 批发和零售业 ☐ 生活服务业　☐ 房地产业　☐ 金融业　☐ 现代服务业　☐ 其他		
主要关联企业名称 (集团公司、母子总分公司,或者同属集团公司的子/分公司)			

表 6-24　　　　　　　　美元/人民币汇率表

2022-08-01	6.8349	2022-08-11	6.8347	2022-08-21	6.8342	2022-08-31	6.8250
2022-08-02	6.8341	2022-08-12	6.8347	2022-08-22	6.8306		
2022-08-03	6.8320	2022-08-13	6.8332	2022-08-23	6.8295		
2022-08-04	6.8320	2022-08-14	6.8396	2022-08-24	6.9273		
2022-08-05	6.8320	2022-08-15	6.8393	2022-08-25	6.8273		
2022-08-06	6.8320	2022-08-16	6.8301	2022-08-26	6.8273		
2022-08-07	6.8340	2022-08-17	6.8311	2022-08-27	6.8253		
2022-08-08	6.8370	2022-08-18	6.8311	2022-08-28	6.8274		
2022-08-09	6.8358	2022-08-19	6.8311	2022-08-29	6.8265		
2022-08-10	6.8347	2022-08-20	6.8311	2022-08-30	6.8250		

知识拓展 6-3
《印花税税源明细表》及填表说明

表 6-25　　　　　　　　财产和行为税纳税申报表

纳税人识别号(统一社会信用代码):911101013855026281
纳税人名称:北京如意来金属制造有限公司　　　　　　　　金额单位:人民币元(列至角分)

序号	税种	税目	税款所属期起	税款所属期止	计税依据	税率	应纳税额	减免税额	已缴税额	应补(退)税额
1	印花税	买卖合同	2022-08-01	2022-08-31	34 155 500.00	0.3‰	10 246.65			10 246.65
2	印花税	产权转移书柜	2022-08-01	2022-08-31	10 000.00	0.5‰	5.00			5.00
—	合计	—	—	—	—	—	10 251.65	0	0	10 251.66

第四节　城镇土地使用税的会计核算与纳税申报

一、实验目的

通过本节课的学习,学生能够了解城镇土地使用税的纳税人、征税范围、计税依据与税率;掌握城镇土地使用税的纳税申报。

二、理论知识点

1. 城镇土地使用税的纳税人

城镇土地使用税的纳税人,是指在城镇土地使用税的征税范围内应承担纳税义务的所有单位和个人,具体包括:

(1)拥有土地使用权的单位和个人。

(2)拥有土地使用权的单位和个人不在土地所在地的,土地的实际使用人和代管人为纳税人。

(3)土地使用权未明确或权属纠纷未解决的,其实际使用人为纳税人。

（4）土地使用权共有的,共有各方都是纳税人,各方应以其实际使用的土地面积占总面积的比例,分别计算缴纳土地使用税。

2. 城镇土地使用税的征税范围

城镇土地使用税的征税范围包括在城市、县城、建制镇和工矿区内的国家所有和集体所有的土地。

其中,城市是指经国务院批准设立的市。城市的征税范围又包括市区和郊区。县城是指县人民政府所在地。建制镇是指经省、自治区、直辖市人民政府批准设立的建制镇。工矿区是指工商业比较发达、人口比较集中,符合国务院规定的建制镇标准,但尚未设立建制镇的大中型工矿企业所在地。建立在城市、县城、建制镇和工矿区以外的工矿企业不需要缴纳城镇土地使用税。

3. 城镇土地使用税的计税依据

城镇土地使用税以纳税人实际占用的土地面积为计税依据,土地面积以每平方米为计量标准。实际占用的土地面积具体可采用以下几种办法确定：

（1）凡由省、自治区、直辖市人民政府确定的单位组织测定土地面积的,以测定的面积为准。

（2）尚未组织测量,但纳税人持有政府部门核发的土地使用证的,以书面确认的土地面积为准。

（3）尚未核发土地使用证的,应由纳税人申报土地面积,据以纳税,待核发土地使用证后再作调整。

4. 城镇土地使用税的税率

城镇土地使用税采用定额税率,并在一定幅度内确定差额税额,具体方法是按大、中、小城市和县城、建制镇、工矿区分别确定每平方米城镇土地使用税的年应纳税额：

（1）大城市 1.5～30 元。

（2）中等城市 1.2～24 元。

（3）小城市 0.9～18 元。

（4）县城、建制镇、工矿区 0.6～12 元。

各省、自治区、直辖市人民政府可根据市政建设情况和经济繁荣程度,在规定税额幅度内确定所辖地区的适用税额幅度。经济落后地区可适当降低城镇土地使用税的适用税额标准,但降低额不得超过规定最低税额的 30%。经济发达地区的城镇土地使用税的适用税额标准可适当提高,但必须报财政部批准。

三、实验内容及操作步骤

城镇土地使用税的纳税申报如下。

北京建航购物中心有限公司取得地下商场的土地房屋产权证。土地占地面积为 3 000 平方米。该公司按季申报、缴纳城镇土地使用税。请代为填写 2022 年 4 月《城镇土地使用税税源明细表》并申报第二季度土地使用税。(该公司土地等级为三级,土地每平方米税额为 18 元/平方米,土地坐落地点即公司通讯地址,减免性质代码为 10129901,减免项目名称为地下建筑用地暂按 50% 征收土地税,日期格式为 YYYY-MM-DD)

【操作步骤】

1) 填写城镇土地使用税税源明细表

根据企业基本情况表(表6-26)、土地其他信息表(表6-27),以及背景资料中提供的数据和相关信息,填写《城镇土地使用税 房产税税源明细表》(表6-28)。

表6-26　　　　　　　　　　企业基本情况表

企业名称	北京建航购物中心有限公司		
通信地址	北京市东城区海运仓2号	邮编	100011
统一社会信用代码	911101088022119394		
主管税务机关	国家税务总局北京市东城区税务局		
开户银行	交通银行北京东城支行	账号	1402008929123994421 20
成立时间	2012年02月13日	注册资本	人民币伍佰万元整
法定代表人	严静	相关行业工作年数	8年
联系人	严静	联系电话	010-81200130
经营范围 (按营业执照上登记填写)	零售、百货		
所属行业	□农、林、牧、渔业　□采矿业　□制造业　□建筑业 □电力、燃气及水的生产和供应业　□信息传输、计算机服务和软件业 □交通运输、仓储和邮政业　☑批发和零售业 □生活服务业　□房地产业　□金融业　□现代服务业　□其他		
主要关联企业名称 (集团公司、母子总分公司,或者同属集团公司的子/分公司)			

表6-27　　　　　　　　　　土地其他信息表

1. 地号:020210011619827
2. 土地使用权证号:茂国用(2017)第02005147号
3. 土地性质:国有
4. 土地取得方式:出让
5. 土地用途:商业
6. 地价:¥20 000 000.00
7. 其中取得土地使用权支付金额:¥5 000 000.00
8. 其中土地开发成本:¥15 000 000.00
9. 初始取得时间:2018年08月
10. 土地使用权终止时间:2058年08月

表 6-28　　　　　　　城镇土地使用税 房产税税源明细表

纳税人识别号(统一社会信用代码):911101088022119394
纳税人名称:北京建航购物中心有限公司　　　　　　　　金额单位:人民币元(列到角分);面积单位:平方米

一、城镇土地使用税税源明细					
*纳税人类型	土地使用权人 ☑ 集体土地使用人 ☐ 无偿使用 ☐　代管人 ☐ 实际使用人 ☐（必选）		土地使用权人纳税人识别号(统一社会信用代码)	911101088022119394	土地使用权人名称	北京建航购物中心有限公司
*土地编号	020210011619827		土地名称		不动产权证号	茂国用(2017)第02005147号
不动产单元代码			宗地号		*土地性质	国有 ☑ 集体 ☐（必选）
*土地取得方式	划拨人 ☐　出让 ☑ 转让 ☐　租赁 ☐ 其他 ☐（必选）		*土地用途	工业 ☐　商业 ☑　居住 ☐　综合 ☐ 房地产开发企业的开发用地 ☐　其他 ☐（必选）		
*土地坐落地址 （详细地址）	省(自治区、直辖市)北京　　市(区)东城　　县(区)海运仓　　乡镇(街道)2号　　(必填)				
*土地所属主管税务所(科、分局)	国家税务总局北京市东城区税务局				
*土地取得时间	2018年08月01日		变更类型	纳税义务终止(权属转移 ☐　其他 ☐) 信息项变更(土地面积变更 ☐ 土地等级变更 ☐　减免税变更 ☐ 其他 ☐)	变更时间	
*占用土地面积	3 000.00 || 地价	20 000 000.00	*土地等级	三级	*税额标准	18元/平方米

地价	20 000 000.00	其中取得土地使用权支付金额	6 000 000.00	其中土地开发成本	15 000 000.00

减免税部分	序号	减免性质代码和项目名称	减免起止时间		减免税土地面积	月减免税金额
			减免起始月份	减免终止月份		
	1	10129901 地下建筑用地暂按50%征收土地税	2022-01-01	2022-12-31	1 500.00	2 250.00
	2					
	3					

二、房产税税源明细	
(一)从价计征房产税明细	
*纳税人类型	产权所有人 ☐　经营管理人 ☐ 承典人 ☐　房屋代管人 ☐ 房屋使用人 ☐ 融资租赁承租人 ☐（必选）	所有权人纳税人识别号(统一社会信用代码)		所有权人名称	

(续表)

房产编号				房产名称			
不动产权证号				不动产单元代码			
*房屋坐落地址（详细地址）		省(自治区、直辖市)　市(区)　县(区)　乡镇(街道)　(必填)					
*房产所属主管税务所（科、分局）							
房屋所在土地编号				*房产用途	工业☐　商业及办公☐　住房☐ 其他☐（必选）		
*房产取得时间			变更类型	纳税义务终止(权属转移☐　其他☐) 信息项变更(房产原值变更☐ 出租房产原值变更☐ 减免税变更☐　其他☐)		变更时间	
*建筑面积				其中:出租房产面积			
房产原值				其中:出租房产原值		计税比例	
减免税部分	序号	减免性质代码和项目名称	减免起止时间		减免税房产原值		月减免税金额
			减免起始月份	减免终止月份			
	1						
	2						
	3						
(二) 从租计征房产税明细							
*房产编号				房产名称			
*房产所属主管税务所(科、分局)							
承租方纳税人识别号（统一社会信用代码）				承租方名称			
*出租面积				*申报租金收入			
*申报租金所属租赁期起				*申报租金所属租赁期止			
减免税部分	序号	减免性质代码和项目名称	减免起止时间		减免税租金收入		月减免税金额
			减免起始月份	减免终止月份			
	1						
	2						
	3						

2) 填写财产和行为税减免税明细申报附表

根据企业基本情况表(表6-26)、土地其他信息表(表6-27)，以及背景资料中提供的数据和相关信息，填写《财产和行为税减免税明细申报附表》(表6-29)。

其他税种的纳税申报 第六章

表 6-29   财产和行为税减免税明细申报附表

纳税人识别号（统一社会信用代码）：911101088022119394
纳税人名称：北京建航购物中心有限公司   金额单位：人民币元（列至角分）

本期是否适用小微企业"六税两费"减免政策		是 □ 否 ☑	减免政策适用主体		增值税小规模纳税人： 是□ 否□
			适用减免政策起止时间		增值税一般纳税人： 个体工商户□ 小型微利企业□
					年 月至 年 月
合计减免税额					6 750.00
城镇土地使用税					
序号	土地编号	税款所属期起	税款所属期止	减免性质代码和项目名称	减免税额
1	020210011619827	2022-04-01	2022-06-30	10129901 地下建筑用地暂按50%征收土地税	6 750.00
小计	—	—	—	—	6 750.00

3）填写财产和行为税纳税申报表

根据企业基本情况表（表 6-26）、土地其他信息表（表 6-27）、《财产和行为税减免税明细申报附表》（表 6-29），以及背景资料中提供的数据和相关信息，填写《财产和行为税纳税申报表》（表 6-30）。

表 6-30   财产和行为税纳税申报表

纳税人识别号（统一社会信用代码）：911101088022119394
纳税人名称：北京建航购物中心有限公司   金额单位：人民币元（列至角分）

序号	税种	税目	税款所属期起	税款所属期止	计税依据	税率	应纳税额	减免税额	已缴税额	应补(退)税额
1	城镇土地使用税	三级	2022-04-01	2022-06-30	3 000	18	13 500.00	6 750.00		6 750.00
—	合计	—	—	—	—	—	13 500.00	6 750.00	0	6 750.00

四、实验业务训练

城镇土地使用税的会计核算如下。

2022 年 10 月 8 日，北京全和房地产开发有限公司计算下半年应交城镇土地使用税。其他背景资料如下：

（1）北京全和房地产开发有限公司生产经营用地面积为 10 000.00 平方米，地址为北京市朝阳区朝阳大街 234 号，其中幼儿园占地面积为 1 000.00 平方米，厂区绿化占地面积为 2 000.00 平方米，该土地为一级土地，城镇土地使用税单位税额为 7 元/平方米。

该土地的地号为 0202100111676000，土地使用权证号为茂国用（2016）第 02000460 号，土地使用权限为 70 年。

（2）2019 年 9 月 20 日，北京全和房地产开发有限公司又受让土地面积 5 000.00 平方米，土地出让金为 10 000 000 元，开发成本共计 40 000 000 元，地址为北京市海淀区中山街 56 号，该土地为二级土地，城镇土地使用税单位税额为 5 元/平方米。

该土地的地号为 020210011787100，土地使用权证号为茂国用（2018）第 09000760 号，土地使用权限为 70 年。

北京全和房地产开发有限公司城镇土地使用税全年税额分两次申报缴纳。

答案解析 6-4
城镇土地使用税计算表

要求:请根据背景资料,填制城镇土地使用税计算表(表6-31)。

表6-31　　　　　　　　　城镇土地使用税计算表

编制单位:北京全和房地产开发有限公司　　2019年10月08日　　　　　　　　　金额单位:元

项目	数据
一级土地:应税面积(平方米)	
单位税额	
下半年应纳税额	
二级土地:应税面积(平方米)	
单位税额	
下半年应纳税额	
应纳城镇土地使用税合计	

审核:艾博　　　　　　　　　　　　制表:陈仙居

第五节　房产税的纳税申报

一、实验目的

通过本节课的学习,学生能够了解房产税的纳税人、征税范围、计税依据及税率;掌握房产税从租计征和从价计征的纳税申报。

二、理论知识点

1. 房产税的纳税人

房产税的纳税人,是指在中华人民共和国城市、县城、建制镇和工矿区内拥有房屋产权的单位和个人,具体包括产权所有人、承典人、房产代管人或者使用人。

(1) 产权属于国家所有的,由经营管理的单位缴纳房产税。

(2) 产权属于集体和个人所有的,由集体单位和个人缴纳房产税。

(3) 产权出典的,由承典人缴纳房产税。

(4) 产权所有人、承典人不在房产所在地的,或产权未确定及租典纠纷未解决的,由房产代管人或者使用人缴纳房产税。

(5) 纳税单位和个人无租使用房产管理部门、免税单位及纳税单位的房产,应由使用人代为缴纳房产税。

2. 房产税的征税范围

房产税的征税范围为城市、县城、建制镇和工矿区的房产。房产是以房屋形态表现的财产。房屋是指有屋面和围护结构(有墙或两边有柱),能够遮风挡雨,可供人们在其中生产、工作、学习、娱乐、居住或储藏物资的场所。城市是指经国务院批准设立的市,其征税范围为市区、郊区和市辖县县城,不包括农村。县城是指县人民政府所在地。建制镇是指经省、自治区、直辖市人民政府批准设立的建制镇,其征税范围为镇人民政府所在地,不包括所辖的行政村。工矿区是指工商业比较发达、人口比较集中、符合国务院规定的建制镇标准,但尚未设立建制镇的大中型工矿企业所在地。

3. 房产税的计税依据

房产税的计税依据是房产的计税价值或房产的租金收入。按照房产的计税价值征税的,称为从价计征;按照房产的租金收入计征的,称为从租计征。

4. 房产税的税率

房产税采用比例税率。依据房产的计税价值计税的,税率为1.2%;依据房产的租金收入计税的,税率为12%。自2008年3月1日起,对个人出租住房,不区分用途,按4%的税率征收房产税;对企事业单位、社会团体以及其他组织按市场价格向个人出租用于居住的住房,减按4%的税率征收房产税。

三、实验内容及操作步骤

1. 从租计征房产税申报

北京林易实业有限公司出租全部楼房,租金每6个月结算一次,房产税实行按年计算分4次缴纳。请于2022年7月代为申报该公司第三季度房产税。(日期格式为YYYY-MM-DD)

【操作步骤】

1) 填写从租计征房产税税源明细表

根据企业基本情况表(表6-32)、固定资产卡片(图6-3)、房屋租赁合同(部分内容)(图6-4)、增值税电子专用发票(图6-5),以及背景资料中提供的数据和相关信息,填写《城镇土地使用税 房产税税源明细表》(表6-33)。

2) 填写财产和行为税纳税申报表

根据企业基本情况表(表6-32)、固定资产卡片(图6-3)、房屋租赁合同(部分内容)(图6-4)、增值税电子专用发票(图6-5)、《城镇土地使用税 房产税税源明细表》(表6-33),以及背景资料中提供的数据和相关信息,填写《财产和行为税纳税申报表》(表6-34)。

表6-32　　　　　　　　　　　企业基本情况表

企业名称	北京林易实业有限公司		
通信地址	北京市东城区德兴街田园路19号	邮编	100002
统一社会信用代码	911101011296713252		
主管税务机关	国家税务总局北京市东城区税务局		
开户银行	交通银行北京东城支行	账号	413920958070432989000
成立时间	2012年01月31日	注册资本	人民币壹仟万元整
法定代表人	古长城	相关行业工作年数	8年
联系人	古长城	联系电话	010-53131207
经营范围 (按营业执照上登记填写)	装饰材料的生产、批发、零售		
所属行业	☐ 农、林、牧、渔业　　☐ 采矿业　　☑ 制造业　　☐ 建筑业 ☐ 电力、燃气及水的生产和供应业　　☐ 信息传输、计算机服务和软件业 ☐ 交通运输、仓储和邮政业　　☐ 批发和零售业 ☐ 生活服务业　　☐ 房地产业　　☐ 金融业　　☐ 现代服务业　　☐ 其他		
主要关联企业名称 (集团公司、母子总分公司,或者同属集团公司的子/分公司)			

固定资产卡片

使用单位：北京林易实业有限公司		填表日期：2020年12月15日			
类别	不动产	出厂或交接验收日期	2020年12月15日	预计使用年限	20年
编号	002011	购入或使用日期	2020年12月15日	预计残值	0
名称	建安大厦	放置或使用地址	北京市东城区辛寺胡同12号	预计清理费用	0
型号规格		负责人		月折旧率	0.42%
建造单位	北京澜居房地产有限公司	总造价	57180000.00	月大修理费用提存率	
设备主要技术参数或建筑物占地面积、建筑面积及结构		设备主要配件名称数量或建筑物附设设备		大修理记录	固定资产改变记录
				时间 / 项目	

图 6-3　固定资产卡片

房屋租赁合同（部分内容）

出租方（以下简称甲方）：北京林易实业有限公司
联系电话：010-53131207
承租方（以下简称乙方）：北京麓谷实业有限公司
联系电话：010-82011838

根据《中华人民共和国合同法》《中华人民共和国城市房地产管理法》及其他有关法律、法规的规定，在平等、自愿、协商一致的基础上，甲、乙双方就下列房屋的租赁达成如下协议。

第一条　房屋基本情况
甲方房屋名称为建安大厦（以下简称该房屋），坐落于北京市东城区辛寺胡同12号；建筑面积为3 525平方米（其中实际建筑面积为3 500平方米，公共部位与公用房屋分摊建筑面积为25平方米）；该房屋的土地使用权以出让方式取得；该房屋平面图见本合同附件一，该房屋附着设施见附件二；房产编码为002011。

第二条　房屋用途
该房屋用途为企业办公。
除了双方另有约定，乙方不得任意改变房屋用途。

第三条　租赁期限
租赁期限自2022年01月01日起至2022年12月31日止。

第四条　租金
该房屋租金（不含税）为人民币陆佰万元整（¥6 000 000.00）。
租赁期间，如遇到市场变化，双方可另行协商调整租金标准；除此之外，甲方不得以任何理由任意调整租金。

第五条　付款方式
乙方应于本合同生效之日向甲方支付定金人民币陆拾万元整（¥600 000.00）。
租金每6个月结算一次，付款期限为每6个月开始前的5日内。

图 6-4　房屋租赁合同（部分内容）

图 6-5　增值税电子专用发票

北京增值税电子专用发票

发票代码：1100062650
发票号码：30961856
开票日期：2022年07月05日
校 验 码：66331 65893 14520 36987

机器编号：132216552855

购买方	名　　　称：北京麓谷实业有限公司 纳税人识别号：911101020329293401 地 址、电 话：北京市东城区安定门外小黄庄路甲9号　010-82011838 开户行及账号：交通银行北京东城支行　140207620231294903011

密码区：
03*3187<4/+8490<+95-59+7<24
590-92*-*191*/63/*7++3/7463
3**4566808963259+36+->495+7
+/58345>+7>38-9*+-493588382

项目名称	规格型号	单位	数量	单价	金额	税率	税额
*经营租赁*房租		月	6	500000.00	3000000.00	9%	270000.00
合　计					¥3000000.00		¥270000.00

价税合计（大写）　⊗ 叁佰贰拾柒万元整　　　（小写）¥3270000.00

销售方	名　　　称：北京林易实业有限公司 纳税人识别号：911101011296713252 地 址、电 话：北京市东城区德兴街国园路19号　010-53131207 开户行及账号：交通银行北京东城支行　413920958070432989000	备注：地址：北京市东城区辛寺胡同12号

收款人：唐国　　　复核：赵宇　　　开票人：唐国

图 6-5　增值税电子专用发票

表 6-33　城镇土地使用税 房产税税源明细表

纳税人识别号(统一社会信用代码)：911101011296713252
纳税人名称：北京林易实业有限公司　　　　　金额单位：人民币元(列到角分)；面积单位：平方米

一、城镇土地使用税税源明细			
*纳税人类型	土地使用权人☐ 集体土地使用人☐ 无偿使用☐　代管人☐ 实际使用人☐（必选）	土地使用权人纳税人识别号(统一社会信用代码)	土地使用权人名称
*土地编号		土地名称	不动产权证号
不动产单元代码		宗地号	*土地性质　国有☐ 集体☐（必选）
*土地取得方式	划拨人☐　出让☐ 转让☐　租赁☐ 其他☐（必选）	*土地用途	工业☐　商业☐　居住☐　综合☐ 房地产开发企业的开发用地☐　其他☐（必选）
*土地坐落地址 （详细地址）	省(自治区、直辖市)　　市(区)　　县(区)　　乡镇(街道)　　（必填）			
*土地所属主管税务所(科、分局)			
*土地取得时间		变更类型	纳税义务终止（权属转移☐　其他☐） 信息项变更(土地面积变更☐ 土地等级变更☐　减免税变更☐　其他)	变更时间

(续表)

占用土地面积			地价		*土地等级		*税额标准	
地价			其中取得土地使用权支付金额				其中土地开发成本	
减免税部分	序号	减免性质代码和项目名称	减免起止时间		减免税土地面积		月减免税金额	
			减免起始月份	减免终止月份				
	1							
	2							
	3							

二、房产税税源明细

(一)从价计征房产税明细

*纳税人类型	产权所有人□ 经营管理人□ 承典人□ 房屋代管人□ 房屋使用人□ 融资租赁承租人□(必选)	所有权人纳税人识别号(统一社会信用代码)		所有权人名称	
*房产编号		房产名称			
不动产权证号		不动产单元代码			
*房屋坐落地址(详细地址)	省(自治区、直辖市)　　市(区)　　县(区)　　乡镇(街道)　　(必填)				
*房产所属主管税务所(科、分局)					
房屋所在土地编号		*房产用途	工业□ 商业及办公□ 住房□ 其他□(必选)		
*房产取得时间		变更类型	纳税义务终止(权属转移□ 其他□) 信息项变更(房产原值变更□ 出租房产原值变更□ 减免税变更□ 其他□)	变更时间	
*建筑面积		其中:出租房产面积			
房产原值		其中:出租房产原值		计税比例	

减免税部分	序号	减免性质代码和项目名称	减免起止时间		减免税房产原值	月减免税金额
			减免起始月份	减免终止月份		
	1					
	2					
	3					

(续表)

(二) 从租计征房产税明细				
*房产编号	DRX70609213	房产名称		建安大厦
*房产所属主管税务所(科、分局)	国家税务总局北京市东城区税务局			
承租方纳税人识别号(统一社会信用代码)	911101020329293401	承租方名称		北京麓谷实业有限公司
*出租面积	3 525	*申报租金收入		1 500 000.00
*申报租金所属租赁期起	2022-01-01	*申报租金所属租赁期止		2022-12-31

减免税部分	序号	减免性质代码和项目名称	减免起止时间		减免税租金收入	月减免税金额
			减免起始月份	减免终止月份		
	1					
	2					
	3					

表 6-34　　　　　　　　　　财产和行为税纳税申报表

纳税人识别号(统一社会信用代码):911101011296713252

纳税人名称:北京林易实业有限公司　　　　　　　　　　　　　金额单位:人民币元(列至角分)

序号	税种	税目	税款所属期起	税款所属期止	计税依据	税率	应纳税额	减免税额	已缴税额	应补(退)税额
1	房产税	从租计征	2022-07-01	2022-09-30	1 500 000.00	12%	180 000.00			180 000.00
—	合计	—	—	—	—	—	180 000.00	0	0	180 000.00

2. 从价计征房产税申报

北京阿曼饮料有限公司为增值税一般纳税人,该公司楼房全部为经营自用,房产税实行按季申报,缴纳扣除比例为 30%。请于 2022 年 4 月代为申报该公司第二季度房产税。(提示:金额保留 2 位小数)

【操作步骤】

1) 填写从价计征房产税税源明细表

根据企业基本情况表(表 6-35)、固定资产卡片(图 6-6)、其他基础信息(图 6-7),以及背景资料中提供的数据和相关信息,填写《城镇土地使用税 房产税税源明细表》(表 6-36)。

表 6-35　　　　　　　　　　企业基本情况表

企业名称	北京阿曼饮料有限公司		
通信地址	北京市东城区期昌街华欣路46号	邮编	100011
统一社会信用代码	911101015550360909		
主管税务机关	国家税务总局北京市东城区税务局		
开户银行	交通银行北京东城支行	账号	414139980508976994000
成立时间	2012年01月31日	注册资本	人民币壹仟万元整
法定代表人	曲园	相关行业工作年数	8年
联系人	曲园	联系电话	010-50371120
经营范围（按营业执照上登记填写）	果汁的生产与销售		
所属行业	☐农、林、牧、渔业　　☐采矿业　　☑制造业　　☐建筑业 ☐电力、燃气及水的生产和供应业　☐信息传输、计算机服务和软件业 ☐交通运输、仓储和邮政业　　☐批发和零售业 ☐生活服务业　　☐房地产业　　☐金融业　　☐现代服务业　　☐其他		
主要关联企业名称（集团公司、母子总分公司，或者同属集团公司的子/分公司）			

固定资产卡片

使用单位：北京阿曼饮料有限公司　　　　填表日期：2019年12月20日

类别	不动产	出厂或交接验收日期	2019年12月20日	预计使用年限	20年
编号	001055	购入或使用日期	2019年12月20日	预计残值	0
名称	四通大厦	放置或使用地址	北京市海淀区海淀大街2号	预计清理费用	0
型号规格		负责人		月折旧率	0.42%
建造单位	北京雅兰房地产公司	总造价	54 205 230.00元	月大修理费用提存率	
设备主要技术参数或建筑物占地面积、建筑面积及结构		设备主要配件名称数量或建筑物附设设备	大修理记录		固定资产改变记录
			时间	项目	

图 6-6　固定资产卡片

其他基础信息

1. 产权证书号：龙房权证黄城字第20150716号
2. 房屋所在宗地的地号：B107-26
3. 房产用途：办公
4. 建筑面积：3 605平方米

图 6-7　其他基础信息

表 6-36　　　　　　　　　城镇土地使用税 房产税税源明细表

纳税人识别号(统一社会信用代码):911101015550360909
纳税人名称:北京阿曼饮料有限公司　　　　　　　　　　　金额单位:人民币元(列至角分);面积单位:平方米

一、城镇土地使用税税源明细			
*纳税人类型	土地使用权人☐ 集体土地使用人☐ 无偿使用☐　代管人☐ 实际使用人☐　(必选)	土地使用权人纳税人识别号(统一社会信用代码)	土地使用权人名称
*土地编号		土地名称	不动产权证号
不动产单元代码		宗地号	*土地性质　国有☐ 集体☐ (必选)
*土地取得方式	划拨人☐　出让☐ 转让☐　租赁☐ 其他☐　(必选)	*土地用途	工业☐　商业☐　居住☐　综合☐ 房地产开发企业的开发用地☐　其他☐(必选)
*土地坐落地址 (详细地址)	省(自治区、直辖市)　　市(区)　　县(区)　　乡镇(街道)　　(必填)			
*土地所属主管税务所(科、分局)				
*土地取得时间		变更类型	纳税义务终止(权属转移☐　其他☐) 信息项变更(土地面积变更☐ 土地等级变更☐　减免税变更☐ 其他☐)	变更时间
*占用土地面积		地价	*土地等级	*税额标准
地价		其中取得土地使用权支付金额		其中土地开发成本
减免税部分	序号	减免性质代码和项目名称	减免起止时间		减免税土地面积	月减免税金额
^	^	^	减免起始月份	减免终止月份	^	^
^	1					
^	2					
^	3					
二、房产税税源明细						
(一)从价计征房产税明细						
*纳税人类型	产权所有人☑　经营管理人☐ 承典人☐　房屋代管人☐ 房屋使用人☐ 融资租赁承租人☐(必选) |||| 所有权人纳税人识别号(统一社会信用代码)	911101015550360909	所有权人名称	北京阿曼饮料有限公司

（续表）

房产编号	＊＊＊＊＊＊＊＊＊＊	房产名称	四通大厦		
不动产权证号		不动产单元代码			
＊房屋坐落地址（详细地址）	省(自治区、直辖市)北京　　市(区)海淀　　县(区)海淀大街　　乡镇(街道)2号　　（必填）				
＊房产所属主管税务所（科、分局）	国家税务总局北京市东城区税务局				
房屋所在土地编号	8107-26	＊房产用途	工业 □　商业及办公 ☑　住房 □ 其他 □（必选）		
＊房产取得时间	2019年12月01日	变更类型	纳税义务终止（权属转移 □ 其他 □） 信息项变更（房产原值变更 □ 出租房产原值变更 □ 减免税变更 □　其他 □）	变更时间	
＊建筑面积	3 605	其中：出租房产面积			
房产原值	54 205 230.00	其中：出租房产原值		计税比例	
减免税部分	序号	减免性质代码和项目名称	减免起止时间	减免税房产原值	月减免税金额
			减免起始月份　减免终止月份		
	1				
	2				
	3				
（二）从租计征房产税明细					
＊房产编号		房产名称			
＊房产所属主管税务所(科、分局)					
承租方纳税人识别号（统一社会信用代码）		承租方名称			
＊出租面积		＊申报租金收入			
＊申报租金所属租赁期起		＊申报租金所属租赁期止			
减免税部分	序号	减免性质代码和项目名称	减免起止时间	减免税租金收入	月减免税金额
			减免起始月份　减免终止月份		
	1				
	2				
	3				

2) 填写财产和行为税纳税申报表

根据企业基本情况表(表6-35)、固定资产卡片(图6-6)、其他基础信息(图6-7)、《城镇

土地使用税 房产税税源明细表》(表 6-36),以及背景资料中提供的数据和相关信息,填写《财产和行为税纳税申报表》(表 6-37)。

表 6-37　　　　　　　　　　财产和行为税纳税申报表

纳税人识别号(统一社会信用代码):91110101129671325Z
纳税人名称:北京林易实业有限公司　　　　　　　　　　　　金额单位:人民币元(列至角分)

序号	税种	税目	税款所属期起	税款所属期止	计税依据	税率	应纳税额	减免税额	已缴税额	应补(退)税额
1	房产税	从价计征	2022-04-01	2022-06-30	37 943 661.00	1.2%	113 830.98			113 830.98
—	合计	—	—	—	—	—	113 830.98	0	0	113 830.98

四、实验业务训练

2022 年 10 月 3 日,北京麓谷实业有限公司计算其下半年应纳房产税税额。

北京麓谷实业有限公司 2022 年年初共有房产第一车间厂房,坐落于北京市东城区湖边路 78 号,产权证书号为龙房权证黄城字第 20200803 号。该公司具体经济事项如下:

(1) 自 2022 年 7 月 1 日起,将 2017 年 12 月取得第一车间厂房(房屋所在土地编号 B107-24,总原值为 4 000.00 万元),其中原值 200.00 万元的仓库出租给北京欧贝尔服装有限公司用于存放货物,租期为 1 年,月租金为 1.50 万元(含税)。该仓库于 2022 年 6 月 30 日交付承租方。

(2) 自 2022 年 8 月 21 日起,对委托施工单位建设的生产车间(第二车间厂房,该厂房坐落于北京市东城区湖边路 79 号,产权证书号为龙房权证黄城字第 20200804 号,房屋所在土地编号为 B107-24)办理验收手续,由在建工程转入固定资产,原值为 500.00 万元。

该地区规定的计算房产余值的扣除比例为 30%。旧房产的容积率为 51%;新房产的容积率为 80%。

该房产为砖混结构,第一车间厂房建筑面积为 4 000.00 平方米,第二车间厂房建筑面积为 500.00 平方米。

公司按年计算房产税,全年税额分两次缴纳。

要求:请根据增值税电子专用发票 1(图 6-8)、增值税电子专用发票 2(图 6-9)、房屋租赁合同(图 6-10)及背景资料,填制房产税计算表(表 6-38)。

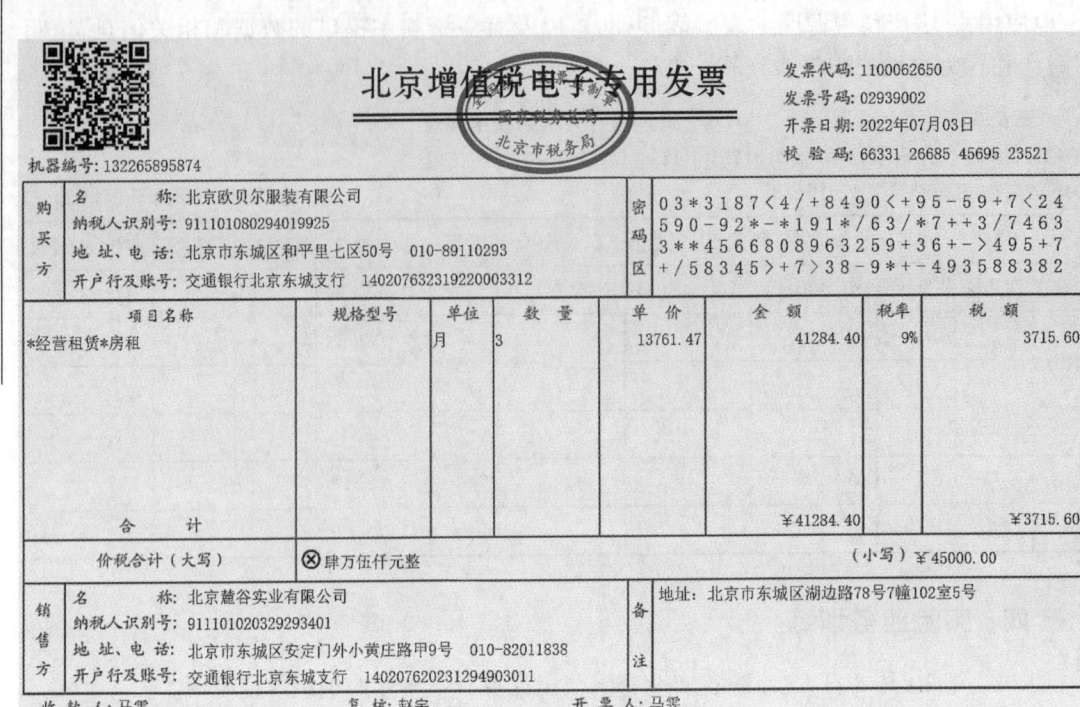

图 6-8　增值税电子专用发票 1

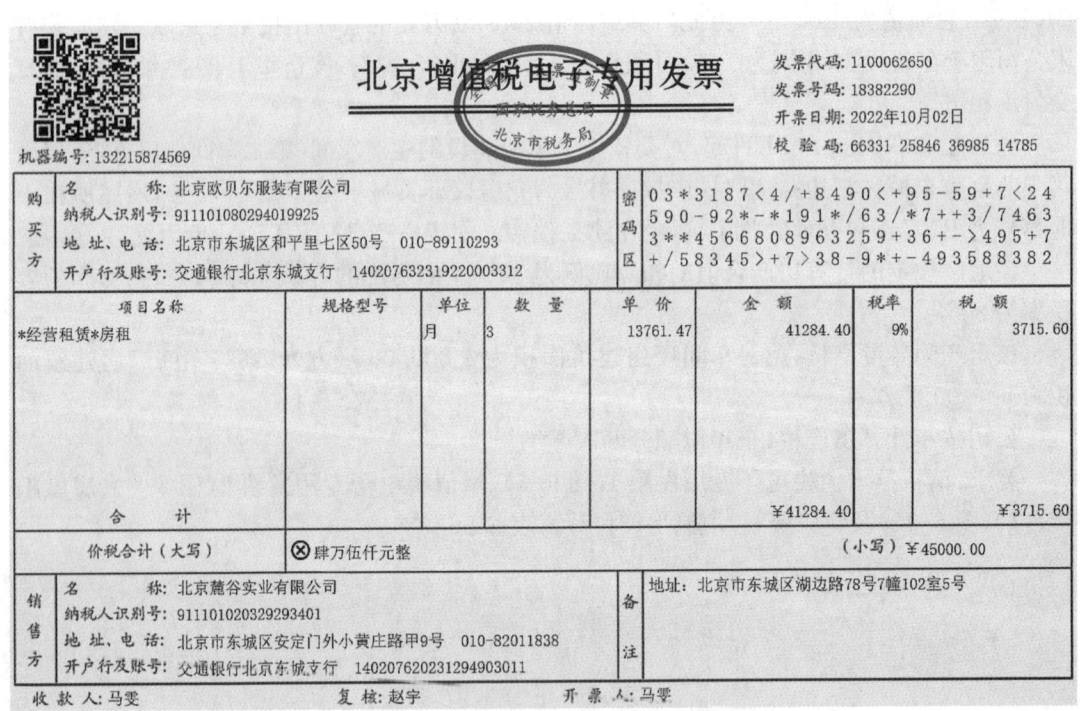

图 6-9　增值税电子专用发票 2

房产租赁合同

甲方：北京麓谷实业有限公司
乙方：北京欧贝尔服装有限公司
一、经甲、乙双方友好协商，就仓库租赁有关事宜订立合同如下：
甲方自愿将下列房产租赁给乙方作为仓库使用：
1、房屋状况：
房屋坐落：北京市东城区湖边路78号7幢102室5号
建筑结构：砖混结构
建筑面积：200平方米
用途：租赁
2、该房屋的土地使用权取得方式"√"：（购入："√"，划拨："×"）
二、甲、乙双方商定月租费为人民币壹万伍仟元整（含税），小写：￥15000.00。
三、房租采用押一付三原则，乙方在每季度第一个月15日前预付当季租赁费，付款方式：银行转账。
四、甲方在2022年7月1日至2023年6月30日将上述房屋交付给乙方使用。
五、租赁的房屋如发生产权纠纷，由甲方承担全部责任。
六、本合同经甲乙双方审核鉴定后生效，并对双方均具约束力，应严格履行，如有违约，违约方将支付违约责任，并赔偿对方损失，支付违约金。
七、双方按国家规定交纳税费及办理有关手续，如有未尽事宜，双方按国家有关规定办理，如发生争议，双方协商解决，协商不成的，双方愿向（ ）仲裁委员会申请仲裁。
八、本合同一式三份，甲乙双方及税务部门各执一份。

甲方（签名或盖章）   乙方（签名或盖章）
签订日期：2022年06月30日   签订日期：2022年06月30日

图 6-10　房屋租赁合同

表 6-38　　　　　　　　　　房产税计算表
编制单位：北京麓谷实业有限公司　　　2022年10月03日　　　　　　　　　　单位：元

项目	数据
从价计征：第一车间厂房余值	
税率	
下半年应纳房产税	
第二车间厂房余值	
税率	
下半年应纳房产税	
从租计征：计税金额	
税率	
下半年应纳房产税	
应纳房产税合计	

审核：金杰　　　　　　　　　　　　　制表：张之力

答案解析 6-5 房产税计算表

知识拓展 6-4 《城镇土地使用税 房产税税源明细表》及填表说明

第六节 车船税的纳税申报

一、实验目的

通过本节课的学习,学生能够了解车船税的纳税人、征税范围;熟悉车船税应纳税额的计算;掌握车船税的纳税申报。

二、理论知识点

1. 车船税的纳税人

车船税的纳税人,是指在中华人民共和国境内拥有《中华人民共和国车船税法》(以下简称《车船税法》)规定的车辆、船舶的所有人或者管理人。

2. 车船税的征税范围

车船税的征税范围,是指在中华人民共和国境内属于《车船税法》所附《车船税税目税额表》规定的车辆、船舶。车辆、船舶,是指依法应当在车船登记管理部门登记的机动车辆和船舶,以及依法不需要在车船登记管理部门登记的在单位内部场所行驶或者作业的机动车辆和船舶。

3. 车船税应纳税额的计算

车船税按车船的种类确定计税依据,并以所确定的计税依据和规定的单位税额计算应纳税额。

(1) 乘用车、客车、摩托车应纳税额的计算公式为:

$$应纳税额 = 应纳税车辆数量 \times 适用单位税额$$

(2) 货车、挂车、其他车辆(专用作业车)、其他车辆(轮式专用机械车)应纳税额的计算公式为:

$$应纳税额 = 整备质量 \times 适用单位税额$$

(3) 机动船舶应纳税额的计算公式为:

$$应纳税额 = 净吨位数 \times 适用单位税额 \begin{pmatrix} 拖船、非机动驳船分别按照 \\ 机动船舶税额的50\%计算 \end{pmatrix}$$

(4) 游艇应纳税额的计算公式为:

$$应纳税额 = 艇身长度 \times 适用单位税额$$

需要注意的是,购置的新车船,购置当年的应纳税额自纳税义务发生的当月起按月计算。其计算公式为:

$$应纳税额 = 年应纳税额 \div 12 \times 应纳税月份数$$

 特别提示 6-3

已缴纳车船税的车船在同一纳税年度内办理转让过户的,既不另纳税又不退税。

三、实验内容及操作步骤

北京顺达运输有限公司拥有 2 辆载货汽车、2 辆平板挂车和 2 辆客货两用车。要求：请于 2022 年 1 月代为申报本年度的车船税。注意：①一般是年初申报本年度的车船税，年度中有新增车船的再另行补缴；②假设购买车船时，销售方没有代扣车船税，由企业自行申报；③该公司坐落于城市，申报时保留两位小数，属于同一税目的一律汇总申报，无减免税或抵扣的不必填写；④无减免性质代码；⑤日期格式为 YYYY-MM-DD。

【操作步骤】

1）填写车船税税源明细表

根据企业基本情况表（表 6-39）、车船税税源明细表（车辆）（表 6-40）、车船税税目税额表（表 6-41），以及背景资料中提供的数据和相关信息，填写《车船税税源明细表》（表 6-42）。

表 6-39　　　　　　　　　　　　　企业基本情况表

企业名称	北京顺达运输有限公司		
通信地址	北京市东城区青年湖南街 13 号	邮编	100001
统一社会信用代码	91310109674322186Ｊ		
主管税务机关	国家税务总局北京市东城区税务局		
开户银行	交通银行北京东城支行	账号	14020763231294959859Ｑ
成立时间	2012 年 01 月 31 日	注册资本	人民币壹仟万元整
法定代表人	连占月	相关行业工作年数	8 年
联系人	连占月	联系电话	010-89078802
经营范围 （按营业执照上登记填写）	普通货物运输、专项运输、3 类大件运输、运输服务		
所属行业	□ 农、林、牧、渔业　□ 采矿业　□ 制造业　□ 建筑业 □ 电力、燃气及水的生产和供应业　□ 信息传输、计算机服务和软件业 ☑ 交通运输、仓储和邮政业　□ 批发和零售业 □ 生活服务业　□ 房地产业　□ 金融业　□ 现代服务业　□ 其他		
主要关联企业名称 （集团公司、母子总分公司，或者同属集团公司的子/分公司）			

表 6-40　　　　　　　　　　　　　车船税税源明细表（车辆）

编制单位：北京顺达运输有限公司

号牌号码	车辆识别代码（车架号）	车辆类型	品牌型号	发动机号	车辆发票日期或注册登记日期	使用性质	燃料种类	排（气）量	核定载客	总质量	整备质量	核定载质量	备注
京 AN3459	LGXC17DF5C0109217	重型普通货车	长安中型货车	60056783	2021-11-11	自用	柴油	4.0		21 500 kg	10 000 kg	11 500 kg	

(续表)

号牌号码	车辆识别代码（车架号）	车辆类型	品牌型号	发动机号	车辆发票日期或注册登记日期	使用性质	燃料种类	排(气)量	核定载客	总质量	整备质量	核定载质量	备注
京AN3460	LGXC23GE3C2309456	重型普通货车	长安中型货车	68976556	2021-11-11	自用	柴油	4.0		21 500 kg	10 000 kg	11 500 kg	
京AY7891	LGXC67KJ7C0109963	重型平板全挂车	长安重型平板货车	45466576	2021-11-11	自用	柴油	4.0		47 500 kg	20 000 kg	27 500 kg	
京AY7892	LGXC86GH2C0109096	重型平板全挂车	长安重型平板货车	76876546	2021-11-11	自用	柴油	4.0		47 500 kg	20 000 kg	27 500 kg	
京AY6789	LGXC21AS5C0107651	客货两用小货车	江淮小货车	86564334	2021-11-11	自用	柴油	4.0	8人	3 750 kg	3 000 kg	750 kg	
京AY6790	LGXC19JY7C0190765	客货两用小货车	江淮小货车	76434333	2021-11-11	自用	柴油	4.0	8人	3 750 kg	3 000 kg	750 kg	

审核：连兰　　　　　　　　　　　　　制表：武鑫

表6-41　　　　　　　　　　车船税税目税额表

税目	子目	计税单位	每年税额(元)	备注
乘用车	1.0升(含)以下的	每辆	180	
乘用车	1.0升以上至1.6升(含)的	每辆	300	
乘用车	1.6升以上至2.0升(含)的	每辆	360	
乘用车	2.0升以上至2.5升(含)的	每辆	720	
乘用车	2.5升以上至3.0升(含)的	每辆	1 500	
乘用车	3.0升以上至4.0升(含)的	每辆	2 640	
乘用车	4.0升以上的	每辆	3 900	
商用车	中型客车	每辆	480	
商用车	大型客车	每辆	540	
商用车	货车	整备质量每吨	72	
挂车		整备质量每吨	36	
其他车辆	专用作业车	整备质量每吨	36	
其他车辆	轮式专用机械车	整备质量每吨	36	
摩托车		每辆	60	

表 6-42 车船税税源明细表

纳税人识别号(统一社会信用代码):913101096743221863
纳税人名称:北京顺达运输有限公司　　　　　　　　　体积单位:升;质量单位:吨;功率单位:千瓦;长度单位:米

车辆税源明细													
序号	车牌号码	*车辆识别代码(车驾号)	*车辆类型	车辆品牌	车辆型号	*车辆发票日期或注册登记日期	排(气)量	核定载客	整备质量	*单位税额	减免性质代码和项目名称	纳税义务终止时间
1	京AN3459	LGXC17DF5C0109217	重型普通货车	长安	中型货车	2021-11-11	4.0		10吨	72		
2	京AN3460	LGXC23GE3C2309456	重型普通货车	长安	中型货车	2021-11-11	4.0		10吨	72		
3	京AY7891	LGXC67KJ7C0109963	重型平板全挂车	长安	重型平板货车	2021-11-11	4.0		20吨	36		
4	京AY7892	LGXC86GH2C0109096	重型平板全挂车	长安	重型平板货车	2021-11-11	4.0		20吨	36		
5	京AY6789	LGXC21AS5C0107651	客货两用小货车	江淮	小货车	2021-11-11	4.0	8人	3吨	72		
6	京AY6790	LGXC19JY7C0190765	客货两用小货车	江淮	小货车	2021-11-11	4.0	8人	3吨	72		

船舶税源明细													
序号	船舶登记号	*船舶识别号	*船舶种类	*中文船名	初次登记号码	船籍港	发证日期	取得所有权日期	建成日期	净吨位	主机功率	艇身长度(总长)	*单位税额	减免性质代码和项目名称	纳税义务终止时间

2)填写财产和行为税纳税申报表

根据企业基本情况表(表6-39)、车船税税源明细表(车辆)(表6-40)、车船税税目税额表(表6-41)、《车船税税源明细表》(表6-42),以及背景资料中提供的数据和相关信息,填写《财产和行为税纳税申报表》(表6-43)。

表 6-43 财产和行为税纳税申报表

纳税人识别号(统一社会信用代码):911101011315927933
纳税人名称:北京深蓝海运有限公司　　　　　　　　　　　　　　金额单位:人民币元(列至角分)

序号	税种	税目	税款所属期起	税款所属期止	计税依据	税率	应纳税额	减免税额	已缴税额	应补(退)税额
1	车船税	货车	2022-01-01	2022-12-31	10.00	72	720.00			720.00
2	车船税	货车	2022-01-01	2022-12-31	10.00	72	720.00			720.00
3	车船税	挂车	2022-01-01	2022-12-31	20.00	36	720.00			720.00
4	车船税	挂车	2022-01-01	2022-12-31	20.00	36	720.00			720.00
5	车船税	货车	2022-01-01	2022-12-31	3.00	72	216.00			216.00
6	车船税	货车	2022-01-01	2022-12-31	3.00	72	216.00			216.00
—	合计	—	—	—	—	—	3 312.00	0	0	3 312.00

> **特别提示 6-4**
>
> （1）拖船按照发动机功率每1千瓦折合净吨位0.67吨计算征收车船税,其中1马力等于0.735千瓦。
>
> （2）拖船、非机动驳船分别按照机动船舶税额的50%计算。

知识拓展 6-5
《车船税税源明细表》及填表说明

第七节　车辆购置税的纳税申报

一、实验目的

通过本节课的学习,学生能够了解车辆购置税的纳税人、征税范围、计税依据及税率;熟悉车辆购置税应纳税额的计算;掌握车辆购置税的核算流程。

二、理论知识点

1. 车辆购置税的纳税人

车辆购置税的纳税人,是指在中华人民共和国境内购置汽车、有轨电车、汽车挂车、排气量超过150毫升的摩托车的单位和个人。

2. 车辆购置税的征税范围

车辆购置税的征税范围是指在中华人民共和国境内购置应税车辆的行为。具体包括购买自用、进口自用、受赠使用、自产自用、获奖自用及其他方式取得并自用应税车辆的行为。

3. 车辆购置税的计税依据及税率

（1）计税依据。纳税人购买自用应税车辆的计税依据,为纳税人购买应税车辆而支付给销售者的全部价款和价外费用,不包括增值税销项税款。

纳税人进口自用应税车辆,以组成计税价格为计税依据。组成计税价格的计算公式为：

$$组成计税价格＝关税完税价格＋关税＋消费税$$

纳税人自产、受赠、获奖或者以其他方式取得并自用的应税车辆的计税依据,凡不能或不能准确提供车辆价格的,由主管税务机关依照国家税务总局核定的、相应类型的应税车辆的最低计税价格确定。

（2）税率。车辆购置税的税率为10%。

4. 车辆购置税应纳税额的计算

车辆购置税实行从价定率的办法计算应纳税额。应纳税额的计算公式为：

$$应纳税额＝计税依据×税率$$

三、实验内容及操作步骤

1. 车辆购置税的计算

2022年9月20日,北京君豪实业有限公司从北京志达汽车销售有限公司购买一辆小汽车,请计算应纳车辆购置税。（注：小汽车排量在1.6升以上）

根据原始单据机动车销售统一发票(图 6-11)填写车辆购置税计算表(表 6-44)。

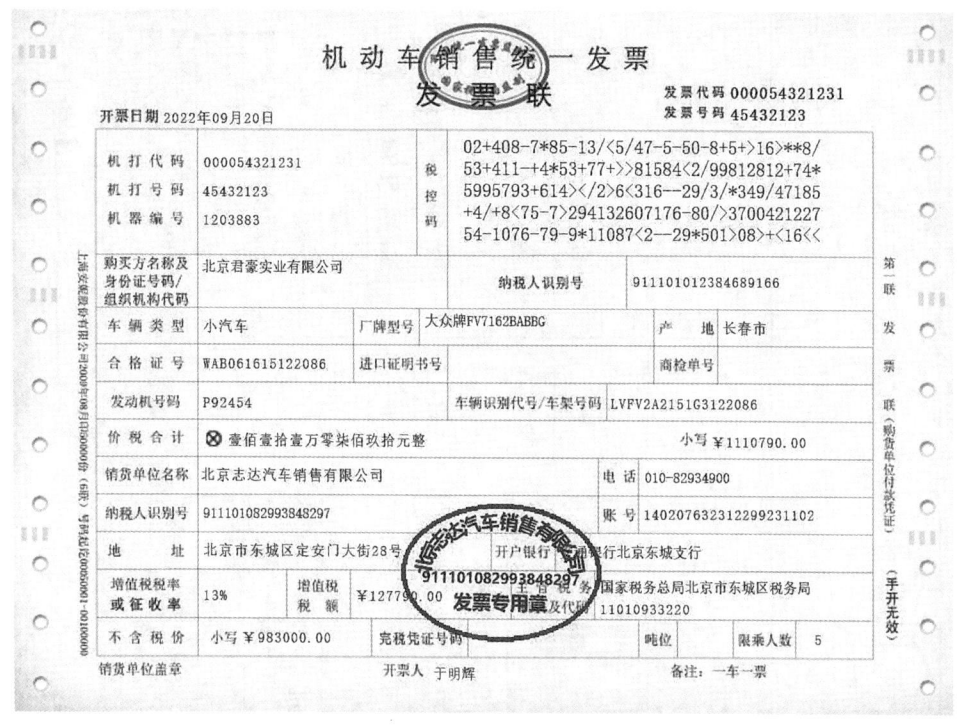

图 6-11 机动车销售统一发票

表 6-44 车辆购置税计算表

编制单位:北京君豪实业有限公司　　2022 年 09 月 20 日　　　　　　　　　　单位:元

项目	数据
计税依据	983 000.00
税率	10%
应纳税额	98 300.00

审核:李宏义　　　　　　　　　　　　制表:李艳

【操作步骤】

纳税人购买自用应税车辆的计税依据,为纳税人购买应税车辆而支付给销售者的全部价款和价外费用(不含增值税)。

计税依据＝983 000.00(元)

税率＝10%(无税收优惠)

应纳税额＝983 000.00×10%＝98 300.00(元)

2. 车辆购置税的申报缴纳

纳税人购置应税车辆,应当向车辆登记地的主管税务机关申报缴纳车辆购置税;购置不需要办理车辆登记的应税车辆的,应当向纳税人所在地的主管税务机关申报缴纳车辆购置税。

车辆购置税实行一车一申报制度。纳税人购买自用应税车辆的,应自购买之日起 60 日内申报纳税;进口自用应税车辆的,应自进口之日起 60 日内申报纳税;自产、受赠、获奖或者以其他方式取得并自用应税车辆的,应自取得之日起 60 日内申报纳税。车辆购置税纳税申报表,见表 6-45。

表 6-45　车辆购置税纳税申报表

填表日期：　年　月　日　　　　　　　　　　　　　　　　　　　　　金额单位：元

纳税人识别号		纳税人名称		证件名称		证件号码	
联系电话						注册类型代码	
地址							

车辆购置税申报-车辆信息

合格证编号（或货物进口证明书号）		无车辆合格证电子信息类型		车辆识别代号		发动机号	
厂牌		型号		车辆类别代码		车辆类型	
吨位（KG）		座位数		排量（CC）		燃料（能源）种类	
主要配置						生产企业名称	
最低计税价格		核定计税价格		产地属性		购置地属性	境内
申报类型	新办申报	退税类型		计税方式	正常计税	特殊计税类型	
补税类型		退车发票号码		退车发票开具日期		免（减）税条件	
初次纳税申报日期		免税条件消失日期		购置日期		税款限缴日期	
原完税证明号码		海关关税专用缴款书（或进出口货物征免税证明）号码		机动车销售统一发票不含税价格合计		二手车销售统一发票不含税价格合计	
价外费用合计		关税完税价格		关税		消费税	
新能源汽车类型代码		其他有效凭证名称		其他有效凭证号码		其他有效价格证明金额	

车辆购置税申报-计税信息

申报计税价格	计税价格		税率	0.1	应纳税额		免（减）税额	
已缴税额	实纳金额		滞纳金金额		应缴交合计		首次免税征收省局	

（续表）

人工比对结果			申请退税金额	
车辆购置税申报-机动车销售统一发票信息				
机动车销售统一发票代码	机动车销售统一发票号码	发票开具日期	机动车销售统一发票不含税价格	机动车销售统一发票价格
		—		
合计				
车辆购置税申报-二手车销售统一发票信息				
二手车销售统一发票代码	二手车销售统一发票号码	发票开具日期	二手车销售统一发票不含税价格	二手车销售统一发票含税价格
		—		
合计				
车辆购置税申报-已缴税信息				
票证种类	票证字轨	票证号码	实缴金额	
		—		
合计				
车辆购置税申报-其他信息				
代理人名称	经办人姓名	经办人证件名称	经办人证件号码	
代理人联系地址	代理人联系电话	受理人	受理日期	
受理税务机关				

参 考 文 献

［1］中国注册会计师协会.税法[M].北京:中国财政经济出版社,2022.
［2］财政部会计资格评价中心.全国会计专业技术资格考试辅导教材,经济法基础[M].北京:中国财经出版社传媒集团,经济科学出版社,2022.
［3］王曙光.税法[M].大连:东北财经大学出版社,2021.
［4］戴桂荣,何滔滔.税务会计[M].大连:东北财经大学出版社,2021.
［5］朱淑梅,刘璐.税务会计模拟实验[M].大连:东北财经大学出版社,2020.
［6］蒙丽珍,安仲文.国家税收[M].8版.大连:东北财经大学出版社,2020.